Architecture Patterns with Python

파이썬으로 살펴보는 아키텍처 패턴

O'REILLY® 한빛미디어
Hanbit Media, Inc.

지은이·옮긴이 소개

지은이 **해리 퍼시벌** Harry Percival

현재 메이드닷컴MADE.com에서 근무 중이다. PythonAnywhere LLP에서 근무한 경험이 있다. 워크숍이나 컨퍼런스 등에서 TDD의 유용성을 전 세계에 전파하고 있다. 캠브리지 대학교에서 철학학사 학위를 취득하고 리버풀 대학교에서 컴퓨터 과학 석사 학위를 취득했다.

지은이 **밥 그레고리** Bob Gregory

메이드닷컴에서 근무하고 있는 소프트웨어 아키텍트. 10년 넘게 도메인 주도 설계로 이벤트 주도 시스템을 구축하고 있다.

옮긴이 **오현석** enshahar@gmail.com

비사이드소프트Bsidesoft 이사로 일하면서 매일매일 고객의 요청에 따라 코드를 만들어내고 있는 현업 개발자다. 어릴 때 처음 컴퓨터를 접하고 매혹된 후 경기과학고등학교를 졸업하고, 카이스트 전산학과(프로그래밍 언어 전공 석사)를 거치면서 계속 컴퓨터를 사용해왔다. 직장에서는 주로 코틀린이나 자바를 사용한 서버 프로그래밍을 하고, 주말이나 여가 시간에는 번역을 하거나 공부를 하면서 즐거움을 찾고 있다. 시간이 아주 많이 남을 때는 시뮬레이션 게임을 하면서 머리를 식히고, 어떻게 하면 막둥이를 프로그래밍의 세계로 끌어들일 수 있을까 고민 중인 아빠이기도 하다.

『코어 파이썬 애플리케이션 프로그래밍(3판)』(에이콘출판사, 2014)을 시작으로 『Kotlin in Action』 (에이콘출판사, 2017), 『한 권으로 읽는 컴퓨터 구조와 프로그래밍』(책만, 2021), 『고성능 파이썬 (2판)』(한빛미디어, 2021) 등 20권 이상의 책을 번역했다.

빅데이터에 의해 이륙한 파이썬은 이제 머신러닝과 데이터 과학으로 인해 계속 고공비행 중이다. 그 어느 때보다 파이썬을 사용하는 개발자가 증가했으며 프로그래밍을 처음 가르칠 때 사용하는 언어로 파이썬을 채택하는 경우도 자주 볼 수 있다. 하지만 대규모 엔터프라이즈 환경에서 파이썬을 사용하는 시스템이나 파이썬 엔터프라이즈 개발에 대한 책이나 각종 자료를 찾아보기 어렵다.

엔터프라이즈 시스템이 점차 복잡해지고, 고객의 요구 사항이 늘어나면 올바른 도메인 모델을 도출하고 이를 구현하는 것이 더욱 더 중요해진다. DDD는 여러 가지 패턴 언어를 활용해 이런 과정을 좀 더 잘 해결할 수 있게 해준다. 하지만 이 책의 내용이 상당히 방대해 처음 DDD를 접하는 사람들이 읽기엔 다소 부담스러울 수도 있다.

이 책은 파이썬을 사용해 실질적인 예제를 통해 DDD를 설명한다. 설명하는 과정에서 이론이나 실무에 지나치게 치우치지 않고, 너무 복잡하거나 너무 간단한 예제를 사용하지도 않는다. 아주 적절한 수준의 설명과 예제로 DDD의 핵심 요소를 이해하기 쉬운 도메인 모델과 소프트웨어를 설계하는 과정을 알려준다.

파이썬 프로그래머라면 복잡한 엔터프라이즈 시스템을 파이썬으로 작성하는 방법을 배울 수 있다. 파이썬을 모르는 개발자도 DDD가 무엇이고 어떤 부분에서 소프트웨어 개발에 도움이 되는지 쉽게 배울 수 있을 것이다. 즉, DDD 입문서로 읽기에도 아주 좋은 책이라고 감히 말하고 싶다.

이 책을 집어든 여러분은 정말 행운아다. 여러분이 더 좋은 프로그래머로 성장하는 데 좋은 밑거름이 될 것이라 자신한다. 여러분의 건승을 빈다!

브리즈번에서 오현석

여러분은 우리가 누구이며, 왜 이 책을 쓰게 되었는지 궁금할 것이다.

해리는 그의 마지막 책인 『클린 코드를 위한 테스트 주도 개발』(비제이퍼블릭, 2015)[1]을 마무리 지을 때쯤에 아키텍처에 관한 여러 가지 질문이 생겼다. 테스트하기 쉽도록 애플리케이션 구조를 구성하는 가장 좋은 방법은 무엇일까? 더 구체적으로는 이런 질문이었다. 핵심 비즈니스 로직을 단위 테스트로 검사하고, 엔드투엔드end-to-end(E2E) 테스트나 통합integration 테스트를 최소화하기 위해서는 어떤 애플리케이션 구조가 필요할까? 해리는 '육각형 아키텍처hexagonal architecture', '포트port와 어댑터adapter', '함수형 코드와 명령형 셸' 등을 모호하게 표현했다. 당시 해리가 솔직했다면 자신이 제대로 이해하지 못한 내용이며 실제로 사용해보지도 않았다고 말했을 것이다.

그 이후, 해리는 운 좋게도 밥을 만났다. 밥은 이 모든 질문에 대한 답을 알고 있었다.

밥의 팀에는 소프트웨어 아키텍트architect가 없어서 밥은 소프트웨어 아키텍트가 돼야 했다. 하지만 아키텍트 역할에 자신이 상당히 서툴다는 사실을 알게 되었다. 운 좋게도 코드를 작성하고 코드에 대해 생각하는 새로운 방법을 알려준 이언 쿠퍼Ian Cooper를 만나게 되었다.

복잡성 관리, 비즈니스 문제 해결

필자들은 메이드닷컴MADE.com에서 일한다. 메이드닷컴은 가구를 온라인으로 파는 유럽 전자상거래 회사다. 실세계의 비즈니스 문제를 모델링하는 분산 시스템을 구축하기 위해 이 책에서 소개하는 기법을 적용했다. 이 책에서 사용한 예제 도메인은 밥이 메이드닷컴에서 처음 만든 시스템이다. 이 책은 필자의 팀에 새로 합류하게 될 개발자에게 가르쳐야 할 모든 **요소**를 기록한 결과물이다.

메이드닷컴은 운수회사와 생산자로 이루어진 글로벌 공급망supply chain을 운영한다. 비용을 낮추

---

1 https://www.obeythetestinggoat.com

고자 창고에 배송되는 재고 수량을 최적화하여 팔리지 않은 상품이 창고에 쌓이는 경우를 없애려고 노력했다.

가장 이상적인 경우는 소파를 주문한 당일에 소파를 받는 것이다. 그러면 소파를 창고에 보관할 필요가 없어서 창고에 쌓이는 경우를 피할 수 있다. 하지만 상품이 컨테이너선으로 도착하는 데 대략 3개월이 걸리며 이때 타이밍을 맞추는 것은 아슬아슬한 줄타기를 타는 것과 같다. 운송 도중에 물건이 망가지거나, 바닷물이 닿아 부식되거나, 폭풍으로 예기치 못한 지연이 발생할 수 있다. 또한 물류 파트너가 상품을 잘못 다루거나, 관련 서류가 사라지거나, 고객의 단순 변심으로 주문을 변경하는 등의 다양한 상황이 생길 수 있다.

비즈니스를 가능한 한 많이 자동화하여 실세계에서 발생하는 유형의 연산을 표현하는 지능적인 소프트웨어를 구축함으로써 이런 문제를 해결했다.

왜 파이썬인가?

이 책을 읽는 독자에게는 파이썬이 훌륭한 이유에 대해 장황하게 설명할 필요가 없다. 진짜 던져야 하는 질문은 "왜 **파이썬** 커뮤니티에 이런 책이 필요할까?"이다. 그 질문의 답은 파이썬의 사용자 수와 성숙도이다. 파이썬은 세계에서 가장 빠르게 성장하는 프로그래밍 언어다. 이제 겨우 C#이나 자바에서 여러 해 동안 다룬 유형의 문제를 처리하기 시작했지만 사용 인구 면에서 거의 최상위를 차지한다. 스타트업은 실제 비즈니스로 성장하고 있고, 웹 앱과 스크립트를 사용한 자동화는 **엔터프라이즈 소프트웨어**enterprise software가 되고 있다.

파이썬 세계에서는 파이썬의 선Zen of Python을 자주 인용한다. "어떤 일을 수행할 때는 명확한 방법 한 가지가 있어야 한다. 그 방법이 유일하다면 더 좋다."[2] 하지만 프로젝트 크기가 커지면,

---

2 `python -c "import this"`

어떤 일을 하는 가장 분명한 방법이 항상 변화하는 요구 사항과 복잡성을 해결하는 데 도움이 되지 않을 때도 있다.

이 책에서 논의하는 기법은 모두 새로운 기법이 아니다. 하지만 파이썬 세계에서는 거의 새로운 기법이다. 이 책은 에릭 에번스의 『도메인 주도 설계』(위키북스, 2011)나 마틴 파울러의 『엔터프라이즈 애플리케이션 아키텍처 패턴』(위키북스, 2015) 같은 분야의 고전을 대신하는 책이 아니다. 이 두 권을 본서에서 자주 인용한다. 이 책들을 읽어보길 바란다.

문헌의 고전 코드들은 대부분 자바, C++, C#으로 작성됐다. 파이썬을 주로 사용하거나 이런 언어를 오랫동안(또는 한 번도) 사용하지 않은 독자는 이런 코드에 익숙해지려면 꽤나 많은 노력이 필요하다. 다른 고전 교과서인 파울러의 『리팩터링 2판』(한빛미디어, 2020)에서 자바스크립트를 사용한 데는 다 이유가 있다.

TDD, DDD, EDA

이 세 가지 도구는 복잡성을 다루기 위한 도구다. 악명 높은 순서로 나열하면 다음과 같다.

1. 테스트 주도 개발^{test-driven development}(TDD)은 올바른 코드를 만들 때 도움이 된다. TDD를 도입한 코드는 퇴행^{regression}[3]에 대한 걱정을 하지 않고 리팩터링하거나 새로운 기능을 추가할 수 있다. 하지만 테스트의 이점을 최대한 살리는 건 어려울 수도 있다. 어떻게 해야 가능한 한 빨리 테스트를 실행할 수 있을까? 어떻게 해야 테스트의 커버리지^{coverage}와 피드백^{feedback}을 최대로 얻되, 빠르고 의존성이 없는 단위 테스트를 사용하면서 느리고 덜 컹대는 엔드투엔드 테스트를 최소화할 수 있을까?

---

3 옮긴이_코드를 변경하고 테스트를 실행했을 때 과거에는 잘 통과하던 테스트를 통과하지 못하는 경우를 퇴행이라고 한다. 보통 회귀 테스트(regression test)라는 단어를 번역할 때는 통계 용어를 빌려와 '회귀'라고 번역한다. 회귀는 돌아간다는 뜻의 한자어로, 나쁜 번역은 아니다. 하지만 퇴행이 좀 더 소프트웨어가 잘못된 행위로 돌아간다는 의미를 잘 반영한다.

2. 도메인 주도 개발^{domain-driven design}(DDD)은 비즈니스 모델에 대한 좋은 모델을 구축하는 데 초점을 맞춰 노력을 기울이라고 요구한다. 하지만 우리가 만든 모델이 인프라^{infrastructure}(기반 시설)와 관련된 관심사로 지장을 받지 않게 하고, 모델을 변경하기 쉽게 하려면 어떻게 해야 할까?

3. 메시지를 통해 통합된 느슨하게 연결된^{coupled}(마이크로)서비스(**반응형 마이크로서비스**^{reactive microservice}라고도 부름)는 여러 애플리케이션이나 비즈니스 도메인에 걸친 복잡성을 관리하는 해법으로 잘 알려진 기법이다. 하지만 이런 기법이 파이썬 세계에 잘 알려진 도구(플라스크^{Flask}, 장고^{Django}, 셀러리^{Celery} 등)와 맞물리는 방법인지는 분명하지 않다.

> NOTE_ 마이크로서비스를 다루지 않거나 관심이 없더라도 이 책을 덮지 말라. 이 책에서 설명하는 기법 중 상당수는 이벤트 기반 아키텍처^{event-driven architecture}(EDA)에 대한 내용을 포함해 모놀리식^{monolithic} 아키텍처에도 적용할 수 있다.

이 책의 목적은 여러 가지 고전적인 아키텍처 패턴을 소개하고 이런 패턴들이 어떻게 DDD, TDD, 이벤트 기반 서비스를 지원하는지 보여주는 것이다. 이 책이 파이썬다운 방식으로 이런 기법을 구현할 때 참고서가 되고, 이 책의 기법을 사용하는 사람들이 이 분야에 대해 더 많은 연구를 할 수 있는 첫걸음이 되길 바란다.

대상 독자

이 책의 대상 독자는 다음과 같다.

- 어느 정도 복잡한 파이썬 애플리케이션을 가까이에서 다뤄본 적이 있다.
- 복잡한 애플리케이션의 복잡성을 관리할 때 발생하는 고통을 꽤 많이 겪었다.
- DDD나 고전적인 애플리케이션 아키텍처 패턴에 대해서는 몰라도 된다.

이 책은 아키텍처 패턴에 대한 탐험을 예제 애플리케이션 기반으로 구성해서 한 장씩 진행할 때마다 애플리케이션을 구축해나간다. 필자의 기업에서 TDD를 사용하므로 테스트 코드를 먼저 보여줄 것이다. 테스트를 먼저 수행하는 방식으로 작업하지 않는 독자라면 이런 접근 방법이 처음에는 이상해 보일 수도 있다. 하지만 여러분이 곧 코드의 내부가 어떻게 구축됐는지를 들여다보기 전에 '사용하는 방식(외부 코드)'을 먼저 살펴보는 방식에 익숙해지길 바란다.

플라스크, SQLAlchemy, 파이테스트^{pytest}와 도커^{Docker}, 레디스^{Redis} 등과 같은 파이썬 프레임워크와 기술 몇 가지를 사용한다. 이미 이런 기술에 익숙한 독자라면 문제가 없지만 이런 기술을 모르더라도 문제가 되지 않는다. 특정 기술을 선택해 구현의 세부 사항이 되는 소프트웨어 아키텍처를 구축하는 것도 이 책의 목적이다.[4]

책의 구성

이 책은 두 부분으로 구성되어 있다. 다음은 이 책에서 다루는 주제와 어느 장에서 어떤 주제를 다루는지를 소개한다.

1부: 도메인 모델링을 지원하는 아키텍처 구축

도메인 모델링과 DDD(1~7장)

복잡한 비즈니스 문제들을 도메인 모델 형태로 코드에 반영되어야 한다는 사실을 배운다. 하지만 인프라나 웹 프레임워크 등의 여러 관심사가 얼기설기 엮여 있지 않은 도메인 모델을 만드는 것은 왜 항상 어려워 보일까? 첫 장에서는 **도메인 모델링**^{domain modeling}과 DDD에 대한 전체

---

4 옮긴이_저자들이 이 목표를 달성했다면 플라스크, SQLAlchemy 등 세부 기술에 대한 이해가 없어도 이 책에서 만든 소프트웨어 아키텍처를 이해하는 데 문제가 없어야 한다. 졸역은 저자들이 이 목적을 어느 정도 달성했다고 본다.

개요를 알려주고, 빠른 단위 테스트가 가능한 외부 의존성이 없는 모델을 어떻게 시작하는지를 보여준다. 나중에는 DDD 패턴으로 돌아가서 올바른 애그리게이트를 선택하는 방법과 애그리게이트 선택이 데이터 무결성에 대한 의문과 어떻게 연관되는지를 설명한다.

저장소, 서비스 계층, 작업 단위 패턴(2, 4, 5장)

이 세 장에서는 서로 밀접하게 관련되어 있고, 서로 강화해주는 세 가지 패턴을 설명한다. 이 세 가지 패턴은 외부 의존성이 없도록 모델을 유지한다는 야망을 심어준다. 영속적인 저장소 주변에 추상화된 계층을 만들고, 시스템의 진입점을 정의하고 주 유스 케이스를 찾는 서비스 계층을 구축한다. 그리고 플라스크 API인지, CLI인지 관계없이 시스템에 대한 얇은 진입점을 만드는 데 서비스 계층이 어떤 도움이 되는지 살펴본다.

테스팅과 추상화에 대한 생각(3, 6장)

첫 번째 추상화(저장소 패턴)를 보여준 다음에는 추상화를 선택하는 방법과 선택한 추상화에 따라 소프트웨어가 서로 커플링되는 방식이 어떻게 달라지는지에 대해 일반적인 논의를 진행한다. 서비스 계층 패턴을 소개한 다음에는 **테스트 피라미드**test pyramid를 달성하는 방법과 단위 테스트를 가능한 한 최대로 추상화된 수준에서 작성하는 방법에 대해 살짝 살펴본다.

2부: 이벤트 기반 아키텍처

이벤트 기반 아키텍처(8~11장)

서로 강화해주는 세 가지 패턴을 더 자세히 살펴본다. 이 세 가지 패턴은 도메인 이벤트, 메시지 버스, 핸들러 패턴이다. **도메인 이벤트**domain event는 시스템에 대한 상호작용이 다른 시스템에 대한 상호작용을 촉발할 수 있다는 생각을 심어준다. 액션이 이벤트를 만들고, 적절한 **핸들러**handler를 호출하도록 보장하기 위해 **메시지 버스**message bus를 사용한다. 그리고 마이크로서비스 아키텍처에서 여러 서비스를 통합하는 패턴으로 이벤트를 사용하는 방법을 설명한다. 마지막으로 **커맨드**command와 이벤트가 어떻게 다른지 설명한다. 11장이 끝나는 시점에서 이 책의 애플리케이션은 근본적으로 메시지 처리 시스템이다.

CQRS(12장)

명령–질의 책임 분리command-query responsibility segregation(CQRS) 예제를 제시한다. 이벤트를 사용하는 예제와 이벤트를 사용하지 않는 예제를 보여준다.

의존성 주입(13장)

애플리케이션의 명시적인 의존성과 암시적인 의존성을 정리하고, 간단한 의존성 주입 프레임워크를 구현한다.

추가 내용

여기서 거기까지 어떻게 갈 수 있을까?(맺음말)

밑바닥부터 시작하는 간단한 예제만 봤을 때는 항상 아키텍처 패턴을 구현하는 게 쉬워 보인다. 여러분은 아마 이 책에서 배운 원칙을 기존 소프트웨어에 어떻게 적용하는지 궁금할 것이다. 맺음말에서는 이와 관련된 몇 가지 내용을 소개하고, 참고하면 좋은 내용에 대한 링크 몇 개를 제공한다.

예제 코드

여러분은 책을 읽고 있지만, 프로그래밍을 공부하는 가장 효율적인 방법은 코드를 직접 작성해 보는 것이라는 걸 너무 잘 알고 있을 것이다. 필자의 대부분 지식 또한 여러 사람과 팀을 구성해 함께 코드를 작성하는 과정을 통해 쌓였다. 따라서 이 책을 읽는 독자 여러분에게도 가능하면 그런 경험을 많이 만들어주고 싶다.

이 책을 (가끔은 다른 예제를 보여주기도 하지만) 한 가지 예제 프로젝트 중심으로 구성했다. 책을 진행하면서 여러분이 마치 필자와 짝이 되어 필자가 하고 있는 작업과 왜 이런 단계를 거치는지를 여러분에게 설명하는 것처럼 이 프로젝트를 완성해나갈 것이다.

하지만 패턴을 자신의 몸에 익히려면 코드를 직접 만들면서 어떻게 작동하는지 살펴봐야 한다. 깃허브에서 모든 코드를 볼 수 있다. 장마다 브랜치(*https://github.com/cosmicpython/code/branches/all*)를 따로 만들었다.

이 책의 코드를 따라 하는 세 가지 방법이 있다.

- 여러분의 저장소를 만들고 책에서 소개하는 방법처럼 앱을 구축해보길 바란다. 이 책의 예제 코드를 따라 하고 가끔 필자의 저장소를 참조하는 걸 권한다. 한 가지 주의 사항이 있다. 지난번 해리가 집필한 책을 읽으면서 따라 해본 독자라면 이 책에서 많은 부분을 여러분 스스로 직접 알아내야 한다는 사실을 알고 있을 것이다. 이때 깃허브에서 작동하는 버전에 꽤 많이 의지해야 할 수도 있다.
- 여러분의(작은 프로젝트라면 더 좋다) 프로젝트에 이 책의 패턴을 하나씩 적용하고, 유스 케이스에 이 책의 패턴을 적용할 수 있는지 살펴보길 바란다. 이 과정을 고위험/고수익 작업이다(그리고 노력도 더 많이 필요하다). 이 책의 패턴을 적용해 여러분의 프로젝트 일부를 구동한다면 생각보다 꽤 많은 작업이 필요하지만, 많은 걸 배우게 될 것이다.
- 노력을 적게 하고 싶은 독자를 위해 장마다 '연습 문제'를 추가했다. 누락된 연습 문제의 예제 코드를 다운로드할 수 있도록 깃허브 위치를 포함했다.

이 책에서 다룬 패턴을 프로젝트에 적용하려는 독자에게는 간단한 예제 프로젝트로 작업하는 것이 안전하게 연습할 수 있는 훌륭한 방법이다.

> TIP_ 최소한 각 장을 읽는 동안 `git checkout`을 해서 코드를 살펴보기 바란다. 실제 작동하는 앱의 맥락에서 코드를 살펴볼 수 있으면 여러분의 질문에 대한 답을 찾을 수 있고 모든 내용을 좀 더 실제적으로 파악할 수 있다. 각 장의 도입 부분에서 코드를 어떻게 받을 수 있는지에 대해 설명한다.

감사의 말

출간 전까지 꼼꼼하게 읽고 의견을 주신 기술 리뷰어 David Seddon, Ed Jung, Hynek Schlawack 님께 마음 깊은 곳에서 우러나오는 감사의 인사를 올리고 싶다. 전문성이 높은 세 분의 의견을 이 책에 잘 반영했다.

베타리더로서 많은 의견을 준 Ian Cooper, Abdullah Ariff, Jonathan Meier, Gil Gonçalves, Matthieu Choplin, Ben Judson, James Gregory, Łukasz Lechowicz, Clinton Roy, Vitorino Araújo, Susan Goodbody, Josh Harwood, Daniel Butler, Liu Haibin, Jimmy Davies, Ignacio Vergara Kausel, Gaia Canestrani, Renne Rocha, pedroabi, Ashia Zawaduk, Jostein Leira, Brandon Rhodes 모두에게 감사의 말을 전한다. 이외에도 도움을 주신 모든 분에게도 감사의 말을 전하고 싶다.

책을 집필하는 동안 일정을 잘 챙겨주고, 독자의 입장이 되어 조언을 아낌없이 준 Corbin Collins 편집자 님께 감사의 말을 올린다. 전문성을 갖고 내용을 꼼꼼하게 살펴본 Katherine Tozer, Sharon Wilkey, Ellen Troutman-Zaig, Rebecca Demarest에게도 감사의 말을 드린다. 이분들 덕분에 좋은 품질의 책을 만들 수 있었다.

CONTENTS

CONTENTS

CHAPTER 5 높은 기어비와 낮은 기어비의 TDD

CHAPTER 6 작업 단위 패턴

CONTENTS

CHAPTER 7 애그리게이트와 일관성 경계

CONTENTS

CHAPTER 12 명령-질의 책임 분리(CQRS)

CHAPTER 13 의존성 주입(그리고 부트스트래핑)

CONTENTS

CHAPTER **14 맺음말**

CONTENTS

도입

0.1 설계가 왜 잘못되는가?

카오스^{chaos}라는 단어를 들으면 어떤 것이 떠오르는가? 아마도 시끄러운 증권 거래소나 여러분의 아침 주방(모든 것이 뒤섞여서 혼란스러운 상황)이 생각날 것이다. **질서**^{order}라는 단어에 대해 생각해보면 고요하고 평화로운 빈 방이 떠오를지도 모른다. 하지만 과학자들은 카오스를 균일성(같음), 질서를 복잡성(다름)이라는 특징으로 묘사한다.

질서도가 높은 시스템을 관리가 잘 된 정원으로 예를 들어보자. 정원사는 통로와 담장으로 경계를 정의하고, 꽃을 심을 장소나 채소를 심을 장소를 표시한다. 시간이 지남에 따라 정원의 식물들은 계속 자라면서 정원은 점점 더 풍부해질 것이다. 이때 정원사가 정원을 관리하지 않고 그대로 둔다면 정원은 잡초로 무성해진다. 잡초는 다른 식물을 조이고 통로를 뒤덮는다. 결국엔 관리 되지 않은 정원은 야생의 상태가 된다.

소프트웨어 시스템도 혼돈 상태로 향하려는 경향이 있다. 시스템을 처음 구축할 때는 코드를 깔끔하게 질서 잡힌 상태로 유지하기 위해 원대한 계획을 세운다. 하지만 시간이 지남에 따라 잘못 구현한 부분이나 에지 케이스^{edge case}(잘 일어나지 않는 드문 경우)를 처리하기 위한 코드가 점점 늘어나고 결국에는 관리자 클래스와 유틸리티 모듈로 이루어진 혼란스러운 늪에 빠지게 된다. 합리적으로 잘 계층화된 아키텍처도 결국에 온갖 코드가 엮인 잡탕으로 끝나는 경우를 볼 수 있다. 무질서 소프트웨어 시스템은 기능의 동일성을 특징으로 한다. API 핸들러 안에 도메인 지식이 있고 이메일을 보내고 로그를 남긴다. '비즈니스 로직' 클래스가 아무 계산을 하지 않고 I/O를 수행한다. 모든 요소가 다른 모든 요소와 결합^{coupling}되어 있어서 시스템의 일부를 바꾸는 것은 위험하다. 이런 일이 흔히 발생해서 소프트웨어 엔지니어들은 이런 혼돈 상태를 부르는 용어를 만들었다. 바로 '큰 진흙 공$^{big\ ball\ of\ mud}$ 안티패턴'이다(그림 P–1).

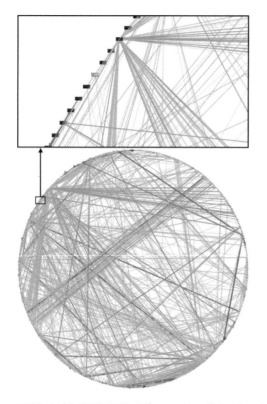

그림 P–1 실제 의존성 다이어그램(*https://oreil.ly/dbGTW*)

> **TIP_** 정원의 자연스러운 상태가 야생인 것처럼 소프트웨어의 자연스러운 상태는 큰 진흙 공이다. 이런 붕괴를 막으려면 정해진 방향으로 에너지를 소비해야 한다.

0.2 캡슐화와 추상화

캡슐화와 추상화는 프로그래머인 필자가 간혹 정확한 용어로 표현하지 못하는 경우는 있지만 본능적으로 도달하는 도구이다. 이 두 가지 주제는 많은 책의 배경으로 자주 나타나기 때문에 필자 모두 이런 주제에 대해 생각해본적이 있다.

캡슐화encapsulation라는 용어는 행동의 단순화와 데이터 은닉(감추기)이라는 두 가지 단어가 밀접하게 연관된 아이디어를 뜻한다. 코드에서 수행할 작업을 식별하고 이 작업에 잘 정의된 객체나 함수를 부여함으로서 행동을 캡슐화한다. 이렇게 (행동을 캡슐화해주는) 객체나 함수를 **추상화**abstraction라고 한다.

다음 두 파이썬 코드 조각을 살펴보자.

urllib을 사용해 검색하기

```python
import json
from urllib.request import urlopen
from urllib.parse import urlencode

params = dict(q='Sausages', format='json')
handle = urlopen('http://api.duckduckgo.com' + '?' + urlencode(params))
raw_text = handle.read().decode('utf8')
parsed = json.loads(raw_text)

results = parsed['RelatedTopics']
for r in results:
    if 'Text' in r:
        print(r['FirstURL'] + ' - ' + r['Text'])
```

requests를 사용해 검색하기

```python
import requests

params = dict(q='Sausages', format='json')
parsed = requests.get('http://api.duckduckgo.com/', params=params).json()

results = parsed['RelatedTopics']
for r in results:
    if 'Text' in r:
        print(r['FirstURL'] + ' - ' + r['Text'])
```

두 코드는 같은 일을 한다. 둘 다 폼인코딩^{form-encoded}된 값을 URL에 보내서 검색 엔진 API를 사용한다. 하지만 두 번째 방식이 더 잘 읽히고 이해하기 쉽다. 두 번째 코드가 더 높은 수준의 추상화 아래서 동작하기 때문이다.

한 단계 더 나아가 코드가 수행했으면 하는 작업을 식별하고 이름을 부여하되 더 높은 수준의 추상화를 사용해 명시할 수 있다.

duckduckgo 모듈을 사용해 검색하기

```
import duckduckgo

for r in duckduckgo.query('Sausages').results:
    print(r.url + ' - ' + r.text)
```

행동을 추상화로 캡슐화하는 것은 코드의 표현력을 더 높이고 테스트와 유지보수를 더 쉽게 만드는 강력한 도구다.

> **NOTE_** 객체 지향^{object-oriented}(OO) 세계의 문헌을 보면, 고전적인 접근 방식으로 **책임 주도 설계**^{responsibility-driven design}가 있다(*http://www.wirfs-brock.com/Design.html*). 이 설계 기법은 **작업**^{task}이 아니라 **역할**^{role}과 **책임**^{responsbility}이라는 단어를 사용한다. 여기서 핵심은 코드를 데이터나 알고리즘이 아니라 행동을 중심으로 생각하자는 것이다.[1]

추상화와 ABC

자바나 C# 같은 전통적인 OO 언어에서는 추상 기반 클래스^{abstract base class}(ABC)나 인터페이스를 사용해 추상화를 정의할 것이다. 파이썬에서도 ABC를 사용할 수 있지만(그리고 가끔은 ABC를 사용하기도 하지만), 주로 덕 타이핑^{duck typing}에 의존한다.

추상화는 단지 '여러분이 사용하는 대상이 공개한 API'를 뜻한다. 예를 들면 함수 이름과 파라미터들이 바로 추상화이다.

---

1 책임 주도 설계는 '클래스-책임-협력자(class-responsibility-collaborator)' 카드를 접해본 독자들에게 이 카드와 같은 방향을 알려준다. **책임에 대해 생각하면 어떻게 각 부분을 나눌지 결정할 때 도움이 된다.**

이 책에서 다루는 대부분 패턴은 추상화를 선택하는 방법과 관련이 있다. 따라서 각 장에서 추상화 예제를 많이 보게 된다. 추가로 3장에서는 구체적으로 추상화를 선택하는 일반적인 휴리스틱^{heuristic}(경험적인 지식을 통해 문제를 해결하는 방법)에 대해 논의한다.

0.3 계층화

캡슐화와 추상화를 하면 세부 사항을 감추고 데이터의 일관성을 보호할 수 있다. 하지만 객체와 함수들의 상호작용에도 주의를 기울여야 한다. 어떤 함수나 모듈, 객체인 A가 다른 함수나 모듈, 객체인 B를 사용할 때 이를 **'A가 B에 의존한다**$^{A\ depends\ on\ B}$'라고 한다. 이런 의존성은 네트워크나 그래프를 이룬다.

큰 진흙 공에서는 의존성이 제어할 수 없을 정도로 복잡하다(그림 P-1). 시스템의 여러 부분에 영향을 줄 가능성이 있기 때문에 그래프에서 어느 한 노드를 변경하기가 어렵다. 계층화한 아키텍처는 이 문제를 해결하는 방법 중 하나다. 계층화한 아키텍처에서는 코드를 서로 구분하는 범주^{category}나 역할로 분할하고, 어떤 코드 범주가 어떤 코드 범주를 호출할 수 있는지에 대한 규칙을 도입한다.

가장 일반적인 예는 [그림 P-2]에 있는 3계층 아키텍처$^{3-layer\ architecture}$다.

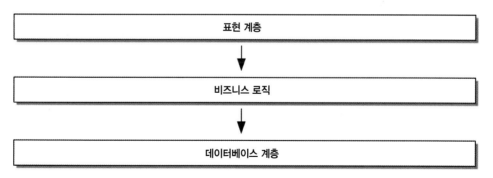

그림 P-2 계층화한 아키텍처

비즈니스 소프트웨어를 구축할 때 아마도 계층화한 아키텍처가 가장 흔한 패턴일 것이다. 이 모델에는 사용자 인터페이스 컴포넌트가 있다. 이 컴포넌트는 웹 페이지거나 API거나 명령

줄^{command line}일 수 있다. 이런 사용자 인터페이스 컴포넌트는 비즈니스 규칙과 워크플로^{workflow}를 담은 비즈니스 로직 계층과 의사소통한다. 마지막으로 데이터를 읽고 쓰는 역할을 하는 데이터베이스 계층이 있다.

이 책의 나머지 부분에서는 체계적으로 이 3계층 모델을 간단한 한 가지 원칙에 집중하는 모델로 변경할 것이다.

0.4 의존성 역전 원칙

여러분은 아마 SOLID[2]의 D인 **의존성 역전 원칙**^{dependency inversion principle}(DIP)에 익숙할 것이다.

캡슐화를 설명할 때처럼 3가지 짧은 코드 조각을 가지고 DIP를 설명할 수는 없다. 하지만 이 책 1부 전체는 근본적으로 애플리케이션에 DIP를 구현하는 실전 예제다. 따라서 여러분은 구체적인 예제를 곧 보게될 것이다.

한편 DIP의 엄밀한 정의는 다음과 같다.

   1. 고수준 모듈은 저수준 모듈에 의존해서는 안 된다. 두 모듈 모두 추상화에 의존해야 한다.

   2. 추상화는 세부 사항에 의존해서는 안 된다. 반대로 세부 사항은 추상화에 의존해야 한다.

이 정의가 의미하는 것은 무엇일까? 자세히 살펴보자.

고수준 모듈^{high-level module}은 여러분의 조직에서 정말 중요하게 여기는 코드다. 제약 회사에 근무한다면 고수준 모듈은 환자와 임상시험을 관리한다. 은행에서 근무한다면 고수준 모듈은 거래나 외환을 관리한다. 고수준 모듈은 실세계의 개념을 처리하는 함수, 클래스, 패키지를 말한다.

반대로 **저수준 모듈**^{low-level module}은 여러분의 조직에서 신경 쓰지 않는 코드다. HR 부서가 파일 시스템이나 네트워크 소켓에 관심을 갖을 가능성이 낮다. 여러분이 SMTP, HTTP, AMQP 등

---

2 SOLID는 로버트 마틴(Robert C. Martin)의 객체 지향 설계 5대 법칙을 일컫는 약자다. 이 다섯 가지 원칙은 단일 책임 원칙(single responsibility principle, SRP), 개방-폐쇄 원칙(open/closed principle, OCP), 리스코프 치환 원칙(Liskov substitution principle, LSP), 인터페이스 분리 원칙(interface segregation principle, ISP), 의존관계 역전 원칙(dependency inversion principle, DIP)이다. 사무엘 올로룬토바(Samuel Oloruntoba)의 「SOLID: The First 5 Principles of Object-Oriented Design」을 살펴보라(*https://oreil.ly/UFM7U*).

을 재무팀과 의논하는 경우도 드물 것이다. 기술적이지 않은 관련자들에게 이런 저수준 개념은 흥미로운 대상이 아니거나 중요하지 않다. 이런 관련자들은 고수준의 개념이 정상으로 작동되는지만 신경 쓴다. 급여 시스템이 정시에 정상적 실행되면 사업 부서는 급여 시스템이 크론 잡$^{cron\ job}$인지, 쿠버네티스^{Kubernetes}에서 실행되는 일시적인 함수인지에 대해 신경 쓰지 않는다.

의존성은 꼭 **임포트**나 **호출**만을 뜻하지 않는다. 대신 한 모듈이 다른 모듈을 **필요**로 하거나, **안다**는 좀 더 일반적인 생각이 의존성이다.

그리고 이미 추상화에 대해 이야기했다. **추상화**는 duckduckgo 모듈이 검색 엔진 API를 캡슐화해준 것처럼 행동을 캡슐화하는 단순화한 인터페이스다.

> 컴퓨터 과학의 모든 문제는 간접 계층을 한 단계 더 추가하면 해결할 수 있다.
>
> – 데이비드 휠러$^{David\ Wheeler}$

DIP의 첫 부분은 비즈니스 코드가 기술적인 세부 사항에 의존해서는 안 된다는 의미다. 대신 양 쪽 모두 추상화를 사용해야 한다.

왜 그럴까? 간략히 말하자면 서로를 독립적으로 변경하길 원하기 때문이다. 고수준 모듈은 비즈니스의 필요에 따라 쉽게 변경이 가능해야 한다. 저수준 모듈은 (또는 그 세부 사항은) 실제로 변경하기 어렵다. 함수 이름을 바꾸는 것과 열^{column} 이름을 바꾸기 위해 데이터베이스 마이그레이션을 정의하고, 테스트하고, 배치^{deploy}하는 것을 비교해보자. 비즈니스 로직이 저수준 인프라의 세부 사항과 밀접하게 연결돼서 변경이 어려워지는 일이 없기 바란다. 하지만 마찬가지로 여러분이 인프라 세부 사항을 변경할 필요가 있을 때 (예를 들어 데이터베이스 샤딩^{sharding}을 변경하는 경우) 비즈니스 계층을 변경하지 않고도 인프라 세부 사항을 바꿀 수 **있어야 한다**는 점도 중요하다. 추가로 이 둘 사이의 추상화(유명한 추가 간접 계층)를 사용하면 두 계층이 서로 (더 많이) 독립적으로 변경될 수 있다.

두 번째 부분은 더 어렵다. "추상화는 세부 사항에 의존해서는 안 된다"라는 말은 충분히 명확해 보이지만, "세부 사항은 추상화에 의존해야 한다"는 상상하기 어렵다. 어떻게 자신이 추상화하는 세부 사항에 의존하지 않는 추상화가 가능할까? 4장에서 이 말을 좀 더 명확히 보여주는 구체적인 예제를 다룬다.

0.5 모든 비즈니스 로직을 위한 장소: 도메인 모델

3계층 아키텍처의 내부를 뒤집어 밖으로 보내기 전에 중간 계층인 고수준 모듈이나 비즈니스 로직에 대해 좀 더 이야기할 필요가 있다. 필자가 만든 설계가 잘못되는 가장 일반적인 경우는 비즈니스 로직이 애플리케이션의 전 계층에 퍼지기 때문이다. 이렇게 되면 비즈니스 로직을 식별하고, 이해하고, 변경하기가 어려워진다.

1장에서는 **도메인 모델**domain model 패턴으로 비즈니스 계층을 만드는 방법을 보여준다. 1부의 나머지 부분에서는 올바른 추상화를 선택하고 지속적으로 DIP를 적용하여 이 도메인 모델을 변경하기 쉽고 저수준 관심사로부터 자유롭게 유지하는 방법을 살펴본다.

도메인 모델링을 지원하는
아키텍처 구축

Part I

도메인 모델링을 지원하는 아키텍처 구축

대부분 개발자는 도메인 모델을 본 적이 없으며 데이터 모델만 봤을 것이다.

시릴 마트레어^{Cyrille Martraire}, DDD EU 2017

필자와 아키텍처에 대해 이야기한 대부분 개발자는 자신의 시스템 아키텍처가 더 나아질 수 있다는 느낌을 계속 받는다. 이들은 어느 정도 잘못된 시스템을 구하려고 시도하거나 진흙 공에 질서를 다시 불어넣기 위해 노력하곤 한다. 자신의 비즈니스 로직이 여러 곳에 퍼지면 안 된다는 사실을 알고 있지만 이를 고치는 방법에 대해서는 전혀 모른다.

대부분 개발자가 새로운 시스템을 설계하라는 요청을 받으면 즉시 데이터베이스 스키마를 그리기 시작하고 그다음 객체 모델을 생각한다. 여기서부터 모든 것이 잘못되기 시작한다. 대신에 **먼저 행동하고 저장에 대한 요구 사항은 행동에 맞춰 정해져야 한다.** 무엇보다도, 고객들은 데이터 모델에 대해 신경 쓰지 않는다. 고객들은 시스템이 어떤 일을 하는지만 신경 쓴다. 시스템이 하는 일에 신경을 쓰지 않는다면 고객들은 스프레드시트를 그냥 사용할 것이다.

이 책의 첫 번째 부분은 TDD를 통해 풍부한 객체 모델을 만드는 방법을 살펴본다(1장). 그후 이 모델을 기술적인 고려 사항으로부터 분리해 유지하는 방법을 살펴본다. 적극적으로 리팩터링할 수 있도록 영속성^{persisitence}을 모르는 코드를 만드는 방법과 도메인 주변에 안정적인 API를 만드는 방법을 보여준다.

이를 위해 4가지 핵심 설계 패턴을 보여줄 것이다.

- 저장소 패턴^{repository pattern}은 영속적인 저장소에 대한 추상화다.
- 서비스 계층 패턴^{service layer pattern}은 유스 케이스^{usecase}의 시작과 끝을 명확하게 정의하기 위한 패턴이다.
- 작업 단위 패턴^{unit of work pattern}은 원자적 연산을 제공한다.
- 애그리게이트 패턴^{aggregate pattern}은 데이터 정합성을 강화하기 위한 패턴이다.

이 책이 지향하는 바를 보고 싶은 독자는 [그림 I-1]을 보라. 이 그림이 무엇을 의미하는지 이해되지 않더라도 걱정하지 말라! 1부에서는 이 그림의 각 상자를 하나씩 소개할 예정이다.

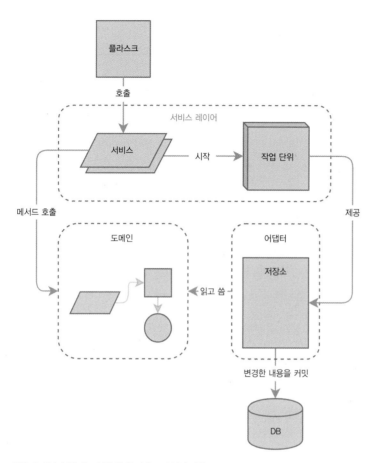

그림 I-1 1부가 끝나는 시점의 컴포넌트 다이어그램

그리고 시간을 조금 투자해서 어떻게, 왜 추상화를 선택해야 하는지 보여주는 간단한 예제로 결합^{coupling}과 추상화에 대해 이야기한다.

1부에서 다룬 내용을 더 깊이 다루는 부록 세 가지를 추가했다.

- 부록 B는 예제 코드의 인프라를 정리한다. 내부에서 설정 정보를 관리하는 도커 이미지를 빌드하고 실행하는 방법, 다양한 유형의 테스트를 실행하는 방법 등을 소개한다.
- 부록 C는 '백문이 불여일견'인 내용이다. 부록 C는 플라스크 API, ORM, Postgres 등의 전체 인프라를 CLI나 CSV로 구성된 전혀 다른 I/O 모델로 바꾸는 일이 얼마나 쉬운지 보여준다.
- 부록 D는 여러분이 플라스크와 SQLAlchemy 대신 장고를 사용할 경우 이 책에서 다룬 패턴을 어떻게 적용할 수 있을지 보여준다.

## CHAPTER 1

도메인 모델링

이번 장에서는 비즈니스 프로세스를 코드로 모델링하는 방법을 배운다. 이때 TDD와 호환이 잘 되는 방식을 살펴본다. 그리고 왜 **도메인 모델링**^{domain modeling}이 중요한지 알아보고 도메인을 모델링하기 위한 핵심 패턴인 엔티티^{entity}, 값 객체^{value object}, 도메인 서비스^{domain service}에 대해 살펴본다.

[그림 1-1]은 도메인 모델 패턴 시각화에 사용할 틀을 보여준다. 1장에서는 이 그림 안에 세부 내용을 채워 넣고, 2장부터는 도메인 모델 중심으로 여러 요소를 구축해나갈 것이다. 하지만 이 책에서 다룰 모든 패턴의 핵심에서 [그림 1-1]같이 엔티티, 값 객체, 도메인 서비스가 서로 관계를 맺고 있는 모습을 항상 찾을 수 있어야 한다.

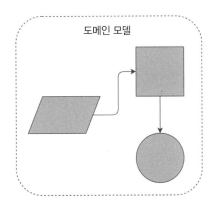

그림 1-1 우리가 사용할 도메인 모델의 틀

1.1 도메인 모델이란?

서문에서 **비즈니스 로직 계층**^{business logic layer}이라는 말은 3계층으로 이루어진 아키텍처의 핵심 계층을 뜻한다. 이 책의 나머지 부분에서는 비즈니스 로직 계층 대신 **도메인 모델**^{domain model}이라는 용어로 사용할 것이다. 이는 DDD 커뮤니티에서 빌려온 용어로, 우리가 뜻하는 바를 좀 더 잘 표현해준다(DDD에 대한 자세한 내용은 '이 책은 DDD 책이 아니다. DDD 책을 꼭 읽어봐야 한다' 박스를 참고하기 바란다).

도메인^{domain}이란 단어는 **여러분이 해결하려는 문제**를 더 멋지게 표현할 뿐이다. 필자는 현재 온라인 가구 판매회사에서 일하고 있다. 여러분이 말하는 시스템에 따라 도메인은 구매 및 조달, 제품 설계, 물류 및 배달 등 다른 분야를 뜻할 수도 있다. 개발자 대부분은 비즈니스 프로세스를 개선하거나 자동화하기 위해 일한다. 도메인은 이런 프로세스가 지원하는 활동을 의미한다.

모델^{model}은 유용한 특성을 포함하는 프로세스나 현상의 지도^{map}를 뜻한다. 특히 사람은 머릿속에서 모델을 만들어내는 데 뛰어나다. 예를 들어 누군가가 여러분에게 공을 던진다면 여러분은 무의식적으로 이 공의 움직임을 예측할 것이다. 여러분의 머릿속에 이미 공간상 물체가 움직이는 방식에 대한 모델이 있어서 움직임을 무의식적으로 예측할 수 있다. 여러분의 모델은 어떤 의미에서도 완벽하지는 않다. 사람에게는 광속에 가까운 속도로 움직이거나 진공에서 움직이는 물체의 동작에 대한 직관이 거의 없다. 우리가 가지고 있는 운동 모델은 이런 경우까지 포함하도록 만들어진 것이 아니기 때문이다. 그렇다고 우리가 가진 운동 모델이 틀린 것은 아니다. 단지 몇몇 경우에 대한 예측은 우리가 가진 모델의 도메인에서 벗어난다는 의미일 뿐이다.

도메인 모델은 비즈니스를 수행하는 사람이 자신의 비즈니스에 대해 마음속에 가지고 있는 지도와 같다. 모든 비즈니스맨은 이런 지도를 갖고 있다. 이 지도는 인간이 복잡한 프로세스에 대해 생각하는 방식이다.

여러분은 비즈니스맨들이 비즈니스 전문용어를 사용하기 때문에 이런 지도를 사용할 수 있다고 생각할지도 모른다. 복잡한 시스템을 다루기 위해 협력하는 사람들 사이에서 그들만의 전문용어^{jargon}가 생기는 것은 지극히 자연스러운 일이다.

여러분이 가족, 친구들과 함께 지구에서 몇 광년 떨어진 외계인의 우주선에 있다고 상상해보자. 이때 가장 먼저 해야 할 행동은 집으로 돌아가는 항해 방법을 찾아내는 것이다.

처음 며칠 동안은 아무 버튼이나 막 눌러볼 것이다. 그러다가 곧 어떤 버튼이 어떤 일을 하는지 깨닫게 되고, "깜빡이는 물체 근처에 있는 빨간 버튼을 누르고, 레이더 장치 위에 있는 레버를

당겨주세요"와 같은 명령을 서로 주고받기 시작할 것이다.

몇 주가 지나면 "3번 짐칸의 산소 농도를 높여주세요"라든가, "작은 추진기를 켜주세요"와 같이 좀 더 구체적이고 정확하게 우주선의 기능을 표현하는 단어를 사용하게 된다. 몇 달이 지나고 나면 "착륙 과정을 시작해봅시다" 또는 "워프를 준비합시다"와 같이 복잡한 프로세스 전체를 가리키는 용어를 사용한다. 공식적인 공통 용어집을 만들려는 노력 없이도 이런 과정이 아주 자연스럽게 일어난다.

이 책은 DDD 책이 아니다. DDD 책을 꼭 읽어봐야 한다.

도메인 주도 설계^{domain-driven design}(DDD)는 도메인 모델링[1]이라는 개념을 널리 알렸고, 핵심 비즈니스 도메인에 집중하게 만듦으로써 사람들이 소프트웨어를 설계하는 방식을 변화시킨 아주 성공적인 운동이다. 이 책에서 다루는 아키텍처 패턴(엔티티, 애그리게이트^{aggregate}, 값 객체(7장), 저장소^{repository}(2장) 등)은 DDD에서 온 것이다.

간단히 말해서, DDD는 '소프트웨어에서 가장 중요한 요소는 문제에 대해 유용한 모델을 제공하는 것이다'라고 주장한다. 모델을 제대로 만들면 소프트웨어가 가치를 (사용자에게) 제공할 수 있고 새로운 일을 가능하게 해준다.

모델을 잘못 만들면, (비즈니스를 제대로 하기 위해서는) 잘못된 모델을 우회해야 하기 때문에 모델이 장애물이 된다. 이 책에서는 도메인 모델을 만드는 기본적인 방법을 보여준다. 이로써 모델을 외부 제약과 최대한 무관하게 유지할 수 있고 이로 인해 모델이 더 잘 진화하고 변경될 수 있게 해주는 아키텍처를 보여준다.

하지만 도메인 모델을 개발하는 프로세스, 도구, 테크닉이나 DDD에 대해 배워야 할 내용이 많다. DDD나 도메인 모델 개발에 재미를 붙이기 위해 독자 여러분에게 DDD 책을 읽으라고 권하는 것은 아무리 강조해도 지나치지 않다.

- DDD의 시조이며 파란책^{bluebook}으로 알려진 『도메인 주도 설계』(위키북스, 2011)
- 빨간책^{redbook}으로 알려진 『도메인 주도 설계 핵심』(에이콘출판사, 2017)

---

1 DDD가 도메인 모델링의 시초는 아니다. 에릭 에번스는 리베카 위프스 브록(Rebecca Wirfs-Brock)과 앨런 맥킨(Alan McKean)의 『Object Design』(Addison-Wesley, 2002)을 언급한다. 이 책은 책임 주도 설계를 소개하며 DDD는 도메인을 특별히 다루는 책임 주도 설계라고 설명한다. 하지만 그마저도 너무 늦다. OO에 열정적인 사람들은 여러분에게 이바 제이컵슨(Ivar Jacobson)과 그래디 부치(Grady Booch)를 더 조사해보라고 말할 것이다. 이 용어는 이미 1980년 중반부터 사용했다.

비즈니스 세계에서 전문용어가 생겨나고 쓰이는 것은 평범한 일상이다. 비즈니스 관계자들이 사용하는 용어는 도메인 모델에 대해 정제된 이해를 표현하며, 복잡한 사상이나 프로세스가 한 단어나 한 어구로 줄여진 것이다.

비즈니스 관계자가 사용하는 생소한 용어나 아주 특수한 방식으로 어떤 용어를 사용하는 것을 개발자가 보게 된다면, 더 열심히 들어서 용어의 깊은 의미를 이해하고 이해를 바탕으로 쉽게 얻어낼 수 없는 상대방의 경험을 소프트웨어로 코드화해야 한다.

이 책에서는 실제 존재하는 도메인 모델을 사용한다. 특히 성공적인 가구 판매 회사인 메이드 닷컴의 도메인 모델을 활용한다. 메이드닷컴은 전 세계의 여러 제조사로부터 가구를 공급받아 유럽 각지에 판매한다.

여러분이 소파나 커피 테이블을 구매할 때 메이드닷컴은 고객이 주문한 상품을 폴란드, 중국, 베트남 등에서 구매자의 거실로 어떻게 잘 전달할 수 있는지 알아내야 한다.

높은 수준에서 보면 소비자는 상품을 구매, 고객에게 상품을 판매, 상품을 고객에게 배송하는 책임을 지는 시스템이 각각 존재한다. 어떤 상품을 고객의 주문에 할당하는 프로세스를 조율하기 위해 중간에 시스템이 필요하다(그림 1-2 참고).

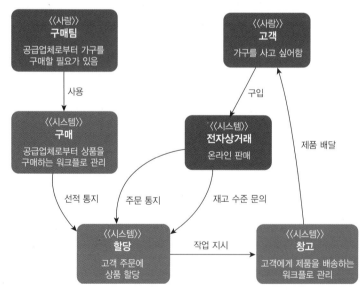

그림 1-2 할당 서비스의 콘텍스트 다이어그램

이 책의 목적을 달성하기 위해 비즈니스가 재고를 할당하는 놀라운 방법을 새롭게 구현하기로 결정했다고 상상해보자. 지금까지는 비즈니스에서 재고와 납기를 표시할 때 창고에 물리적으로 존재하는지에 대한 여부만 확인했다. 창고에 찾는 제품이 없다면 이 제품은 생산자로부터 창고에 입고되기 전까지는 목록에 '재고 없음'으로 표시된다.

새로운 혁신은 다음과 같다. 모든 배송과 도착 날짜를 추적할 수 있는 시스템이 있다면 생산자로부터 창고로 배송 중인 상품을 실제 재고로 간주해서 납기가 조금 더 길지만 창고에 존재하는 제품처럼 취급할 수 있다. 따라서 재고가 없다고 표시되는 상품이 감소하므로 더 많은 상품을 팔 수 있고 지역 창고에 재고를 더 적게 보관해도 된다. 결론적으로, 비즈니스는 돈을 절약할 수 있다.

하지만 이제는 주문 할당 과정이 더는 창고 시스템에서 수치 하나를 줄이는 단순한 문제가 아니다. 더 복잡한 할당 방법이 필요하다. 도메인 모델링이 필요한 이유다.

1.2 도메인 언어 탐구

도메인 모델을 이해하려면 시간과 인내, 수많은 포스트잇 메모가 필요하다. 처음에는 비즈니스 전문가들과의 대화를 통해 최초로 만들 최소한의 도메인 모델에 사용할 용어와 규칙을 몇 가지 정해야 한다. 이때 가능한 한 각 규칙을 잘 보여주는 구체적인 예제를 요청하는 게 좋다.

규칙을 비즈니스 전문용어(DDD 용어로는 **유비쿼터스 언어**^{ubiquitous language}라고 함)로 표현해야 한다. 도메인 모델은 사용할 개체를 기억하기 쉬운 이름(식별자)을 부여해 대화할 때 대상을 쉽게 공유할 수 있게 한다.

다음은 할당에 대해 도메인 전문가와 대화할 때 참고하면 좋은 기록 방법을 보여준다.

할당에 대한 노트

제품^{product}은 '스큐'라고 발음하는 **SKU**로 식별된다. 스큐는 재고 유지 단위^{stock keeping unit}의 약 자다. **고객**^{customer}은 **주문**^{order}을 넣는다. 주문은 **주문 참조 번호**^{order reference}에 의해 식별되며 한 줄 이상의 **주문 라인**^{order line}을 포함한다. 각 주문 라인에는 **SKU**와 **수량**이 있다. 예를 들면 다음과 같다.

- RED-CHAIR 10단위
- TASTELESS-LAMP 1단위

구매 부서는 재고를 작은 배치^{batch}로 주문한다. 재고 배치는 유일한 ID(참조 번호라고 부름), SKU, 수량으로 이루어진다.

배치에 주문 라인을 할당해야 한다. 주문 라인을 배치에 할당하면 해당 배치에 속하는 재고를 고객의 주소로 배송한다. 어떤 배치의 재고를 주문 라인에 x단위로 할당하면 가용 재고 수량은 x만큼 줄어든다.

예를 들면 다음과 같다.

- 20단위의 SMALL-TABLE로 이루어진 배치가 있고, 2단위의 SMALL-TABLE을 요구하는 주문 라인이 있다.
- 주문 라인을 할당하면 배치에 18단위의 SMALL-TABLE이 남아야 한다.

배치의 가용 재고 수량이 주문 라인의 수량보다 작으면 이 주문 라인을 배치에 할당할 수 없다. 예를 들면 다음과 같다.

- 1단위의 BLUE-CUSHION이라는 배치가 있고, 2단위 BLUE-CUSHION에 대한 주문 라인이 있다.
- 이 주문 라인을 이 배치에 할당해서는 안 된다.

같은 주문 라인을 두 번 이상 할당해서는 안 된다. 예를 들면 다음과 같다.

- 10단위의 BLUE-VASE이라는 배치가 있고, 2단위 BLUE-VASE 주문 라인을 이 배치에 할당한다.
- 같은 주문 라인을 다시 같은 배치에 할당해도 배치의 가용 재고 수량은 계속 8개를 유지해야 한다.

배치가 현재 배송 중이면 ETA 정보가 배치에 들어있다. ETA가 없는 배치는 창고 재고다. 창고 재고를 배송 중인 배치보다 더 먼저 할당해야 한다. 배송 중인 배치를 할당할 때는 ETA가 가장 빠른 배치를 먼저 할당한다.

1.3 도메인 모델 단위 테스트

이 책에서는 TDD가 어떻게 이루어지는지 보여주지는 않을 것이다. 하지만 비즈니스 관련 대화로부터 모델을 구축하는 방법에 대해 알아본다.

연습 문제

이 문제를 한번 풀어보자. 여기서 설명하는 비즈니스 규칙의 핵심을 깔끔하고 멋진 코드로 잡아내는 단위 테스트를 작성할 수 있는지 스스로 시험해보자.

깃허브(*https://github.com/cosmicpython/code/tree/chapter_01_domain_model_exercise*)에서 단위 테스트 틀을 찾을 수 있다. 코드를 밑바닥부터 직접 작성하거나 필자가 제공하는 틀을 여러분이 원하는 대로 바꾸거나 조합해도 좋다.

필자가 처음 만든 테스트는 다음과 같다.

할당을 위한 테스트(test_batches.py)

```python
def test_allocating_to_a_batch_reduces_the_available_quantity():
    batch = Batch("batch-001", "SMALL-TABLE", qty=20, eta=date.today())
    line = OrderLine('order-ref', "SMALL-TABLE", 2)

    batch.allocate(line)

    assert batch.available_quantity == 18
```

필자가 만든 단위 테스트의 이름은 시스템에서 사용자가 원하는 동작을 표현한다. 단위 테스트 클래스나 변수 이름은 비즈니스 전문용어에서 가져왔다. 기술을 전혀 모르는 동료들이 이 코드를 보게 되더라도, 이 코드가 시스템의 동작을 정확하게 묘사한다는 것에 동의할 것이다.

다음은 요구 사항에 맞는 도메인 모델이다.

배치에 대한 도메인 모델의 첫 번째 버전(model.py)

```python
@dataclass(frozen=True) # ①, ②
class OrderLine:
    orderid: str
```

```
        sku: str
        qty: int

    class Batch:
        def __init__(
            self, ref: str, sku: str, qty: int, eta: Optional[date]  # ②
        ):
            self.reference = ref
            self.sku = sku
            self.eta = eta
            self.available_quantity = qty

        def allocate(self, line: OrderLine):
            self.available_quantity -= line.qty  # ③
```

---

① OrderLine은 동작이 없는 불변 데이터 클래스다.[2]

② 코드를 깔끔하게 보여주고자 앞으로도 import 문을 표시하지 않을 것이다. 여러분이 이 코드에 사용한 dataclass가 from dataclass import dataclass라고 임포트한 것을 유추할 수 있기 바란다. 마찬가지로 typing.Optional이나 datetime.date에 대한 import 문도 생략했다. 제대로 동작하는 전체 코드는 *https://github.com/python-leap/code/tree/chapter_01_domain_model*에 있다.

③ 파이썬 세계에서 타입 힌트는 아직 논란의 대상이다. 도메인 모델의 경우 타입 힌트가 코드를 명확히 해주거나 예상되는 인수가 무엇인지 문서화해주는 효과가 있으며, 사람이나 IDE가 타입 힌트로부터 도움을 받을 수 있다. 좋지 않은 가독성이 주는 손해가 타입 힌트가 주는 이익보다 훨씬 더 크다고 생각할 수도 있다.

본 구현은 아주 단순하다. Batch는 단지 available_quantity라는 정수를 감싸고 할당이 일어날 때마다 이 값을 감소시킨다. 겨우 숫자 하나를 감소하는 코드를 너무 많이 작성한 것 같지만, 도메인을 정확히 모델링하는 것이 결국 큰 이익을 가져올 것이다.[3]

이제 실패하는 테스트를 몇 가지 작성해보자.

---

2 예전 파이썬 버전에서는 namedtuple을 사용했을지도 모르지만, 히네크 슐라바크(Hynek Schlawack)이 만든 멋진 attrs를 고려해 볼 수도 있다(*https://pypi.org/project/attrs*).

3 어쩌면 코드가 충분하지 않다고 생각하는 독자가 있을 것이다. OrderLine의 SKU가 Batch.sku와 일치하는지를 검사하는 부분을 알고 싶다면 부록 E를 참고하기 바란다.

```python
def make_batch_and_line(sku, batch_qty, line_qty):
    return (
        Batch("batch-001", sku, batch_qty, eta=date.today()),
        OrderLine("order-123", sku, line_qty)
    )


def test_can_allocate_if_available_greater_than_required():
    large_batch, small_line = make_batch_and_line("ELEGANT-LAMP", 20, 2)
    assert large_batch.can_allocate(small_line)


def test_cannot_allocate_if_available_smaller_than_required():
    small_batch, large_line = make_batch_and_line("ELEGANT-LAMP", 2, 20)
    assert small_batch.can_allocate(large_line) is False


def test_can_allocate_if_available_equal_to_required():
    batch, line = make_batch_and_line("ELEGANT-LAMP", 2, 2)
    assert batch.can_allocate(line)


def test_cannot_allocate_if_skus_do_not_match():
    batch = Batch("batch-001", "UNCOMFORTABLE-CHAIR", 100, eta=None)
    different_sku_line = OrderLine("order-123", "EXPENSIVE-TOASTER", 10)
    assert batch.can_allocate(different_sku_line) is False
```

여기서 예상을 크게 벗어나는 내용은 없다. 앞에서 테스트 스위트를 리팩터링해서 똑같은 SKU
에 대해 배치와 주문 라인을 생성하는 코드를 반복하지 않게 만들었다. 그리고 can_allocate
라는 새 메서드에 대한 예제를 4개 만들었다. 테스트에 사용된 이름이 도메인 전문가들의 언어
를 따르며 전문가들과 대화하면서 동의한 예제를 그대로 코드로 작성했다는 사실에 유의해야
한다.

이를 Batch의 can_allocate를 작성하여 직접 구현할 수도 있다.

모델의 새로운 메서드(model.py)

```python
def can_allocate(self, line: OrderLine) -> bool:
    return self.sku == line.sku and self.available_quantity >= line.qty
```

지금까지는 Batch.available_quantity를 증가시키거나 감소시킴으로써 구현을 관리할 수
있었다. 하지만 deallocate() 테스트로 들어가면 좀 더 똑똑한 해법이 필요해진다.

```
def test_can_only_deallocate_allocated_lines():
    batch, unallocated_line = make_batch_and_line("DECORATIVE-TRINKET", 20, 2)
    batch.deallocate(unallocated_line)
    assert batch.available_quantity == 20
```

이 테스트는 라인에 할당되지 않은 배치를 해제하면 배치의 가용 수량에 아무 영향이 없어야
한다. 테스트가 제대로 작동하려면 Batch가 자신이 할당된 라인을 알고 있어야 한다. 구현을
살펴보자.

도메인 모델은 이제 할당된 라인을 추적한다(model.py)

```
class Batch:
    def __init__(
        self, ref: str, sku: str, qty: int, eta: Optional[date]
    ):
        self.reference = ref
        self.sku = sku
        self.eta = eta
        self._purchased_quantity = qty
        self._allocations = set() # type: Set[OrderLine]

    def allocate(self, line: OrderLine):
        if self.can_allocate(line):
            self._allocations.add(line)

    def deallocate(self, line: OrderLine):
        if line in self._allocations:
            self._allocations.remove(line)

    @property
    def allocated_quantity(self) -> int:
        return sum(line.qty for line in self._allocations)

    @property
    def available_quantity(self) -> int:
        return self._purchased_quantity - self.allocated_quantity

    def can_allocate(self, line: OrderLine) -> bool:
        return self.sku == line.sku and self.available_quantity >= line.qty
```

[그림 1-3]은 UML 모델을 보여준다.

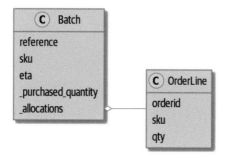

그림 1-3 UML 모델

이제 상황이 달라졌다. 배치는 `OrderLine` 객체들의 집합을 유지한다. 배치를 할당할 때 가용 수량이 충분하면 이를 `set`에 추가하기만 한다. 코드에서 `available_quantity`는 이제 구매 수량에서 할당 수량을 빼는 공식에 의해 제공되는 프로퍼티가 된다.

그렇다. 아직도 할 일이 많이 남았다. 특히 `allocate()`와 `deallocate()`가 아무도 모르게 실패하고 있다는 사실이 약간 불안하다. 하지만 다행히도 이제는 기본적인 부분은 동작한다.

의도한 바는 아니지만, `._allocations`에 집합을 사용함으로써 마지막 테스트를 수행하는 게 쉬워졌다. 집합 안에 있는 원소는 모두 유일하기 때문이다.

마지막 배치 테스트(test_batches.py)

```python
def test_allocation_is_idempotent():
    batch, line = make_batch_and_line("ANGULAR-DESK", 20, 2)
    batch.allocate(line)
    batch.allocate(line)
    assert batch.available_quantity == 18
```

현 시점에서는 도메인 모델이 너무 단순해서 굳이 공들여 DDD(심지어는 객체 지향)를 할 필요가 없다고 비난해도 괜찮다. 하지만 실무에서 비즈니스 규칙이나 미묘한 경우^{edge case}가 얼마든지 발생할 수 있다. 예를 들어 고객이 특정한 날짜에 배송을 요구한다면 이를 가장 빠른 배치에 할당하고 싶지는 않을 것이다. 또한 일부 SKU는 배치에 들어있지 않고 공급업체가 다른 로직을 사용하기 때문에 필요에 따라 공급업체가 직접 요청을 받을 수도 있다. 고객의 위치에 따라 해당 지역에 속한 창고와 배송의 일부만 할당하고 해당 지역에 재고가 없는 경우에만 이 SKU를 다른 지역의 창고로부터 배송하도록 만들 수도 있다. 실세계에서 실제 비즈니스를 진행하는 사람이라면 이번 페이지에서 보여준 것보다 훨씬 더 빠르게 비즈니스 복잡성이 증가할 수 있음을 이미 알고 있다.

하지만 이런 간단한 도메인 모델을 더 복잡한 모델을 채워 넣는 틀로 간주한다. 앞으로는 이 단순한 도메인 모델을 확장해서 API와 데이터베이스, 스프레드시트로 이루어진 실세계에 끼워 넣을 것이다. 캡슐화와 조심스러운 계층화의 원칙을 굳게 지키면서 얼기설기 대충 만든 구조를 피하는 방법을 살펴볼 것이다.

더 나은 타입 힌트를 얻기 위해 더 많은 타입을 사용한다.

타입 힌트를 제대로 쓰고 싶다면 typing.NewType으로 원시 타입을 감싸면 된다. 해리는 이런 식의 코드는 너무 과하다고 생각한다.

```python
from dataclasses import dataclass
from typing import NewType

Quantity = NewType("Quantity", int)
Sku = NewType("Sku", str)
Reference = NewType("Reference", str)
...

class Batch:
    def __init__(self, ref: Reference, sku: Sku, qty: Quantity):
        self.sku = sku
        self.reference = ref
        self._purchased_quantity = qty
```

예를 들어 Reference가 필요한 곳에 Sku를 넘기는 등의 일을 하면 타입 검사기가 이를 확인하고 경고 메시지를 보낼 것이다.

이런 기법이 멋진지, 끔찍한지에 대한 문제는 아직 논란의 여지로 남아 있다.[4]

---

4 이건 끔찍하다. 아무쪼록 제발 이렇게 하지 말자 – 해리(저자 중 한 명)

1.3.1 값 객체로 사용하기 적합한 데이터 클래스

앞에서 본 코드에서는 line을 (별다른 정의 없이) 자유롭게 사용했다. 하지만 대체 라인이란 무엇일까? 비즈니스 전문용어에서 **주문**order에는 여러 **라인**line이 원소로 있고, 한 라인은 한 쌍의 SKU와 수량으로 이루어진다. 주문 정보가 들어있는 간단한 YAML 파일을 상상하면 다음과 비슷하다.

주문 정보를 YAML로 표현

```
Order_reference: 12345
Lines:
  - sku: RED-CHAIR
    qty: 25
  - sku: BLU-CHAIR
    qty: 25
  - sku: GRN-CHAIR
    qty: 25
```

주문에는 그 주문을 식별할 수 있는 유일한 **참조 번호**가 있지만 **라인**은 그렇지 않다(주문의 참조 번호를 OrderLine 클래스에 추가해도 이 참조 번호로 라인을 식별할 수는 없다).

데이터는 있지만 유일한 식별자가 없는 비즈니스 개념이 있으면, 이를 표현하기 위해 **값 객체** 패턴을 선택하는 경우가 종종 있다. 값 객체는 안에 있는 데이터에 따라 유일하게 식별될 수 있는 도메인 객체를 의미한다. 보통 값 객체를 불변 객체immutable object로 만들곤 한다.

OrderLine은 값 객체

```
@dataclass(frozen=True)
class OrderLine:
    orderid: OrderReference
    sku: ProductReference
    qty: Quantity
```

데이터 클래스(또는 네임드튜플namedtuple)의 장점은 **값 동등성**value equality을 부여할 수 있다는 것이다. 값 동등성이라는 말은 'orderid, sku, qty가 같은 두 라인은 같다'라는 말을 더 그럴듯하게 표현할 뿐이다.

```python
from dataclasses import dataclass
from typing import NamedTuple
from collections import namedtuple


@dataclass(frozen=True)
class Name:
    first_name: str
    surname: str


class Money(NamedTuple):
    currency: str
    value: int


Line = namedtuple('Line', ['sku', 'qty'])


def test_equality():
    assert Money('gbp', 10) == Money('gbp', 10)
    assert Name('Harry', 'Percival') != Name('Bob', 'Gregory')
    assert Line('RED-CHAIR', 5) == Line('RED-CHAIR', 5)
```

이런 값 객체는 값들이 실제로 어떤 역할을 하는지에 대해 실세계에서 갖는 직관과 부합한다. 10파운드를 말할 때 10파운드라는 값(가치)이 중요하지, 어떤 지폐인지는 중요하지 않다. 이와 비슷하게 성과 이름이 같은 두 이름은 같은 이름이고, 고객 주문, 제품 코드, 수량이 같은 두 라인은 같은 라인이다. 하지만 값 객체도 복잡한 동작을 수행할 수 있다. 실제로 값에 대해 연산을 지원하는 것이 일반적이다(예: 수학 연산자)

값 객체에 대한 수학 연산

```python
fiver = Money('gbp', 5)
tenner = Money('gbp', 10)


def can_add_money_values_for_the_same_currency():
    assert fiver + fiver == tenner


def can_subtract_money_values():
    assert tenner - fiver == fiver


def adding_different_currencies_fails():
    with pytest.raises(ValueError):
```

```
        Money('usd', 10) + Money('gbp', 10)

    def can_multiply_money_by_a_number():
        assert fiver * 5 == Money('gbp', 25)

    def multiplying_two_money_values_is_an_error():
        with pytest.raises(TypeError):
            tenner * fiver
```

1.3.2 값 객체와 엔티티

주문 라인은 그 라인의 주문 ID, SKU, 수량에 의해 유일하게 식별된다. 이 세 가지 값 중 하나를 변경하면 새로운 라인이 생긴다. 이는 값 객체의 정의를 따른다. 값 객체는 내부에 있는 데이터에 의해 결정되며 오랫동안 유지되는 정체성이 존재하지 않는다. 그렇다면 배치는 어떨까? 배치는 참조 번호에 의해 구분된다.

오랫동안 유지되는 정체성이 존재하는 도메인 객체를 설명할 때 **엔티티**^{entity}라는 용어를 사용한다. 앞에서 값 객체인 Name 클래스를 소개했다. 해리 퍼시벌^{Harry Percival}이라는 이름의 한 글자를 바꾸면 배리 퍼시벌^{Barry Percival}이라는 새로운 Name 객체를 얻게 된다.

이때 해리 퍼시벌과 배리 퍼시벌은 같지 않다.

이름 자체를 바꿀 수는 없다.

```
    def test_name_equality():
        assert Name("Harry", "Percival") != Name("Barry", "Percival")
```

하지만 사람^{person}인 해리의 경우에는 어떨까? 사람은 자신의 이름이나 결혼 상태를 바꿀 수 있고, 심지어 성별도 바꿀 수 있다. 하지만 이런 변경에도 불구하고 모두 같은 사람으로 계속 인식할 수 있다. 사람은 이름과 다르게 **영속적인 정체성**^{persistent identity}이 있다.

하지만 사람은 이름을 바꿀 수 있다!

```
    class Person:
        def __init__(self, name: Name):
            self.name = name
```

```
def test_barry_is_harry():
    harry = Person(Name("Harry", "Percival"))
    barry = harry

    barry.name = Name("Barry", "Percival")

    assert harry is barry and barry is harry
```

값과 달리 엔티티에는 **정체성 동등성**^{identity equality}이 있다. 엔티티의 값을 바꿔도, 바뀐 엔티티는 이전과 같은 엔티티로 인식된다. 예제의 배치는 엔티티다. 라인을 배치에 할당할 수 있고 배치 도착 예정 날짜를 변경할 수도 있지만, 이런 값을 바꿔도 배치는 여전히 이전과 (정체성이) 같은 배치다.

엔티티에 대한 동등성 연산자를 구현함으로써 엔티티의 정체성 관련 동작을 명시적으로 코드로 작성할 수 있다.

동등성 연산자 구현(model.py)

```
class Batch:
    ...

    def __eq__(self, other):
        if not isinstance(other, Batch):
            return False
        return other.reference == self.reference

    def __hash__(self):
        return hash(self.reference)
```

파이썬의 __eq__ 마법 메서드^{magic method}를 사용해[5] 이 클래스가 == 연산자에 대해 작동하는 방식을 정의한다.[6]

엔티티와 값 객체 어느 쪽이든 __hash__가 어떻게 작동하는지 알아 두는 것이 좋다. __hash__는 객체를 집합에 추가하거나 딕셔너리의 키로 사용할 때 동작을 제어하기 위해 파이

---

5 옮긴이_ 보통은 __eq__처럼 __로 시작하고 끝나며 특별한 기능을 하는 파이썬 메서드를 특별 메서드(special method)나 마법 메서드(magic method)라고 부른다.

6 종종 __eq__ 메서드를 '던더이큐(dundder-EQ)'라고 부르기도 한다.

썬이 사용하는 마법 메서드다. 더 많은 정보를 원한다면 파이썬 문서(*https://oreil.ly/YUzg5*)를 참고하기 바란다.

값 객체의 경우, 모든 값 속성을 사용해 해시를 정의하고 객체를 반드시 불변 객체로 만들어야 한다. 데이터 클래스에 대해 @frozen=True를 지정하면 공짜로 이런 동작을 얻을 수 있다.

엔티티의 경우, 가장 단순한 선택은 해시를 None으로 정의하는 것이다. 즉, 이 객체에 대한 해시를 계산할 수 없고 그에 따라 집합 등에서 사용할 수도 없다는 뜻이다. 특정한 이유로 엔티티를 집합에 넣거나 딕셔너리의 키로 사용해야 한다면 시간과 무관하게 엔티티의 정체성을 식별해주는 속성을 사용해 해시를 정의해야 한다(예: .reference). 그리고 어떻게든 이 (정체성을 식별해주는) 속성을 읽기 전용으로 만들어야 한다.

> **CAUTION**_ 이 부분은 다루기 어려운 부분이라 간략하게 다루겠다. __eq__를 변경하지 않았다면 __hash__를 변경해서는 안 된다. 여러분이 무엇을 하고 있는지 확실하지 않다면 관련 문서를 많이 읽어봐야 한다. 이 책의 기술 리뷰어인 하이넥 슬라왁의 「Python Hashes and Equality」(*https://oreil.ly/vxkgX*)부터 읽어보길 권한다.

1.4 모든 것을 객체로 만들 필요는 없다: 도메인 서비스 함수

지금까지 배치를 표현하는 모델을 만들었다. 하지만 실제로 해야 할 일은 모든 재고를 표현하는 구체적인 배치 집합에서 주문 라인을 할당하는 것이다.

> 때로는, 그것은 그냥 물건이 아닐 뿐이다.
>
> – 에릭 에번스, 『도메인 위주 설계』

에번스는 엔티티나 값 객체로 자연스럽게 표현할 수 없는 도메인 서비스 연산이라는 개념에 대해 이야기했다.[7] 주어진 배치 집합에 대해 주문 라인을 할당한다는 말은 마치 함수를 설명하는

---

7 도메인 서비스는 서비스 계층의 서비스와 밀접하게 연관되는 경우가 많지만 이 둘은 그렇지 않다. 도메인 서비스는 비즈니스 개념이나 프로세스를 표현하지만, 서비스 계층의 서비스는 애플리케이션의 유스 케이스(use case) 하나를 표현한다. 종종 서비스 계층을 도메인 서비스라고 부르기도 한다.

것처럼 들린다. 그래서 우리는 파이썬이 다중 패러다임 언어라는 사실을 활용해 이런 기능을 하는 존재를 함수로 만들 수 있다.

이제 이런 함수를 테스트하는 방법을 살펴보자.

도메인 서비스 테스트(test_allocate.py)

```python
def test_prefers_current_stock_batches_to_shipments():
    in_stock_batch = Batch("in-stock-batch", "RETRO-CLOCK", 100, eta=None)
    shipment_batch = Batch("shipment-batch", "RETRO-CLOCK", 100, eta=tomorrow)
    line = OrderLine("oref", "RETRO-CLOCK", 10)

    allocate(line, [in_stock_batch, shipment_batch])

    assert in_stock_batch.available_quantity == 90
    assert shipment_batch.available_quantity == 100
def test_prefers_earlier_batches():
    earliest = Batch("speedy-batch", "MINIMALIST-SPOON", 100, eta=today)
    medium = Batch("normal-batch", "MINIMALIST-SPOON", 100, eta=tomorrow)
    latest = Batch("slow-batch", "MINIMALIST-SPOON", 100, eta=later)
    line = OrderLine("order1", "MINIMALIST-SPOON", 10)

    allocate(line, [medium, earliest, latest])

    assert earliest.available_quantity == 90
    assert medium.available_quantity == 100
    assert latest.available_quantity == 100

def test_returns_allocated_batch_ref():
    in_stock_batch = Batch("in-stock-batch-ref", "HIGHBROW-POSTER", 100, eta=None)
    shipment_batch = Batch("shipment-batch-ref", "HIGHBROW-POSTER", 100,
eta=tomorrow)
    line = OrderLine("oref", "HIGHBROW-POSTER", 10)
    allocation = allocate(line, [in_stock_batch, shipment_batch])
    assert allocation == in_stock_batch.reference
```

서비스는 다음과 같다.

도메인 서비스에 대한 단독 함수(model.py)

```python
def allocate(line: OrderLine, batches: List[Batch]) -> str:
    batch = next(
```

```
        b for b in sorted(batches) if b.can_allocate(line)
    )
    batch.allocate(line)
    return batch.reference
```

1.4.1 파이썬 마법 메서드 사용 시 모델과 파이썬 숙어 함께 사용 가능

이전 코드에서 next()를 사용하는 것을 좋아하는 독자도 있고, 싫어하는 독자도 있을 것이다. 하지만 배치 리스트에 대해 sorted()를 사용할 수 있다는 점이 멋지다는 데는 대부분 동의할 것이다.

sorted()가 작동하게 하려면 __gt__를 도메인 모델이 구현해야 한다.

마법 메서드로 도메인의 의미 표현 가능(model.py)

```python
class Batch:
    ...

    def __gt__(self, other):
        if self.eta is None:
            return False
        if other.eta is None:
            return True
        return self.eta > other.eta
```

멋지다.

1.4.2 예외를 사용해 도메인 개념 표현 가능

마지막으로 다룰 개념이 있다. 예외로 도메인 개념을 표현하는 것이다. 도메인 전문가와 대화하는 과정에서 **품절**^{out of stock}로 주문을 할당할 수 없는 경우도 있다고 배웠다. 이런 개념을 **도메인 예외**^{domain exception}를 사용해 찾아낼 수 있다.

```
def test_raises_out_of_stock_exception_if_cannot_allocate():
    batch = Batch('batch1', 'SMALL-FORK', 10, eta=today)
    allocate(OrderLine('order1', 'SMALL-FORK', 10), [batch])

    with pytest.raises(OutOfStock, match='SMALL-FORK'):
        allocate(OrderLine('order2', 'SMALL-FORK', 1), [batch])
```

도메인 모델링 정리

- 도메인 모델링

  도메인 모델링은 여러분의 코드에서 비즈니스와 가장 가까운 부분이다. 변화가 생길 가능성이 가장 높은 부분이고, 비즈니스에게 가장 큰 가치를 제공하는 부분이다. 도메인 모델링을 이해하고 변경하기 쉽게 만들어보자.

- 엔티티와 값 객체 구분

  값 객체는 그 내부의 속성들에 의해 정의된다. 불변 타입을 사용해 값 객체를 구현하는 것이 가장 좋다. 값 객체의 속성을 변경하면 새로운 값 객체가 된다. 반대로 엔티티에는 시간에 따라 변하는 속성이 포함될 수 있고, 이런 속성은 바뀌더라도 여전히 똑같은 엔티티로 남는다. 어떤 요소가 엔티티를 유일하게 식별하는지 정의하는 것이 중요하다(보통 이름이나 참조 번호 등을 사용한다).

- 모든 것을 객체로 만들 필요가 없다.

  파이썬은 다중 패러다임 언어다. 따라서 여러분의 코드에서 '동사verb'에 해당하는 부분을 표현하려면 함수를 사용하는 것이 좋다. 모든 FooManager(관리객체), BarBuilder(빌더객체), BazFactory(팩토리 객체) 대신에 manage_foo(), build_bar(), get_baz() 함수를 쓰는 편이 가독성이 더 좋고 표현력이 좋다.

- 가장 좋은 OO 설계 원칙을 적용할 때다.

  SOLID 원칙이나 'has-a와 is-a의 관계', '상속inheritance 보다는 구성composition을 사용하라'와 같은 좋은 설계법을 다시 살펴보기 바란다.

- 일관성 경계나 애그리게이트에 대해서도 생각해보고 싶을 것이다.

  더 자세한 내용은 7장에서 다룬다.

구현을 자세히 적어서 여러분을 지루하게 할 생각은 없다. 하지만 여기서 강조해야 할 핵심 내용으로, 유비쿼터스 언어에서 예외 이름을 붙일 때도 엔티티, 값 객체, 서비스의 이름을 붙일 때와 마찬가지로 조심해야 한다.

도메인 예외 발생(model.py)

```python
class OutOfStock(Exception):
    pass


def allocate(line: OrderLine, batches: List[Batch]) -> str:
    try:
        batch = next(
        ...
    except StopIteration:
        raise OutOfStock(f'Out of stock for sku {line.sku}')
```

[그림 1-4]는 이번 장에서 만든 모델의 최종 모습이다.

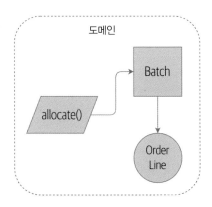

그림 1-4 1장을 끝내는 시점의 도메인 모델

지금은 아마 이걸로 충분할 것이다! 지금까지 첫 번째 유스 케이스에 사용할 수 있는 도메인 서비스를 만들었다. 하지만 우선 데이터베이스가 필요하다.

## CHAPTER 2

저장소 패턴

이제 핵심 로직과 인프라 관련 사항을 분리하는 방법으로 의존성 역전 원칙을 사용하겠다는 약속을 지킬 때이다.

이 장에서는 **저장소 패턴**^{repository pattern}을 다룬다. 저장소 패턴은 데이터 저장소를 더 간단히 추상화한 것으로 이 패턴을 사용하면 모델 계층과 데이터 계층을 분리할 수 있다. 이런 간략한 추상화가 어떻게 데이터베이스의 복잡성을 감춰서 시스템을 테스트하기 더 좋게 만드는지 구체적인 예제로 살펴볼 것이다.

[그림 2-1]은 만들려는 시스템을 미리 보여준다. Repository 객체는 도메인 모델과 데이터베이스 사이에 존재한다.

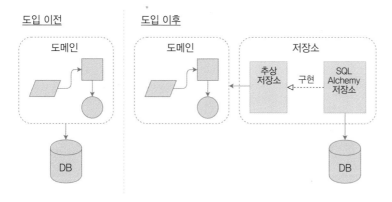

그림 2-1 저장소 패턴 도입 전후 비교

```
git clone https://github.com/cosmicpython/code.git
cd code
git checkout chapter_02_repository
# 또는 2장을 따라 하고 싶다면 1장을 확인하길 바란다.
git checkout chapter_01_domain_model
```

2.1 도메인 모델 영속화

1장에서는 주문에 재고 배치를 할당하는 간단한 도메인 모델을 만들었다. 설정해야 하는 인프라나 의존성이 없으므로 이 도메인 모델을 쉽게 테스트할 수 있다. 테스트 데이터를 만들거나 데이터베이스나 API를 실행해야 한다면 테스트를 작성하고 유지보수하기가 더 어려울 것이다.

슬프게도, 어느 시점에서는 이런 완벽한 작은 모델을 사용자의 손에 넘겨서 실세계의 스프레드시트나 웹 브라우저, 경합 조건^{race condition}과 씨름하게 만들어야 한다. 이제부터는 몇 장에 걸쳐서 이상적인 모델을 외부 상태와 연결하는 방법을 살펴볼 것이다.

애자일 방식으로 작업할 때는 가능한 한 빨리 최소 기능 제품^{minimum viable product}(MVP)을 만드는 것이 우선이다. 여기서는 웹 API가 MVP가 된다. 실전에서는 엔드투엔드 테스트로 바로 들어가서 웹 프레임워크에 기능을 넣고, 외부로부터 내부 방향으로 테스트를 시작한다.

어떤 방식을 택하든, 결국 영속적인 저장소가 필요하다. 이 책은 교과서이므로 아주 조금 더 밑바닥부터 개발해본 다음 저장소와 데이터베이스가 무엇인지 생각해도 된다.

2.2 의사코드: 무엇이 필요할까?

처음 API 엔드포인트^{endpoint}를 만들 때는 보통 다음과 비슷한 코드를 작성한다.

```
@flask.route.gubbins
def allocate_endpoint():
    # 요청으로부터 주문 라인 추출
    line = OrderLine(request.params, ...)
    # DB에서 모든 배치 가져오기
    batches = ...
    # 도메인 서비스 호출
    allocate(line, batches)
    # 어떤 방식으로든 할당한 배치를 다시 데이터베이스에 저장
    return 201
```

> NOTE_ 플라스크를 사용한 이유는 경량 때문이다. 이 책을 이해하기 위해 플라스크를 알아야 할 필요는 없다. 사실 이 책에서 사용하는 프레임워크가 덜 중요해지는 방법을 보여준다.

배치 정보를 데이터베이스에서 가져와 도메인 모델 객체를 초기화하는 방법이 필요하다. 그리고 도메인 객체 모델에 있는 정보를 데이터베이스에 저장하는 방법도 필요하다.

'gubbins'는 영국영어로 'stuff'(물건, 해야 할 일 등을 의미)라는 단어와 같다. 여러분은 이 단어를 무시해도 된다. 단지 의사코드일 뿐이다.

2.3 데이터 접근에 DIP 적용하기

서문에서 언급했듯이, 계층 아키텍처는 UI, 어떤 로직, 데이터베이스로 이루어진 시스템을 구조화할 때 일반적으로 쓰이는 접근 방법이다(그림 2-2).

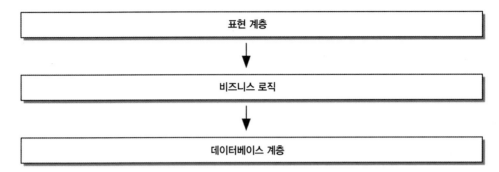

그림 2-2 계층 아키텍처

장고의 모델–뷰–템플릿^{Model-View-Template} 구조는 모델–뷰–컨트롤러(MVC) 구조에서의 각 계층과 마찬가지로 서로 밀접하게 연관되어 있다. 어떤 경우든 계층을 분리해서 유지하고(이런 분리는 좋은 일이다), 각 계층이 자신의 바로 아래 계층에만 의존하게 만드는 것이 목표다.

하지만 도메인 모델에는 **그 어떤 의존성도 없기 바란다.**[1] 하부 구조와 관련된 문제가 도메인 모델에 지속적으로 영향을 끼쳐서 단위 테스트를 느리게 하고 도메인 모델을 변경할 능력이 감소되는 것을 원하지 않는다.

그 대신 서문에서 언급했듯이 모델을 '내부'에 있는 것으로 간주하고, 의존성이 내부로 들어오게 만들어야 한다. 이런 방식을 **양파 아키텍처**^{onion architecture}라고 부른다(그림 2–3).

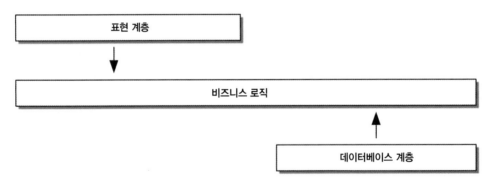

그림 2-3 양파 아키텍처

---

1 '어떤 상태가 있는 의존관계도 없다'라는 뜻으로 말해야 한다. 도우미 라이브러리에 의존하는 것은 괜찮지만, ORM이나 웹 프레임워크에 의존하는 것은 그렇지 않다.

2.4 기억 되살리기: 우리가 사용하는 모델

도메인 모델(그림 1–3)을 다시 떠올려보자. 할당은 OrderLine과 Batch를 연결하는 개념이다. 할당 정보를 Batch 객체의 컬렉션으로 저장한다.

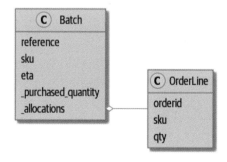

그림 2-4 우리가 사용하는 모델

이 모델을 관계형 데이터베이스로 번역하려면 어떻게 해야 할지 살펴보자.

---

2 옮긴이_육각형 아키텍처는 앨리스터 콕번(Alistair Cockburn)이 2005년에 최초로 언급한 용어다.

3 마크 시만(Mark Seemann)은 이 주제에 대한 훌륭한 글을 블로그(*https://oreil.ly/LpFS9*)에 썼다.

2.4.1 '일반적인' ORM 방식: ORM에 의존하는 모델

요즘에는 개발 팀원이 직접 SQL 질의를 수행하지 않는다. 아마 대부분은 여러분의 모델 객체를 대신해 SQL을 생성하는 프레임워크를 사용할 것이다.

이런 프레임워크를 **객체 관계 매핑**^{object-relational mapping}(ORM)라고 한다. ORM은 객체와 도메인 모델의 세계와 데이터베이스와 관계대수^{relational algebra}의 세계를 이어주는 다리 역할을 하기 위해 존재하므로 '객체 관계 매핑'이라고 부른다.

ORM이 제공하는 가장 중요한 기능은 **영속성 무지**^{persistence ignorance}다. 도메인 모델이 데이터를 어떻게 적재하는지 또는 어떻게 영속화하는지에 대해 알 필요가 없다는 의미다. 영속성 무지가 성립하면 특정 데이터베이스 기술에 도메인이 직접 의존하지 않도록 유지할 수 있다.[4]

하지만 전형적인 SQLAlchemy 튜토리얼을 따르면 다음과 같은 코드를 마주하게 된다.

SQLAlchemy '선언적' 문법, 모델은 ORM에 의존(orm.py)

```python
from sqlalchemy import Column, ForeignKey, Integer, String
from sqlalchemy.ext.declarative import declarative_base
from sqlalchemy.orm import relationship

Base = declarative_base()

class Order(Base):
    id = Column(Integer, primary_key=True)

class OrderLine(Base):
    id = Column(Integer, primary_key=True)
    sku = Column(String(250))
    qty = Integer(String(250))
    order_id = Column(Integer, ForeignKey('order.id'))
    order = relationship(Order)

class Allocation(Base):
    ...
```

---

4 이런 관점에서 보면 ORM을 사용하는 것은 이미 DIP의 한 예다. 하드코딩한 SQL에 의존하는 대신 추상화인 ORM에 의존한다. 하지만 이것만으로는 충분하지 않다.

새 모델이 전적으로 ORM에 의존하고 엄청나게 못생겨 보이기 시작했다는 사실을 알기 위해 SQLAlchemy를 알 필요는 없다. 이 모델이 정말 데이터베이스에 대해 무지하다고 말할 수 있을까? 모델 프로퍼티가 직접 데이터베이스 열과 연관되어 있는데 어떻게 저장소와 관련된 관심사를 모델로부터 분리할 수 있을까?

장고 ORM은 근본적으로 동일하지만 제한이 더 많다

장고를 많이 써봤다면 '선언적' SQLAlchemy 코드를 다음과 같이 번역할 수 있다.

장고 ORM 예제

```
class Order(models.Model):
    pass

class OrderLine(models.Model):
    sku = models.CharField(max_length=255)
    qty = models.IntegerField()
    order = models.ForeignKey(Order)

class Allocation(models.Model):
    ...
```

요점은 동일하다. 모델 클래스는 직접 ORM 클래스를 상속한다. 따라서 이 모델은 ORM에 의존한다. 하지만 반대로 ORM이 모델에 의존하길 원한다.

장고는 SQLAlchemy의 고전적인 매퍼와 같은 역할을 하는 기능을 제공하지는 않는다. 하지만 의존성 역전과 저장소 패턴을 장고에 적용하는 방법을 원한다면 부록 D의 예제를 참고하기 바란다.

2.4.2 의존성 역전: 모델에 의존하는 ORM

다행히 이런 방법(앞에서 설명한 모델이 ORM에 의존하는 방법) 말고도 SQLAlchemy를 사용하는 방법이 더 있다. 대안은 스키마를 별도로 정의하고, 스키마와 도메인 모델을 상호 변환하는 명시적인 **매퍼**^{mapper}를 정의하는 것이다. SQLAlchemy는 이런 매퍼를 **고전적 매퍼**^{classical mapper}

라고 부른다($https://oreil.ly/ZucTG$).

SQLAlchemy 테이블 객체를 사용한 명시적 ORM 매핑(orm.py)

```python
from sqlalchemy.orm import mapper, relationship

import model  # ①

metadata = MetaData()

order_lines = Table(  # ②
    'order_lines', metadata,
    Column('id', Integer, primary_key=True, autoincrement=True),
    Column('sku', String(255)),
    Column('qty', Integer, nullable=False),
    Column('orderid', String(255)),
)

...

def start_mappers():
    lines_mapper = mapper(model.OrderLine, order_lines)  # ③
```

① ORM은 도메인 모델을 임포트(또는 도메인 모델에 '의존'하거나 '안다')한다. 반대로 도메인 모델이 ORM을 임포트하지 않는다.

② SQLAlchemy가 제공하는 추상화[5]를 사용해 데이터베이스 테이블과 열을 정의한다.

③ mapper 함수를 호출할 때 SQLAlchemy는 마법처럼 사용자가 정의한 여러 테이블에 도메인 클래스를 연결한다.

결과는 다음과 같다. start_mappers를 호출하면 쉽게 도메인 모델 인스턴스를 데이터베이스에 저장하거나 데이터베이스에서 불러올 수 있다. 하지만 start_mappers를 호출하지 않으면 도메인 모델 클래스는 데이터베이스를 인식하지 못한다.

이런 구조를 사용하면 alembic을 통한 마이그레이션 등 SQLAlchemy의 모든 이점을 취하는 동시에 도메인 클래스를 사용해 질의를 투명하게 할 수 있다. 이에 대해 더 자세히 살펴본다.

---

5 ORM을 사용하지 않는 프로젝트에서도 SQLAlchemy와 Alembic을 사용하면 파이썬에서 선언적으로 스키마를 만들고 마이그레이션, 연결, 세션을 관리할 수 있다.

처음에 ORM 설정을 할 때 ORM 설정에 대한 테스트를 작성하는 것이 유용할 수 있다. 다음 예제를 살펴보자.

ORM 직접 테스트(임시 테스트)(test_orm.py)

```python
def test_orderline_mapper_can_load_lines(session): # ①
    session.execute(
        'INSERT INTO order_lines (orderid, sku, qty) VALUES '
        '("order1", "RED-CHAIR", 12),'
        '("order1", "RED-TABLE", 13),'
        '("order2", "BLUE-LIPSTICK", 14)'
    )
    expected = [
        model.OrderLine("order1", "RED-CHAIR", 12),
        model.OrderLine("order1", "RED-TABLE", 13),
        model.OrderLine("order2", "BLUE-LIPSTICK", 14),
    ]
    assert session.query(model.OrderLine).all() == expected


def test_orderline_mapper_can_save_lines(session):
    new_line = model.OrderLine("order1", "DECORATIVE-WIDGET", 12)
    session.add(new_line)
    session.commit()

    rows = list(session.execute('SELECT orderid, sku, qty FROM "order_lines"'))
    assert rows == [("order1", "DECORATIVE-WIDGET", 12)]
```

① 파이테스트를 써보지 않은 독자에게는 이 테스트의 session 인수에 대한 설명이 필요하다. 이 책을 이 해하기 위해 파이테스트나 픽스처[fixture]에 대해 자세한 내용을 알 필요는 없다. 하지만 테스트에 필요한 공통 의존성을 '픽스처'로 정의하고, 파이테스트는 함수 인수로 픽스처를 테스트에 주입한다는 사실만이라도 알아두는 게 좋다. 여기서 사용하는 session 픽스처는 SQLAlchemy 데이터베이스 세션이다.

이 테스트를 계속 사용하지 않을 것이다. 나중에 살펴보겠지만, ORM과 도메인 모델의 의존성을 역전시키는 단계를 거치고 나면 아주 작은 단계를 하나만 통과해도 테스트를 작성하는 게 쉬워진다. 테스트에서 가짜로 대치할 수 있는 간단한 인터페이스를 제공하는 저장소 패턴이라는 추상화를 구현할 수 있게 된다.

전통적인 의존성을 역전하는 목적은 이미 달성했다. 도메인 모델은 항상 '순수한' 상태를 유지하고 인프라에 신경 쓰지 않아도 된다. SQLAlchemy를 제거하고 다른 ORM을 사용할 수도 있고 전혀 다른 영속화 시스템을 채택할 수도 있다. 하지만 이런 변경을 가해도 도메인 모델은 변경할 필요가 없다.

도메인 모델에서 수행하는 작업에 따라 객체 지향 패러다임^paradigm^으로부터 멀어지면 멀어질수록 ORM이 원하는 대로 작동하게 만들기가 점점 더 어려워지고 도메인 모델을 직접 바꿀 필요가 생긴다는 사실을 알게 된다.[6] 아키텍처 관련 결정을 내릴 때 자주 발생하듯이 이런 경우에는 트레이드오프를 고려해야 한다. 파이썬의 선은 말한다. "실용성은 순수성을 이긴다!"

하지만 이제 API 엔드포인트는 다음과 비슷할 것이다. 이 코드를 잘 작동하게 할 수 있다.

API 엔드포인트에 직접 SQLAlchemy 사용

```
@flask.route.gubbins
def allocate_endpoint():
    session = start_session()

    # 요청에서 주문 라인을 추출한다.
    line = OrderLine(
        request.json['orderid'],
        request.json['sku'],
        request.json['qty'],
    )

    # DB에서 모든 배치를 가져온다.
    batches = session.query(Batch).all()

    # 도메인 서비스를 호출한다.
    allocate(line, batches)

    # 할당을 데이터베이스에 저장한다.
    session.commit()

    return 201
```

---

6 이 책을 집필할 때 큰 도움을 준 SQLAlchemy 메인테이너와 마이크 바이어(Mike Bayer)에게 감사의 말을 전한다.

2.5 저장소 패턴 소개

저장소 패턴은 영속적 저장소를 추상화한 것이다. 저장소 패턴은 모든 데이터가 메모리상에 존재하는 것처럼 가정해 데이터 접근과 관련된 지루한 세부 사항을 감춘다.

컴퓨터의 메모리가 무한하다면 번거롭게 데이터베이스를 사용할 이유가 없다. 대신 원할 때마다 객체를 사용할 수 있다. 이런 경우 코드는 어떻게 생겼을까?

어딘가로부터 데이터를 가져와야 한다.

```
import all_my_data

def create_a_batch():
    batch = Batch(...)
    all_my_data.batches.add(batch)

def modify_a_batch(batch_id, new_quantity):
    batch = all_my_data.batches.get(batch_id)
    batch.change_initial_quantity(new_quantity)
```

모든 객체가 메모리에 있더라도 이 객체들을 나중에 다시 찾을 수 있도록 **어딘가에**^{somewhere} 보관해야 한다. 인메모리^{in-memory} 데이터는 리스트나 집합과 같은 새로운 객체를 얼마든지 추가할 수 있다. 객체가 메모리에 존재하므로 .save() 메서드를 호출할 필요가 없다. 대신 원하는 데이터를 (어딘가로부터) 가져와서 메모리상에서 변경하면 된다.

2.5.1 추상화한 저장소

가장 간단한 저장소에는 메서드가 두 가지밖에 없다. add()는 새 원소를 저장소에 추가하고, get()은 이전에 추가한 원소를 저장소에서 가져온다.[7] 도메인과 서비스 계층에서 데이터에 접근할 때 엄격하게 이 두 가지 메서드만 사용할 수 있다. 이렇게 단순성을 강제로 유지하면 도메인 모델과 데이터베이스 사이의 결합을 끊을 수 있다.

다음은 저장소의 추상 기반 클래스(ABC)가 어떤 모양인지 보여준다.

------

7 "list, delete, update는 어떻게 처리하는가?"라는 질문이 생길 수 있다. 하지만 이상적인 세계에서는 모델 객체를 한번에 한 개만 변경하며 삭제는 소프트 삭제(예: batch.cancel()와 유사한 작업)로 충분하다. 마지막으로 변경은 6장에서 살펴볼 작업 단위로 처리한다.

```python
class AbstractRepository(abc.ABC):

    @abc.abstractmethod # ①
    def add(self, batch: model.Batch):
        raise NotImplementedError # ②

    @abc.abstractmethod
    def get(self, reference) -> model.Batch:
        raise NotImplementedError
```

① 파이썬 팁: @abc.abstractmethod는 파이썬에서 ABC가 실제로 '작동'하는 몇 안 되는 요소 중 하나다. 자식 클래스가 부모 클래스에 정의된 모든 abstractmethods를 구현하지 않으면 클래스 인스턴스화가 불가능하다.[8]

② raise NotImplementedError도 좋지만 이 코드는 여기 있을 필요도 없고, (구현을 제공할 만큼) 충분하지도 않다. 정말 원한다면 하위 클래스가 호출할 수 있는 실제 동작을 상위 클래스의 추상 메서드에 넣을 수도 있다.

추상 기반 클래스, 덕 타이핑, 프로토콜

이 책에서는 추상 기반 클래스를 사용하면 저장소라는 추상화가 제공하는 인터페이스를 더 잘 설명할 수 있을 것이라고 기대하므로 추상 기반 클래스를 사용한다.

실전에서는 프로덕션 코드에서 ABC를 제거하는 경우가 종종 있다. 파이썬에서는 ABC를 무시하기가 너무 쉬워서 종종 유지보수가 불가능해지거나, 더 심하면 ABC 때문에 잘못된 코드를 작성하게 된다. 실무에서는 파이썬의 덕 타이핑에 의존해 추상화하는 경우도 많다. 파이썬 개발자에게는 add(thing)과 get(id) 메서드를 제공하는 **어떤** 객체든 저장소가 될 수 있다.

(ABC나 덕 타이핑 외에) 살펴볼 만한 다른 대안으로는 PEP 544 프로토콜protocol(*https://oreil.ly/q9EPC*)이 있다. 프로토콜은 상속을 사용하지 않고 타입을 지정할 수 있다. 따라서 특히 '상속보다는 구성을 사용하라'라는 규칙을 선호한다면 프로토콜을 더 좋아할 것이다.

---

8 ABC의 장점을 충분히 활용하려면 pylint나 mypy 같은 프로그램을 실행하는 걸 권한다.

2.5.2 트레이드오프란 무엇인가?

> 모든 것의 가격price은 알지만 어떤 것의 가치value도 제대로 알지 못한다고 말하는 경제학자들의 말을 알고 있는가? 음, 프로그래머들은 모든 것의 장점은 알지만 그 어떤 것의 트레이드오프도 제대로 알지 못한다.
>
> — 리치 히키Rich Hickey[9]

이 책에서 아키텍처 패턴을 제시할 때마다 항상 이런 질문을 던질 것이다. "이로 인해 얻는 이익은 무엇인가? 이 패턴을 채택하면 치뤄야 하는 댓가는 무엇인가?"

보통은 새로운 추상화 계층을 소개할 때마다 그 추상화를 추가해 전체적인 복잡성이 최소한으로 줄어들기를 기대한다. 하지만 새 추상화는 지역적으로는 복잡성을 증가시키고, 움직이는 부품 수나 지속적으로 유지보수해야 한다는 측면에서는 비용이 증가한다.

DDD와 의존성 역전이라는 경로를 택한 이상 저장소 패턴은 이 책에서 나열한 패턴 중에서도 가장 채택하기 쉬운 패턴이다. 코드만 고려한다면 저장소 패턴은 단지 SQLAlchemy 추상화(`session.query(Batch)`)를 우리가 직접 설계한 다른 추상화(`batches_repo.get`)로 바꿔치기 한 것에 지나지 않는다.

읽어야 하는 도메인 객체를 새로 추가할 때마다 저장소 클래스에 코드를 몇 줄 더 추가해야 한다. 하지만 반대 급부로 저장소 계층을 간단하게 추상화할 수 있고, 이 추상화를 제어할 수도 있다. 저장소 패턴을 사용하면 사물을 저장하는 방법을 더 쉽게 바꿀 수 있고(부록 C 참조), 단위 테스트 시 가짜 저장소를 제공하기가 더 쉬워진다.

추가로 저장소 패턴은 DDD 세계에서 아주 흔히 사용되므로 자바나 C#에서 파이썬으로 이동한 개발자라고 해도 이 패턴을 쉽게 알 수 있다. [그림 2-5]는 저장소 패턴을 표현한다.

---

9 옮긴이_리치 히키는 클로저 언어를 창시한 개발자다.

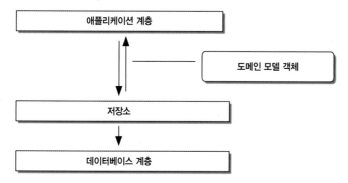

그림 2-5. 저장소 패턴

언제나 그랬듯이 테스트를 만드는 것부터 시작한다. 이 테스트는 코드(저장소)가 데이터베이스와 제대로 연동되는지 검사하기 때문에 아마 통합 테스트로 분류할 수 있다. 따라서 이 테스트는 SQL 문과 코드상의 함수 호출과 어서션^{assertion}을 섞어 사용하는 경향이 있다.

> **TIP_** 앞에서 살펴본 ORM 테스트와 달리 여기서 작성한 테스트는 코드베이스에 오래 남겨둘 수 있다. 특히 도메인 모델에 객체 관계 모델로 표현하면 복잡해지는 부분이 있다면 더욱 그렇다.

객체를 저장하는 저장소 테스트(test_repository.py)

```
def test_repository_can_save_a_batch(session):
    batch = model.Batch("batch1", "RUSTY-SOAPDISH", 100, eta=None)

    repo = repository.SqlAlchemyRepository(session)
    repo.add(batch) # ①
    session.commit() # ②

    rows = list(session.execute(
        'SELECT reference, sku, _purchased_quantity, eta FROM "batches"' # ③
    ))
    assert rows == [("batch1", "RUSTY-SOAPDISH", 100, None)]
```

① 여기서 테스트하는 메서드는 repo.add()이다.

② 저장소 밖에서 .commit()을 반복 수행해야 하며 이를 저장소를 호출하는 쪽의 책임으로 한다. 이런 방식에는 장단점이 있다. 6장을 보면 이 방식을 택한 이유를 더 명확히 알 수 있다.

③ SQL 문을 사용해 저장된 데이터가 맞는지 검증한다.

다음 테스트는 배치와 할당을 읽어오는 기능을 검사한다. 이 테스트는 좀 더 복잡하다.

복잡한 객체를 읽는 기능에 대한 저장소 테스트(test_repository.py)

```python
def insert_order_line(session):
    session.execute(  # ①
        'INSERT INTO order_lines (orderid, sku, qty)'
        ' VALUES ("order1", "GENERIC-SOFA", 12)'
    )
    [[orderline_id]] = session.execute(
        'SELECT id FROM order_lines WHERE orderid=:orderid AND sku=:sku',
        dict(orderid="order1", sku="GENERIC-SOFA")
    )
    return orderline_id  # ②

def insert_batch(session, batch_id):
    ...

def test_repository_can_retrieve_a_batch_with_allocations(session):
    orderline_id = insert_order_line(session)
    batch1_id = insert_batch(session, "batch1")
    insert_batch(session, "batch2")
    insert_allocation(session, orderline_id, batch1_id)  # ②

    repo = repository.SqlAlchemyRepository(session)
    retrieved = repo.get("batch1")

    expected = model.Batch("batch1", "GENERIC-SOFA", 100, eta=None)
    assert retrieved == expected  # ③ Batch.__eq__는 단순히 참조를 비교한다.
    assert retrieved.sku == expected.sku  # ④
    assert retrieved._purchased_quantity == expected._purchased_quantity
    assert retrieved._allocations == {  # ④
        model.OrderLine("order1", "GENERIC-SOFA", 12),
    }
```

① 이 테스트는 읽는 기능을 검사한다. 그래서 이 SQL 문은 repo.get()이 읽을 데이터를 준비한다.

② insert_batch와 insert_allocation의 자세한 내용은 독자 여러분의 과제로 남겨두겠다. 이 두 함수의 핵심은 몇 가지 배치를 만들고, 이런 배치의 할당한 주문 라인을 하나씩 만드는 것이다.

③ 이 부분이 테스트에서 검증이 이루어지는 부분이다. 첫 번째 assert ==는 타입이 일치하는지 검사하고, 참조가 같은지 검사한다(기억하겠지만 Batch는 엔티티이므로 내부에 커스텀 eq가 정의되어 있다).

④ 명시적으로 ._allocations 등의 주요 속성이 같은지 검사한다. ._allocations는 OrderLine 값 객체로 이루어진 파이썬 집합이다.

모든 모델에 대해 공들여 테스트를 작성하느냐는 각자의 판단에 따라 달라질 수 있다. 어떤 클래스에 대해 생성/변경/저장을 모두 테스트했다면 그 이후 추가되는 클래스가 비슷한 패턴을 따르는 한 호출과 응답이 제대로 오는지 최소한만 검사하는 정도로 만족거나 전혀 테스트를 진행하지 않을 수도 있다. 여기서는 ._allocations 집합을 만들어내는 ORM 설정이 조금 복잡하므로 구체적인 테스트를 추가하면 도움이 된다.

마지막으로 다음과 같은 코드를 작성한다.

전형적인 저장소(repository.py)

```python
class SqlAlchemyRepository(AbstractRepository):
    def __init__(self, session):
        self.session = session

    def add(self, batch):
        self.session.add(batch)

    def get(self, reference):
        return self.session.query(model.Batch).filter_by(reference=reference).
one()

    def list(self):
        return self.session.query(model.Batch).all()
```

플라스크 엔드포인트는 다음과 같다.

API 엔드포인트에서 저장소를 직접 사용한다.

```python
@flask.route.gubbins
def allocate_endpoint():
    batches = SqlAlchemyRepository.list()
    lines = [
        OrderLine(l['orderid'], l['sku'], l['qty'])
        for l in request.params...
    ]
    allocate(lines, batches)
```

```
session.commit()
return 201
```

> ### 연습 문제
>
> DDD 컨퍼런스에서 "10년 동안 ORM을 써본 적이 없어"라고 말하는 사람을 만난 적이 있었다. 저장소 패턴과 ORM은 모두 날ʳᵃʷ SQL 문을 대신하는 추상화 역할을 한다. 사실 저장소 뒤에 ORM을 쓰거나 ORM 뒤에 저장소를 쓸 필요가 없다. ORM 없이 직접 저장소를 구현하지 않을 이유는 없다. 깃허브(*https://github.com/cosmicpython/code/tree/chapter_02_repository_exercise*)에서 이와 관련된 코드를 확인할 수 있다.
>
> 깃허브 코드에 저장소 테스트를 만들었지만, 저장소 구현에 어떤 SQL 문을 작성할지 결정하는 것은 독자의 몫이다. 어쩌면 생각보다 SQL 문 작성이 어려울 수도 아니면 더 쉬울 수도 있다. 하지만 여기서 중요한 점은 애플리케이션의 다른 부분은 저장소 구현에 대해 전혀 신경 쓰지 않는다는 것이다.

2.6 테스트에 사용하는 가짜 저장소를 쉽게 만드는 방법

다음은 저장소 패턴의 가장 큰 이점을 보여준다.

집합을 사용하는 간단한 가짜 저장소(repository.py)

```python
class FakeRepository(AbstractRepository):

    def __init__(self, batches):
        self._batches = set(batches)

    def add(self, batch):
        self._batches.add(batch)

    def get(self, reference):
        return next(b for b in self._batches if b.reference == reference)

    def list(self):
        return list(self._batches)
```

이 클래스가 set을 감싸는 간단한 래퍼에 불과하므로 모든 메서드는 한 줄로 끝난다.

테스트에서 가짜 저장소를 사용하기도 아주 쉽다. 이제 사용하기 쉽고, 추론하기도 쉬운 추상화가 생겼다.

가짜 저장소 사용법(test_api.py)

```
fake_repo = FakeRepository([batch1, batch2, batch3])
```

> **TIP_** 추상화를 대신하는 가짜 객체를 만드는 것은 설계에 대한 피드백을 얻는 아주 좋은 방법이다. 가짜 객체를 만들기 어렵다면 추상화를 너무 복잡하게 설계했기 때문이다.

2.7 파이썬에서 포트는 무엇이고, 어댑터란 무엇인가

여기서는 주로 의존성 역전에 대해 다룬다. 기술의 세부 사항은 그리 큰 문제가 되지 않으므로 용어에 대해 너무 깊이 다루지 않을 것이다. 또한 같은 용어라도 사람마다 사용하는 정의가 조금씩 다르다.

포트와 어댑터는 객체 지향 세계에서 나온 용어다. 이 책에서는, **포트**port는 애플리케이션과 추상화하려는 대상(그 대상이 무엇이든) 사이의 **인터페이스**interface이며, **어댑터**adapter는 이 인터페이스나 추상화가 뒤에 있는 **구현**implementation이라는 정의를 채택한다.

파이썬은 인터페이스라는 요소 자체를 제공하지는 않는다. 따라서 어댑터를 식별하기 쉽지만 포트를 정의하기는 어렵다. 추상 기반 클래스를 사용한다면 포트다. 추상 기반 클래스를 사용하지 않는다면 포트는 어댑터가 준수하고 애플리케이션이 (모든 어댑터가 지킬것으로) 기대하는 덕 타입(사용 중인 함수와 메서드 이름과 인수 이름과 타입)일 뿐이다.

구체적으로 이번 장에서 AbstractRepository는 포트고, SqlAlchemyRepository와 FakeRepository는 어댑터다.

2.8 마치며

이 책의 각 장에서는 리치 히키의 말을 염두에 두고 각 아키텍처 패턴이 주는 이익과 비용에 대해 다룬다. 다만 모든 애플리케이션이 이런 방식으로 만들어져야 한다고 주장하는 것이 아니라는 점을 분명히 밝힌다. 단지 간접 계층을 추가하기 위해 들이는 노력과 시간을 투자할 만한 가치가 있을 정도로 앱과 도메인이 복잡한 경우에만 이런 아키텍처 패턴을 도입해야 한다.

이를 바탕으로 [표 2-1]은 저장소 패턴과 영속성에 대해 무지한persistence-ignorant 모델의 장단점을 정리한다.

표 2-1 저장소 패턴과 영속성에 대해 무지한 모델의 트레이드오프

장점	단점
• 영속적 저장소와 도메인 모델 사이의 인터페이스를 간단하게 유지할 수 있다. • 모델과 인프라에 대한 사항을 완전히 분리했기 때문에 단위 테스트를 위한 가짜 저장소를 쉽게 만들 수 있고, 저장소 해법을 변경하기도 쉽다. • 영속성에 대해 생각하기 전에 도메인 모델을 작성하면 처리해야 할 비즈니스 문제에 더 잘 집중할 수 있다. 접근 방식을 극적으로 바꾸고 싶을 때 외래키나 마이그레이션 등에 대해 염려하지 않고 모델에 이를 반영할 수 있다. • 객체를 테이블에 매핑하는 과정을 원하는 대로 제어할 수 있어서 데이터베이스 스키마를 단순화할 수 있다.	• ORM이 어느 정도 (모델과 저장소의) 결합을 완화시켜준다. (ORM을 사용하면) 외래키를 변경하기는 어렵지만 필요할 때 MySQL과 Postgres를 서로 바꾸기 쉽다. • ORM 매핑을 수동으로 하려면 작업과 코드가 더 필요하다. • 간접 계층을 추가하면 유지보수 비용이 증가하고, 저장소 패턴을 본 적이 없는 파이썬 프로그래머들의 경우 '이게 뭐람 팩터WTF factor'가 더 추가된다.

[그림 2-6]은 기본 논지를 보여준다. 그렇다. 단순한 경우 도메인 모델과 영속성을 분리하는 것이 간단한 ORM/액티브레코드ActiveRecord 패턴[10]보다 더 어려운 작업이다.

> **TIP_** 앱이 래퍼를 감싸는 단순한 CRUD라면 도메인 모델이나 저장소가 필요하지 않다.

---

10 이 다이어그램은 롭 벤스(Rob Vens)가 쓴 「Global Complexity, Local Simplicity」로부터 영감을 얻었다(*https://oreil.ly/fQXkP*).

하지만 도메인이 복잡할수록 인프라에 대해 신경 쓰지 않을 정도로 투자한다면 모델이나 코드를 더 쉽게 변경할 수 있다는 측면에서 더 큰 이익을 얻을 수 있다.

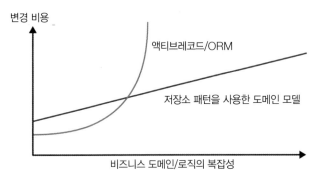

그림 2-6 도메인 모델의 트레이드오프를 표현한 다이어그램

지금까지 살펴본 예제 코드는 그리 복잡하지 않아서 이 그래프의 오른쪽이 어떤지에 대한 실질적인 예를 보여줄 수는 없다. 하지만 약간의 힌트는 얻을 수 있다. 할당을 `Batch` 객체가 아니라 `OrderLine`에 넣기로 했다고 가정해보자. 예를 들어 장고를 사용하고 있다면 테스트를 실행하기 전에 데이터베이스 마이그레이션에 대해 생각하고, 마이그레이션을 정의해야 한다. 여기서 만든 앱에서는 모델이 단순한 파이썬 객체이므로 `set()`을 (`OrderLine`의) 새 속성으로 설정하고, 데이터베이스에 대한 고민은 미룰 수 있다.

저장소 패턴 정리

- **ORM에 의존성 역전을 적용하자**

  도메인 모델은 인프라에 대해 걱정할 필요가 없어야 한다. ORM은 모델을 임포트해야 하며 모델이 ORM을 임포트해서는 안 된다.

- **저장소 패턴은 영속적 저장소에 대한 단순한 추상화다.**

  저장소는 컬렉션이 메모리상에 있는 객체라는 환상을 제공한다. 저장소를 사용하면 핵심 애플리케이션에는 영향을 미치지 않으면서 인프라를 이루는 세부 구조를 변경하거나 FakeRepository를 쉽게 작성할 수 있다. 이에 대한 예제는 부록 C를 살펴보기 바란다.

몇 가지 궁금한 내용이 생겼을 것이다. 가짜든, 진짜든 어떻게 이런 저장소를 인스턴스화할 수 있을까? 플라스크 앱은 어떤 모습일까? 다음 단계로 **서비스 계층 패턴**에 대해 배워볼 것이다.

그 전에 잠깐 본론을 벗어나 다른 문제를 먼저 살펴보자.

## CHAPTER 3

막간: 결합과 추상화

잠깐 핵심 주제에서 벗어나 추상화에 대해 살펴볼 것이다. **추상화**abstraction에 대해 꽤 많이 이야기했다. 저장소 패턴은 영구 저장소에 대한 추상화다. 그렇다면 좋은 추상화를 만드는 요소는 무엇일까? 추상화로부터 얻으려는 것은 무엇일까? 테스트와 추상화는 어떤 연관이 있을까?

> **TIP_** 이번 장의 코드는 깃허브의 **chapter_03_abstractions** 브랜치에 있다(*https://oreil.ly/k6MmV*).
>
> ```
> git clone https://github.com/cosmicpython/code.git
> git checkout chapter_03_abstractions
> ```

이 책의 핵심 주제는 멋진 패턴 사이에 감춰져 있지만 지저분한 세부 사항을 감추기 위해 간단한 추상화를 사용할 수 있다는 점이다. 재미로 코드를 작성하거나 카타kata[11]로 코딩하고 있다면 아이디어를 자유롭게 구현하고 코드를 두들겨서 변경하고 공격적으로 리팩터링할 수 있다. 하지만 대규모 시스템에서는 시스템의 다른 부분에서 이루어진 결정에 의해 의사결정이 제한될 수밖에 없다.

B 컴포넌트가 깨지는 게 두려워서 A 컴포넌트를 변경할 수 없는 경우를 이 두 컴포넌트가 서로 **결합**되어있다고 한다. 지역적인 결합은 좋은 것이다. 결합은 코드가 서로 함께 작동하고, 한 컴

---

11 코드 카타는 TDD를 수행할 때 자주 사용되는 작고 제한적인 프로그래밍 과제를 뜻한다. 피터 프로보스트(Peter Provost)의 「Kata – The Only Way to Learn TDD」(*http://www.peterprovost.org/blog/2012/05/02/kata-the-only-way-to-learn-tdd/*)를 참고하기 바란다.

포넌트가 다른 컴포넌트를 지원하며 시계 나사처럼 각 컴포넌트들이 서로 맞물려 돌아간다는 사실이 드러나는 신호다. 결합된 요소들 사이에 **응집**^{cohesion}이 있다는 용어로 이런 (바람직한) 경우를 표현한다.

전역적인 결합은 성가신 존재다. 전역적인 결합은 코드를 변경하는 데 드는 비용을 증가시키며 결합이 커지다 보면 코드를 변경할 수 없는 지경에 이르기도 한다. 진흙 공 패턴의 문제가 바로 이것이다. 애플리케이션이 커짐에 따라 서로 응집되지 않은 요소 사이의 결합을 막을 수 없어서 결합이 요소의 개수가 늘어나는 비율보다 훨씬 더 빨리(선형적인 증가를 넘어) 증가하는 바람에 시스템을 실질적으로 변경할 수 없게 된다.

추상화를 통해 세부 사항을 감추면 시스템 내 결합 정도를 줄일 수 있다(그림 3-1).

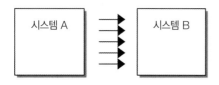

그림 3-1 결합이 많음

그림 3-2 결합이 적음

두 그림은 모두 한 시스템이 다른 시스템에 의존하는 두 하위 시스템을 보여준다. [그림 3-1] 에서는 두 하위 시스템 사이에 결합이 더 많다. 화살표 개수는 두 하위 시스템 사이에 존재하는 다양한 의존성을 표시한다. 시스템 B를 변경하면 이 변경이 시스템 A에도 영향을 미칠 가능성 이 아주 높다.

하지만 [그림 3-2]에서는 새롭고 더 단순한 추상화를 중간에 추가함으로써 결합 수준을 낮춘 다. 추상화가 더 단순하므로 시스템 A가 추상화에 의존하는 의존성의 종류가 줄어든다. 시스템 B가 무엇을 하든지 복잡한 세부 사항을 추상화가 감춰주므로 추상화는 시스템 B의 변경으로부터 사용자를 지켜준다. 즉, 추상화의 왼쪽에 있는 화살표를 그대로 남겨둔 채 추상화의 오른쪽에 있는 화살표를 마음대로 바꿀 수 있다.

3.1 추상적인 상태는 테스트를 더 쉽게 해준다

예를 들어 살펴보자. 두 파일 디렉터리를 동기화하는 코드를 작성하고 싶다. 두 파일 디렉터리를 **원본**source과 **사본**destination이라고 부르자.

- 원본에 파일이 있지만 사본에 없으면 파일을 원본에서 사본으로 복사한다.
- 원본에 파일이 있지만 사본에 있는 (내용이 같은) 파일과 이름이 다르면 사본의 파일 이름을 원본 파일 이름과 같게 변경한다.
- 사본에 파일이 있지만 원본에는 없다면 사본의 파일을 삭제한다.

첫 번째와 세 번째 요구 사항은 아주 단순하다. 두 디렉터리에 있는 파일의 목록만 비교하면 된다. 하지만 두 번째는 약간 어렵다. 이름이 바뀐 것을 알아내려면 파일의 내용을 살펴봐야 한다. 이를 위해 MD5나 SHA-1 등의 해시 함수를 사용한다. 파일에서 SHA-1 해시를 만드는 코드는 아주 간단하다.

파일 해시하기(sync.py)

```python
BLOCKSIZE = 65536

def hash_file(path):
    hasher = hashlib.sha1()
    with path.open("rb") as file:
        buf = file.read(BLOCKSIZE)
        while buf:
            hasher.update(buf)
            buf = file.read(BLOCKSIZE)
    return hasher.hexdigest()
```

이제는 무엇을 해야 할지 결정을 내리는 비즈니스 로직을 작성해야 한다.

처음부터 문제를 해결해야 하는 경우라면 보통 간단한 구현을 작성한 다음 이 구현을 리팩터링해서 더 나은 설계로 개선한다. 이 책 전반에 걸쳐 이런 접근 방법을 사용한다. 이런 방식은 실무에서 코드를 작성할 때 쓰는 방법이다. 문제의 가장 작은 부분부터 해결하는 방법으로 시작하여 더 풍부하고, 더 좋은 해법의 설계를 만들어가는 것을 반복한다.

첫 번째로 만든 해법은 약간 해킹과 비슷하며 다음과 같다.

기본적인 디렉터리 동기화 알고리즘(sync.py)

```python
import hashlib
import os
import shutil
from pathlib import Path


def sync(source, dest):
    # 원본 폴더의 자식들을 순회하면서 파일 이름과 해시의 사전을 만든다.
    source_hashes = {}
    for folder, _, files in os.walk(source):
        for fn in files:
            source_hashes[hash_file(Path(folder) / fn)] = fn

    seen = set() # 사본 폴더에서 찾은 파일을 추적한다.

    # 사본 폴더 자식들을 순회하면서 파일 이름과 해시를 얻는다.
    for folder, _, files in os.walk(dest):
        for fn in files:
            dest_path = Path(folder) / fn
            dest_hash = hash_file(dest_path)
            seen.add(dest_hash)

            # 사본에는 있지만 원본에 없는 파일을 찾으면 삭제한다.
            if dest_hash not in source_hashes:
                dest_path.remove()

            # 사본에 있는 파일이 원본과 다른 이름이라면
            # 사본 이름을 올바른 이름(원본 이름)으로 바꾼다.
            elif dest_hash in source_hashes and fn != source_hashes[dest_hash]:
                shutil.move(dest_path, Path(folder) / source_hashes[dest_hash])

    # 원본에는 있지만 사본에 없는 모든 파일을 사본으로 복사한다.
    for src_hash, fn in source_hashes.items():
        if src_hash not in seen:
            shutil.copy(Path(source) / fn, Path(dest) / fn)
```

환상적이다! 꽤 많은 코드를 작성했고 문제가 없어 **보인다**. 하지만 하드 디스크에서 이 코드를
실행하기 전에 테스트해야 한다. 이런 코드는 어떻게 테스트할 수 있을까?

몇 가지 엔드투엔드 테스트(test_sync.py)

```python
def test_when_a_file_exists_in_the_source_but_not_the_destination():
    try:
        source = tempfile.mkdtemp()
        dest = tempfile.mkdtemp()

        content = "I am a very useful file"
        (Path(source) / 'my-file').write_text(content)

        sync(source, dest)

        expected_path = Path(dest) / 'my-file'
        assert expected_path.exists()
        assert expected_path.read_text() == content

    finally:
        shutil.rmtree(source)
        shutil.rmtree(dest)

def test_when_a_file_has_been_renamed_in_the_source():
    try:
        source = tempfile.mkdtemp()
        dest = tempfile.mkdtemp()

        content = "I am a file that was renamed"
        source_path = Path(source) / 'source-filename'
        old_dest_path = Path(dest) / 'dest-filename'
        expected_dest_path = Path(dest) / 'source-filename'
        source_path.write_text(content)
        old_dest_path.write_text(content)

        sync(source, dest)

        assert old_dest_path.exists() is False
        assert expected_dest_path.read_text() == content

    finally:
        shutil.rmtree(source)
        shutil.rmtree(dest)
```

아이쿠, 간단한 두 가지 경우를 테스트하는 데 너무 많은 준비 과정이 필요하다. 문제는 '두 디렉터리의 차이 알아내기'라는 도메인 로직이 I/O 코드와 긴밀히 결합되어 있다는 점이다. pathlib, shutil, hashlib 모듈을 호출하지 않고는 디렉터리 차이 판단 알고리즘을 실행할 수 없다.

현재의 (간단한) 요구 사항에 비춰보더라도 테스트가 충분하지 않다는 문제가 있으며 현재 구현에는 몇 가지 버그가 있다(예를 들어 shutil.move()는 잘못됐다). 테스트 커버리지^{coverage}를 적절히 달성하고 이런 버그를 찾으려면 더 많은 테스트를 해야 한다. 방금 살펴봤듯이, 테스트 작성이 번거롭다면 머지않아 테스트를 작성하는 일이 더 고통스러워질 것이다.

설상가상으로 이 코드는 확장성이 좋지 않다. 실제 파일 시스템을 변경하지 않고 어떤 작업을 수행해야 할지만 표시해주는 --dry-run 플래그를 구현한다고 생각해보자. 원격 서버와 동기화하거나 클라우드 저장 장치와 동기화하려면 코드를 어떻게 변경해야 할까?

이 예제에서 고수준 코드는 저수준 세부 사항과 결합되어 있어서 삶이 고달파질 것 같은 예감이 든다. 다뤄야 할 시나리오가 복잡해질수록 테스트 작성은 더 어려워진다. 분명 이런 테스트를 리팩터링할 수 있지만(예를 들어 정리 작업 중 일부를 파이테스트 픽스처에 넣을 수 있다), 파일 시스템 연산을 수행하는 한 테스트는 여전히 느리게 실행되고 테스트 코드를 읽거나 쓰기도 계속 어려워질 것이다.

3.2 올바른 추상화 선택

테스트하기 쉽도록 코드를 다시 작성하려면 어떻게 해야 할까?

우선, 파일 시스템의 어떤 기능을 코드에서 사용할지에 대해 생각해봐야 한다. 코드를 읽어보면 세 가지 뚜렷한 서로 다른 일이 일어나고 있다는 것을 확인할 수 있다. 코드의 세 가지 서로 다른 **책임**^{responsibility}이라고 생각할 수 있다.

1. os.walk를 사용해 파일 시스템 정보를 얻고, 얻은 여러 파일 경로로부터 파일 내용의 해시를 결정할 수 있다. 이 동작은 원본과 사본 디렉터리에서 모두 비슷하다.

2. 파일이 새 파일인지, 이름이 변경된 파일인지, 중복된 파일인지 결정한다.

3. 원본과 사본을 일치시키기 위해 파일을 복사하거나 옮기거나[12] 삭제한다.

이 세 가지 책임에 대해 더 **단순화한 추상화**^{simplifying abstraction}를 찾고 싶다는 점을 기억하라. 추상화를 하면 지저분한 세부 사항을 감추고 로직에만 초점을 맞출 수 있다.[13]

> **NOTE_** 이번 장에서는 수행해야 할 개별 작업을 식별하고 각 작업을 담당하는 부분을 명확히 정의하여 그저 그런 코드를 테스트하기 쉬운 구조로 리팩터링한다. 이 과정은 서문에서 본 duckduckgo 예제와 비슷하다.

세 가지 책임 중 첫 번째와 두 번째에서 이미 파일 경로와 해시를 엮는 사전이라는 추상화를 직관적으로 사용했다. 어쩌면 '왜 원본 폴더뿐만 아니라 사본 폴더에 대한 사전도 함께 만들어서 이 두 사전을 한번에 비교하지 않을까'라고 생각하는 독자도 있을 것이다. 이 방식은 현재 파일 시스템을 추상화하는 좋은 방법이다.

```
source_files = {'hash1': 'path1', 'hash2': 'path2'}
dest_files = {'hash1': 'path1', 'hash2': 'pathX'}
```

사전을 이렇게 표현하면 두 번째 책임이나 세 번째 책임은 어떻게 처리해야 할까? 실제 이동/복사/삭제 파일 시스템 연산을 어떤 식으로 추상화할 수 있을까?

이 책의 후반부에서 더 큰 규모로 채택할 트릭을 적용해볼 것이다. **무엇**^{what}을 원하는가와 원하는 바를 **어떻게**^{how} 달성할지를 분리한다. 프로그램이 다음과 비슷한 명령 목록을 출력하도록 구현한다.

```
("COPY", "sourcepath", "destpath"),
("MOVE", "old", "new"),
```

이제 파일 시스템을 표현하는 두 사전을 입력받는 테스트를 작성할 수 있다. 이때 리스트를 예상 출력으로 지정할 수 있다. 이 리스트는 수행할 동작을 표현하는 ("COPY", "sourcepath",

---

12 옮긴이_어떤 파일을 어떤 디렉터리로(원본과 같을 수도 있고 다를 수도 있음) 옮기면서 이름을 다르게 지정하면 파일 이름을 바꾸는 것과 같은 효과를 얻을 수 있다. 예를 들어 파일을 옮기는 move라는 명령어가 있다면 move ./x.txt ./y.txt로 현재 디렉터리에 있는 x.txt의 이름을 y.txt로 바꿀 수 있다.

13 인터페이스를 기반으로 생각하는 게 익숙하다면 여기서 정의하는 추상화가 바로 인터페이스다.

"destpath") 같은 문자열 튜플로 구성된다.

"어떤 주어진 실제 파일 시스템에 대해 함수를 실행하면 어떤 일이 일어나는지 검사해보자"라고 말하는 대신 "어떤 주어진 파일 시스템의 **추상화**에 대해 함수를 실행하면 어떤 추상화된 동작이 일어날까?"라고 말할 수 있다.

테스트를 위해 단순화한 입력과 출력(test_sync.py)

```
def test_when_a_file_exists_in_the_source_but_not_the_destination():
    src_hashes = {'hash1': 'fn1'}
    dst_hashes = {}
    expected_actions = [('COPY', '/src/fn1', '/dst/fn1')]
    ...

def test_when_a_file_has_been_renamed_in_the_source():
    src_hashes = {'hash1': 'fn1'}
    dst_hashes = {'hash1': 'fn2'}
    expected_actions == [('MOVE', '/dst/fn2', '/dst/fn1')]
    ...
```

3.3 선택한 추상화 구현

여기까지가 전부다. 하지만 **실제로** 새로운 테스트를 어떻게 작성해야 할까? 이 모든 요소가 제대로 작동하려면 어떻게 구현을 변경해야 할까?

목표는 시스템에서 트릭이 적용된 부분을 분리해서 격리하고, 실제 파일 시스템 없이도 테스트할 수 있게 하는 것이다. 앞으로 외부 상태에 대해 아무 의존성이 없는 코드의 '핵'을 만들고, 외부 세계를 표현하는 입력에 대해 이 핵이 어떻게 반응하는지 살펴본다(게리 번하트[Gary Bernhardt]는 「Functional Core, Imperative Shell」(*https://oreil.ly/wnad4*)이라는 말로 이런 접근 방법의 특징을 정리했다).

먼저 코드에서 로직과 상태가 있는 부분을 분리해보자.

이제 최상위 함수는 거의 아무 로직도 들어있지 않고 입력을 수집하고 로직(함수형 핵)을 호출한 다음 출력을 적용하는 명령형 코드의 나열로 바뀐다.

세 부분으로 코드 분리(sync.py)

```python
def sync(source, dest):
    # 명령형 셸 1단계: 입력 수집
    source_hashes = read_paths_and_hashes(source) # ①
    dest_hashes = read_paths_and_hashes(dest) # ①

    # 명령형 셸 2단계: 함수형 핵 호출
    actions = determine_actions(source_hashes, dest_hashes, source, dest) # ②

    # 명령형 셸 3단계: 출력 적용
    for action, *paths in actions:
        if action == 'copy':
            shutil.copyfile(*paths)
        if action == 'move':
            shutil.move(*paths)
        if action == 'delete':
            os.remove(paths[0])
```

① 애플리케이션의 I/O 부분을 격리하는 read_paths_and_hashes()라는 첫 번째 함수다.

② 이 부분에서 함수형 핵인 비즈니스 로직을 분리한다.

이제 파일 경로와 파일 해시로 이루어진 사전을 만드는 코드를 아주 쉽게 작성할 수 있다.

I/O 함수(sync.py)

```python
def read_paths_and_hashes(root):
    hashes = {}
    for folder, _, files in os.walk(root):
        for fn in files:
            hashes[hash_file(Path(folder) / fn)] = fn
    return hashes
```

determine_actions() 함수는 비즈니스 로직의 핵심이다. 이 함수는 "파일 이름과 파일 해시로 이루어진 두 사전이 주어지면 (동기화를 위해) 어떤 파일들을 복사/이동/삭제해야 할까?"라는 질문에 답할 수 있다. 이 함수는 간단한 데이터 구조를 입력으로 받고 간단한 데이터 구조를 출력으로 돌려준다.

비즈니스 로직만 수행하는 함수(sync.py)

```python
def determine_actions(src_hashes, dst_hashes, src_folder, dst_folder):
    for sha, filename in src_hashes.items():
        if sha not in dst_hashes:
            sourcepath = Path(src_folder) / filename
            destpath = Path(dst_folder) / filename
            yield 'copy', sourcepath, destpath

        elif dst_hashes[sha] != filename:
            olddestpath = Path(dst_folder) / dst_hashes[sha]
            newdestpath = Path(dst_folder) / filename
            yield 'move', olddestpath, newdestpath

    for sha, filename in dst_hashes.items():
        if sha not in src_hashes:
            yield 'delete', dst_folder / filename
```

이제 테스트는 determine_actions() 함수에 직접 작용한다.

개선된 테스트(test_sync.py)

```python
def test_when_a_file_exists_in_the_source_but_not_the_destination():
    src_hashes = {'hash1': 'fn1'}
    dst_hashes = {}
    actions = determine_actions(src_hashes, dst_hashes, Path('/src'), Path('/
dst'))
    assert list(actions) == [('copy', Path('/src/fn1'), Path('/dst/fn1'))]
...

def test_when_a_file_has_been_renamed_in_the_source():
    src_hashes = {'hash1': 'fn1'}
    dst_hashes = {'hash1': 'fn2'}
    actions = determine_actions(src_hashes, dst_hashes, Path('/src'), Path('/
dst'))
    assert list(actions) == [('move', Path('/dst/fn2'), Path('/dst/fn1'))]
```

프로그램의 로직(변경을 식별하는 코드)과 저수준 I/O 세부 사항 사이의 얽힘을 풀었기 때문에 쉽게 코드의 핵 부분을 테스트할 수 있다.

이런 접근 방법을 사용하면 테스트 코드가 주 진입 함수인 sync()를 테스트하지 않고

determine_actions()라는 더 저수준 함수를 테스트하게 된다. sync()가 아주 단순하므로 이런 식의 테스트로 충분하다고 결정할 수 있다. 또는 sync()를 테스트하는 통합/인수 테스트를 어느 정도 유지하기로 결정할 수도 있다. 하지만 다른 선택도 가능하다. 이 방법은 바로 sync() 함수를 수정해서 단위 테스트도 가능하다. **그리고** 엔드투엔드 테스트도 가능하게 한다. 이런 접근 방법을 밥은 **에지투에지**^edge-to-edge 테스트라고 부른다.

3.3.1 의존성 주입과 가짜를 사용해 에지투에지 테스트

새로운 시스템을 작성할 때는 먼저 핵심 로직에 초점을 맞추고, 직접 단위 테스트에 핵심 부분을 실행한다. 하지만 어느 시점이 되면 시스템의 더 큰 덩어리를 한번에 테스트하려고 할 것이다.

이때 엔드투엔드 테스트로 돌아갈 수도 있다. 하지만 엔드투엔드 테스트는 여전히 작성하거나 유지보수하기가 어렵다. 대신 전체 시스템을 한번에 테스트하되, 가짜 I/O를 사용하는 일종의 에지투에지 테스트를 자주 작성한다.

명시적 의존성(sync.py)

```
def sync(reader, filesystem, source_root, dest_root): # ①

    source_hashes = reader(source_root) # ②
    dest_hashes = reader(dest_root)

    for sha, filename in src_hashes.items():
        if sha not in dest_hashes:
            sourcepath = source_root / filename
            destpath = dest_root / filename
            filesystem.copy(destpath, sourcepath) # ③

        elif dest_hashes[sha] != filename:
            olddestpath = dest_root / dest_hashes[sha]
            newdestpath = dest_root / filename
            filesystem.move(olddestpath, newdestpath)

    for sha, filename in dst_hashes.items():
        if sha not in source_hashes:
            filesystem.delete(dest_root/filename)
```

① 최상위 함수는 이제 reader와 filesystem이라는 두 가지 의존성을 노출한다.

② reader를 호출해 파일이 있는 사전을 만든다.

③ filesystem을 호출해 변경 사항을 적용한다.

> **TIP_** 의존성 주입을 사용하지만 추상 기반 클래스를 정의하거나 어떤 유형이든 명시적인 인터페이스를 정의할 필요가 없다. 이 책에서는 독자들이 추상화를 더 쉽게 이해할 수 있도록 ABC를 자주 보여주지만 실제로는 ABC가 꼭 필요하지는 않다. 파이썬의 동적인 특성으로 항상 덕 타이핑에 의존할 수 있기 때문이다.

DI를 사용하는 테스트

```python
class FakeFileSystem(list): # ①
    def copy(self, src, dest): # ②
        self.append(('COPY', src, dest))

    def move(self, src, dest):
        self.append(('MOVE', src, dest))

    def delete(self, dest):
        self.append(('DELETE', src, dest))

def test_when_a_file_exists_in_the_source_but_not_the_destination():
    source = {"sha1": "my-file" }
    dest = {}
    filesystem = FakeFileSystem()

    reader = {"/source": source, "/dest": dest}
    synchronise_dirs(reader.pop, filesystem, "/source", "/dest")

    assert filesystem == [("COPY", "/source/my-file", "/dest/my-file")]

def test_when_a_file_has_been_renamed_in_the_source():
    source = {"sha1": "renamed-file" }
    dest = {"sha1": "original-file" }
    filesystem = FakeFileSystem()

    reader = {"/source": source, "/dest": dest}
    synchronise_dirs(reader.pop, filesystem, "/source", "/dest")

    assert filesystem == [("MOVE", "/dest/original-file", "/dest/renamed-file")]
```

① 밥은 리스트를 사용해 간단한 테스트 더블^{test double}을 만드는 것을 좋아한다. 심지어 동료들이 극도로 싫어해도, 밥은 매우 좋아한다. 리스트로 테스트 더블을 만든다는 말은 assert foo not in database 와 같은 테스트를 작성할 수 있다는 의미다.

② FakeFileSystem의 각 메서드는 단순히 리스트의 맨 뒤에 값을 추가한다. 나중에 이 리스트를 검사할 수 있다. 이 객체는 스파이 객체에 속한다.

이 접근 방법의 장점은 테스트가 프로덕션 코드에 사용되는 함수와 완전히 같은 함수에 작용한다는 점이다. 단점은 상태가 있는 요소들을 명시적으로 표현해 전달하면서 작업을 수행해야 한다는 점이다. 루비 온 레일스^{Ruby on Rails}를 만든 데이비드 하이네마이어 한손^{David Heinemeier Hansson}은 이를 '테스트가 야기한 설계 손상'이라고 한다.**14**

어느 방식을 택하든, 이제는 구현의 모든 버그를 찾아서 수정할 수 있게 됐다. 모든 에지 케이스에 대한 테스트를 만드는 것이 훨씬 쉬워졌기 때문이다.

3.3.2 패치를 사용하지 않는 이유

여기까지 읽은 일부 독자는 머리를 긁적이며 '그냥 mock.patch를 사용해서 노력을 최소화하면 되지 않을까'라고 생각할지도 모른다.

이 책에서는 목을 사용하지 않으며 프로덕션 코드에서도 목을 사용하지 않는다. 목을 사용할 것인지 아닌지에 대해 논쟁할 생각이 없다. 필자들은 모킹 프레임워크, 특히 멍키 패칭^{monkey patching}은 코드 냄새^{code smell}라고 본능적으로 느낀다.

대신에 코드베이스의 책임을 명확히 식별하고 각 책임을 테스트 더블로 대치하기 쉬운 작은 객체에 집중한다.

> NOTE_ 8장에서 mock.patch()로 이메일을 보내는 모듈을 대신하는 예제를 볼 수 있다. 하지만 13장에서는 이 모듈을 명시적인 의존성 주입으로 대신하게 된다.

앞에서 설명한 방식을 선호하는 세 가지 이유가 있다.

---

14 옮긴이_하지만 암시적인 요소를 더 명시적으로 만들어두면 나중에 문제를 파악하는 게 더 쉬울 수도 있다. 이런 식의 변경이 바람직하는지에 대한 여부는 시스템의 응집도와 결합, 상호 연결의 복잡성 등을 종합적으로 고려해야 한다.

- 사용 중인 의존성을 다른 코드로 패치하면 코드를 단위 테스트할 수는 있지만 설계를 개선하는 데는 아무 역할도 하지 못한다. `mock.patch`를 사용하면 코드가 `--dry-run` 플래그에 대해 동작하지 않고 FTP 서버에 접속해 작동하지 못한다. 이런 경우를 처리하기 위해서는 추상화를 추가해야 한다.

- 목을 사용한 테스트는 코드베이스의 구현 세부 사항에 더 밀접히 결합된다. 목이 `shutil.copy`에 올바른 인수를 넘겼는가 등 여러 요소 사이의 상호작용을 검증하기 때문이다. 코드와 테스트 사이에 이런 식의 결합이 일어나면 경험상 테스트가 더 깨지기 쉬워지는 경향이 있다.

- 목을 과용하면 테스트 스위트가 너무 복잡해져서 테스트 코드를 보고 테스트 대상 코드의 동작을 알아내기가 어려워진다.

NOTE_ 테스트 용이성을 위해 설계한다는 말은 실제로 확장성을 위해 설계한다는 의미다. 우아한 유스 케이스를 허용하는 더 깔끔한 설계와 약간의 복잡성 추가를 서로 교환한다.

목 vs 가짜 객체: 고전 스타일 vs 런던 학파 TDD

다음은 목(mock)과 가짜 객체(fake object)를 간단히 정의하고 서로 비교해보자.

- 대상이 **어떻게** 쓰이는지를 검증할 때 목을 사용한다. 목에는 `assert_called_once_with()`와 비슷한 메서드가 있다. 목은 런던 학파 TDD와 관련이 있다.

- 가짜 객체는 대치하려는 대상을 동작할 수 있게 구현한 존재다. 다만 테스트를 위한 구현만 제공한다는 점이 (실제 구현과) 다르다. 가짜 객체는 '실제 삶'에 쓰일 수 없다. 좋은 예로, 인메모리 저장소는 실제 구현에서 저장소로 쓰일 수 없다. 하지만 가짜 객체를 사용하면 중간중간 어떤 동작이 이루어지는지에 대한 어서션 대신에 최종 상태에 대한 어서션을 작성할 수 있다. 따라서 가짜 객체는 고전적인 스타일의 TDD와 관련이 있다.

여기서 스텁을 사용해 가짜 객체나 스파이와 목을 약간 융합해 사용한다. 마틴 파울러의 고전 글인 「Mocks Aren't Stubs」(*https://oreil.ly/yYjBN*)에서 목과 스텁의 차이에 대한 답을 찾을 수 있다.

`unittest.mock`이 제공하는 `MagicMock` 객체가 목이 아니라는 사실을 알아도 도움이 되지 않는다. 굳이 구분해야 한다면 `MagicMock`은 스파이라고 할 수 있다. 하지만 `MagicMock`을 스텁이나 더미로 사용하는 경우도 자주 있다. 이제부터는 테스트 더블에 대한 용어를 더는 세세히 따지지 않을 것이다.

런던 학파와 고전 스타일 TDD 사이에 어떤 차이가 있을까? 앞서 언급한 마틴 파울러의 글이나 '소프트웨어 엔지니어링 스택 익스체인지'(*https://oreil.ly/H2im_*)에서 두 TDD 방식의 차이에 대해 읽을 수 있다. 하지만 이 책의 방식은 확실히 고전적인 성향에 속한다. 테스트 설정과 어서션을 작성할 때 상태를 주로 활용하며 중간 협력자들의 동작을 검사하는 대신 가능하면 최고로 추상적인 수준에서 테스트를 진행한다.[15]

더 자세한 내용은 5.3절을 참고하기 바란다.

필자는 TDD를 가장 먼저 설계 기법으로, 그다음 테스트 기법으로 생각한다. 테스트는 설계 시 선택한 내용을 기록하며 한참 있다가 코드를 다시 확인할 때 시스템에 대해 설명한다.

목을 너무 많이 사용하는 테스트는 설정 코드가 많아서 정작 신경을 써야 하는 이야기가 드러나지 않는 단점이 있다.

스티브 프리먼[Steve Freeman]은 「Test Driven Development」(*https://oreil.ly/jAmtr*)에서 목을 과용하는 테스트를 보여주는 훌륭한 예를 설명한다. 필자들이 존경하는 테크 리뷰어인 에드 정[Ed Jung]의 파이콘[pyCon] 토크 「Mocking and Patching Pitfalls」(*https://oreil.ly/s3e05*)도 살펴봐야 한다. 이 토크는 모킹과 여러 대안에 대해 다룬다. 브랜던 로즈[Brandon Rhodes]의 「Hoisting Your I/O」(*https://oreil.ly/oiXJM*)도 놓쳐서는 안 된다. 이 토크는 여기서 설명하는 주제를 간단한 예제를 활용해 정말 잘 설명한다.

> **TIP_** 이 장에서는 엔드투엔드 테스트를 단위 테스트로 대체하기 위해 많은 시간을 허비한다. 그렇다고해서 E2E 테스트를 사용해서는 안 된다는 의미는 아니다. 이 책은 가능한 한 많은 단위 테스트가 기저에 있고, 시스템에 대한 자신감을 갖기에 충분한 최소한의 E2E 테스트가 위에 있는 방식으로 잘 구성된 테스트 피라미드를 쌓아 올리는 기법을 보여준다. 더 자세한 내용은 5.7절을 참고하기 바란다.

---

15 런던 학파 사람들의 방식이 틀렸다고 생각한다는 말은 아니다. 엄청 똑똑한 사람들은 런던 학파 방식으로 일할 수 있다. 다만 필자들에게는 그런 방식이 익숙하지 않을 뿐이다.

> **이 책에서는 함수형 합성과 객체 지향 구성 중 무엇을 사용하는가?**
>
> 두 가지 다 사용한다. 도메인 모델은 전혀 의존성이 없고 부수 효과도 없다. 따라서 이 부분은 함수형 코드다. 도메인 모델을 둘러싼 서비스 계층(4장 참조)은 시스템을 구석구석 조작할 수 있게 해주며 의존성 주입을 사용해 서비스에 상태가 있는 구성 요소를 주입하므로 여전히 단위 테스트가 가능하다.
>
> 의존성 주입을 더 명시적이며 중앙 집중식으로 수행하는 방법에 대해서는 13장을 살펴보기 바란다.

3.4 마치며

비즈니스 로직과 지저분한 I/O 사이의 인터페이스를 단순화하여 시스템을 더 쉽게 테스트 및 유지보수할 수 있게 만드는 아이디어가 이 책에서 반복적으로 나타난다. 올바른 추상화를 찾는 건 어렵다. 다음은 올바른 추상화를 찾기 위해 여러분 자신에게 던질 수 있는 몇 가지 질문과 휴리스틱^{heuristic}이다.

- 지저분한 시스템의 상태를 표현할 수 있는 익숙한 파이썬 객체가 있는가? 그렇다면 (이 파이썬 객체를 활용해) 시스템 상태를 반환하는 단일 함수를 상상해보라.
- 시스템의 구성 요소 중 어떤 부분에 선을 그을 수 있는가? 이런 (선을 통해 구분되는 각각의) 추상화 사이의 이음매(*https://oreil.ly/zNUGG*)를 어떻게 만들 수 있는가?
- 시스템의 여러 부분을 서로 다른 책임을 지니는 구성 요소로 나누는 합리적인 방법은 무엇일까? 명시적으로 표현해야 하는 암시적인 개념은 무엇인가?
- 어떤 의존 관계가 존재하는가? 핵심 비즈니스 로직은 무엇인가?

연습하면 불완전한 시스템을 만드는 경우를 줄일 수 있다.[16] 이제 다시 평소의 프로그래밍 과업으로 돌아가보자.

---

16 옮긴이_ 원문은 'Practice makes less imperfect!'다. '연습하면 완벽해진다(Practice makes perfect)'라는 영어 속담을 인용했다.

첫 번째 유스 케이스:
플라스크 API와 서비스 계층

할당 프로젝트로 다시 돌아왔다! [그림 4-1]은 저장소 패턴을 다루는 2장 끝에서 프로젝트가
어느 지점에 있었는지를 보여준다.

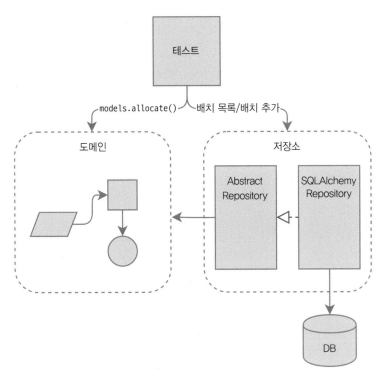

그림 4-1 이전: 저장소와 도메인 모델을 다루면서 앱을 변경함

이번 장에서는 오케스트레이션^{orchestration} 로직, 비즈니스 로직, 연결 코드 사이의 차이에 대해 설명한다. 그리고 워크플로를 조정하고 시스템의 유스 케이스를 정의하는 **서비스 계층**^{service layer} 패턴을 소개한다.

테스트에 대해서도 논의한다. 서비스 계층과 데이터베이스에 대한 저장소 추상화를 조합하여 테스트를 빠르게 작성할 수 있다. 이 테스트는 단순히 도메인 모델뿐만 아니라 유스 케이스의 전체 워크플로를 테스트할 수 있다.

[그림 4-2]는 이 장의 목표를 보여준다. 서비스 계층과 대화하는 플라스크 API를 추가해 도메인 모델에 대한 진입점 역할을 부여한다. 서비스 계층이 `AbstractRepository`에 의존하므로 프로덕션 코드는 `SqlAlchemyRepository`를 사용하지만, 테스트할 때는 `FakeRepository`를 사용해 단위 테스트를 수행할 수 있다.

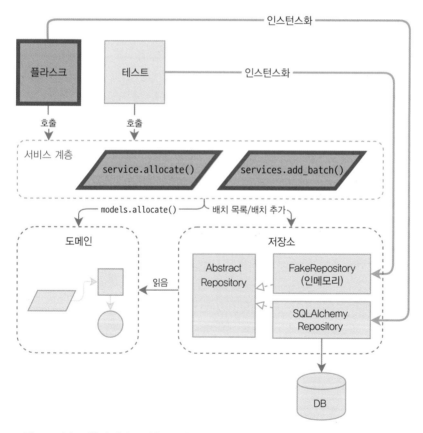

그림 4-2 서비스 계층이 앱의 주 사용 통로가 됨

다이어그램에서 새로운 컴포넌트를 굵은 텍스트/선을 사용해 강조하는 관례를 사용한다.

TIP_ 이번 장의 코드는 깃허브의 **chapter_04_service_layer** 브랜치에 있다(*https://oreil.ly/ TBRuy*).

```
git clone https://github.com/cosmicpython/code.git
cd code
git checkout chapter_04_service_layer
# 또는 4장을 따라 하고 싶다면 2장을 확인하길 바란다.
git checkout chapter_02_repository
```

4.1 애플리케이션을 실세계와 연결하기

다른 애자일팀과 마찬가지로 필자도 사용자 피드백을 받기 위해 MVP를 만들고 있다. 도메인의 중심부를 만들고 주문을 할당하기 위해 필요한 도메인 서비스도 만들었다. 데이터를 영구 저장하기 위한 저장소 인터페이스도 만들었다.

이제 각 부품을 최대한 빨리 엮어서 깔끔한 아키텍처로 리팩터링해보자. 다음은 이를 실행하기 위한 계획이다.

1. 플라스크를 사용해 `allocate` 도메인 서비스 앞에 API 엔드포인트를 위치한다. 데이터베이스 세션과 저장소를 연결한다. 이렇게 만든 시스템은 엔드투엔드 테스트와 빠르게 대충 만든 몇 가지 SQL 문을 활용해 테스트한다.

2. 서비스 계층을 리팩터링해서 플라스크와 도메인 모델 사이에 유스 케이스를 담는 추상화 역할을 할 수 있게 한다. 몇 가지 서비스 계층 테스트를 만들고 이 테스트들이 `FakeRepository`를 어떻게 사용하는지 보여준다.

3. 서비스 계층의 기능을 여러 유형의 파라미터로 실험한다. 원시 데이터 타입을 사용하면 서비스 계층의 클라이언트(테스트와 플라스크 API)를 모델 계층으로부터 분리할 수 있다는 사실을 보여준다.

4.2 첫 번째 엔드투엔드 테스트

아무도 엔드투엔드^{end-to-end}(E2E) 테스트, 기능 테스트, 인수 테스트, 통합 테스트 간의 차이가 무엇인지 포함한 용어에 대한 긴 논쟁을 보고싶지 않을 것이다. 프로젝트에 따라 서로 다른 테스트 조합이 필요하다. 테스트를 완벽하게 성공하려면 '빠른 테스트'와 '느린 테스트'로 나눠야 한다.

지금은 '실제' API 엔드포인트(HTTP를 사용)와 실제 데이터베이스를 사용하는 테스트를 한, 두 개 작성할 것이다. 이를 **엔드투엔드 테스트**라고 부른다. 엔드투엔드라는 이름만으로 무슨 테스트인지(데이터베이스라는 한쪽 끝부터 API를 사용하는 쪽인 반대쪽 끝까지에 대한 테스트) 충분히 알 수 있다.

첫 번째 API 테스트(test_api.py)

```
@pytest.mark.usefixtures('restart_api')
def test_api_returns_allocation(add_stock):
    sku, othersku = random_sku(), random_sku('other') # ①
    earlybatch = random_batchref(1)
    laterbatch = random_batchref(2)
    otherbatch = random_batchref(3)
    add_stock([ # ②
        (laterbatch, sku, 100, '2011-01-02'),
        (earlybatch, sku, 100, '2011-01-01'),
        (otherbatch, othersku, 100, None),
    ])
    data = {'orderid': random_orderid(), 'sku': sku, 'qty': 3}
    url = config.get_api_url() # ③
    r = requests.post(f'{url}/allocate', json=data)
    assert r.status_code == 201
    assert r.json()['batchref'] == earlybatch
```

① random_sku()와 random_batchref()는 uuid 모듈을 사용해 난수 문자열을 만드는 작은 도우미 함수다. 지금은 실제 데이터베이스를 사용하므로 여러 테스트와 프로그램 실행이 서로 영향을 미치지 못하게 하기 위해 이 방식을 사용한다.

② add_stock은 SQL을 사용해 데이터베이스에 행^{row}을 삽입하는 과정을 숨겨주는 도우미 픽스처다. 이번 장 후반부에서 이런 과정을 더 멋지게 수행하는 방법을 보여준다.

③ config.py는 설정 정보를 저장하는 모듈이다.

사람들은 다양한 방법으로 이런 문제를 해결한다. 하지만 여기에서는 플라스크를 (특히 컨테이너 내부에서) 시작하고, Postgres 데이터베이스와 통신할 방법이 필요하다. 필자들이 어떻게 처리했는지 보고 싶은 독자는 부록 B를 참조하기 바란다.

4.3 직접 구현하기

이 모든 요소를 가장 뻔한 방법으로 구현하면 코드가 다음과 비슷하다.

플라스크 앱의 첫 번째 버전(flask_app.py)

```python
from flask import Flask, jsonify, request
from sqlalchemy import create_engine
from sqlalchemy.orm import sessionmaker

import config
import model
import orm
import repository

orm.start_mappers()
get_session = sessionmaker(bind=create_engine(config.get_postgres_uri()))
app = Flask(__name__)

@app.route("/allocate", methods=['POST'])
def allocate_endpoint():
    session = get_session()
    batches = repository.SqlAlchemyRepository(session).list()
    line = model.OrderLine(
        request.json['orderid'],
        request.json['sku'],
        request.json['qty'],
    )

    batchref = model.allocate(line, batches)

    return jsonify({'batchref': batchref}), 201
```

지금까지는 아주 좋다. '아키텍처 우주인architecture astronaut' 같은 비상식적인 요소가 많이 있을 필요가 없다.

잠깐! 이 코드에는 데이터베이스에 커밋하는 코드가 없다. 할당 내용을 데이터베이스에 실제로 기록하지 않는다. 이제 두 번째 테스트가 필요하다. 이 테스트는 데이터베이스 상태를 나중에 검사하는 방식이거나(그다지 블랙박스 테스트답지 않은 방법이다), 이미 할당해서 배치를 모두 소진한 경우 두 번째 라인 할당이 되지 않아야 한다는 사실을 검사하는 테스트다.

할당이 영속화됐는지 테스트(test_api.py)

```python
@pytest.mark.usefixtures('restart_api')
def test_allocations_are_persisted(add_stock):
    sku = random_sku()
    batch1, batch2 = random_batchref(1), random_batchref(2)
    order1, order2 = random_orderid(1), random_orderid(2)
    add_stock([
        (batch1, sku, 10, '2011-01-01'),
        (batch2, sku, 10, '2011-01-02'),
    ])
    line1 = {'orderid': order1, 'sku': sku, 'qty': 10}
    line2 = {'orderid': order2, 'sku': sku, 'qty': 10}
    url = config.get_api_url()

    # 첫 번째 주문은 배치 1에 있는 모든 재고를 소진한다.
    r = requests.post(f'{url}/allocate', json=line1)
    assert r.status_code == 201
    assert r.json()['batchref'] == batch1

    # 두 번째 주문은 배치 2로 가야 한다.
    r = requests.post(f'{url}/allocate', json=line2)
    assert r.status_code == 201
    assert r.json()['batchref'] == batch2
```

그다지 사랑스럽지 않다. 하지만 이런 테스트가 있으면 데이터베이스 커밋을 추가할 수밖에 없다.

4.4 데이터베이스 검사가 필요한 오류 조건

이런 방식으로 코드를 계속 작성하면 코드는 점점 더 못생겨질 것이다.

오류 처리를 약간 추가하고 싶다고 가정해보자. 도메인이 재고가 소진된 SKU에 대해 예외가
발생하면 어떻게 될까? 또는 존재하지 않는 SKU에 대해 예외가 발생하면 어떤 일이 생길까?
이런 경우 도메인이 알 수 없을 뿐만 아니라 알아서도 안 된다. 이런 로직은 데이터베이스 계층
에 구현해야 하는 데이터 무결성 검사에 속한다. 심지어 도메인 서비스를 호출하기 전에 이런
무결성 검사가 이루어져야 한다.

이제 두 가지 엔드투엔드 테스트를 더 자세히 살펴보자.

E2E 수준에서 이루어지는 추가 테스트(test_api.py)

```python
@pytest.mark.usefixtures('restart_api')
def test_400_message_for_out_of_stock(add_stock): # ①
    sku, smalL_batch, large_order = random_sku(), random_batchref(), random_
orderid()
    add_stock([
        (smalL_batch, sku, 10, '2011-01-01'),
    ])
    data = {'orderid': large_order, 'sku': sku, 'qty': 20}
    url = config.get_api_url()
    r = requests.post(f'{url}/allocate', json=data)
    assert r.status_code == 400
    assert r.json()['message'] == f'Out of stock for sku {sku}'


@pytest.mark.usefixtures('restart_api')
def test_400_message_for_invalid_sku(): # ②
    unknown_sku, orderid = random_sku(), random_orderid()
    data = {'orderid': orderid, 'sku': unknown_sku, 'qty': 20}
    url = config.get_api_url()
    r = requests.post(f'{url}/allocate', json=data)
    assert r.status_code == 400
    assert r.json()['message'] == f'Invalid sku {unknown_sku}'
```

① 첫 번째 테스트는 재고보다 더 많은 단위를 할당하려고 시도한다.

② 두 번째 테스트는 SKU가 존재하지 않는다(add_stock을 절대로 호출하지 않았다). 따라서 앱의 관점에
  서 이 SKU는 올바른 SKU가 아니다.

물론 플라스크 앱 내부에도 이런 로직을 구현할 수 있다.

복잡해지기 시작하는 플라스크 앱(flask_app.py)

```
def is_valid_sku(sku, batches):
    return sku in {b.sku for b in batches}

@app.route("/allocate", methods=['POST'])
def allocate_endpoint():
    session = get_session()
    batches = repository.SqlAlchemyRepository(session).list()
    line = model.OrderLine(
        request.json['orderid'],
        request.json['sku'],
        request.json['qty'],
    )

    if not is_valid_sku(line.sku, batches):
        return jsonify({'message': f'Invalid sku {line.sku}'}), 400

    try:
        batchref = model.allocate(line, batches)
    except model.OutOfStock as e:
        return jsonify({'message': str(e)}), 400

    session.commit()
    return jsonify({'batchref': batchref}), 201
```

플라스크 앱이 약간 다루기 어려워 보이기 시작했다. 게다가 E2E 테스트 개수도 제어가 가능한 수준을 넘었고, 곧 역 피라미드형 테스트(또는 밥이 좋아하는 표현으로 '아이스크림 콘 모델')가 된다.

4.5 서비스 계층 소개와 서비스 계층 테스트용 FakeRepository 사용

플라스크 앱이 하는 일을 살펴보면 **오케스트레이션**이라고 부르는 요소가 상당 부분을 차지한다. 오케스트레이션은 저장소에서 여러 가지를 가져오고, 데이터베이스 상태에 따라 입력을 검증하며 오류를 처리하고, 성공적인 경우 데이터를 데이터베이스에 커밋하는 작업을 포함한다.

이런 작업 대부분은 웹 API 엔드포인트와는 관련이 없다(예를 들어 CLI를 구축할 때도 이런 오케스트레이션 기능이 필요하다. 부록 C 참조). 오케스트레이션은 엔드투엔드 테스트에서 실제로 테스트해야 하는 대상이 아니다.

오케스트레이션 계층이나 **유스 케이스 계층**이라고 부르는 서비스 계층으로 분리하는 것이 타당한 경우가 종종 있다.

3장에서 준비한 FakeRepository를 기억하는가?

매치의 인메모리 컬렉션인 가짜 저장소(test_services.py)

```python
class FakeRepository(repository.AbstractRepository):
    def __init__(self, batches):
        self._batches = set(batches)

    def add(self, batch):
        self._batches.add(batch)

    def get(self, reference):
        return next(b for b in self._batches if b.reference == reference)

    def list(self):
        return list(self._batches)
```

다음은 이런 가짜 저장소가 유용한 경우다. 가짜 저장소를 활용하면 서비스 계층을 빠르고 멋진 단위 테스트로 테스트할 수 있다.

서비스 계층에서 가짜 저장소를 사용한 단위 테스트(test_services.py)

```python
def test_returns_allocation():
    line = model.OrderLine("o1", "COMPLICATED-LAMP", 10)
    batch = model.Batch("b1", "COMPLICATED-LAMP", 100, eta=None)
    repo = FakeRepository([batch]) # ①

    result = services.allocate(line, repo, FakeSession()) # ②, ③
    assert result == "b1"

def test_error_for_invalid_sku():
    line = model.OrderLine("o1", "NONEXISTENTSKU", 10)
    batch = model.Batch("b1", "AREALSKU", 100, eta=None)
```

```
    repo = FakeRepository([batch]) # ①

    with pytest.raises(services.InvalidSku, match="Invalid sku NONEXISTENTSKU"):
        services.allocate(line, repo, FakeSession())# ②, ③
```

① FakeRepository는 테스트에 사용할 Batch 객체를 저장한다.

② 서비스 모듈(services.py)은 allocate()라는 서비스 계층 함수를 정의한다. 이 함수는 API 계층
   의 allocate_endpoint()와 도메인 모델[1]에서 가져온 allocate() 도메인 서비스 함수 사이에 위치
   한다.

③ 다음 코드처럼 데이터베이스 세션을 가짜로 제공할 FakeSession도 필요하다.

가짜 데이터베이스 세션(test_services.py)

```
class FakeSession():
    committed = False

    def commit(self):
        self.committed = True
```

이 가짜 세션은 임시 해법일 뿐이다. 6장에서 이 가짜 세션을 제거하고 더 멋진 것으로 대치한
다. 하지만 현재로서는 가짜 commit() 함수(메서드)가 있으므로 E2E 계층으로부터 세 번째
테스트를 마이그레이션해 가져올 수 있다.

서비스 계층의 두 번째 테스트(test_services.py)

```
def test_commits():
    line = model.OrderLine('o1', 'OMINOUS-MIRROR', 10)
    batch = model.Batch('b1', 'OMINOUS-MIRROR', 100, eta=None)
    repo = FakeRepository([batch])
    session = FakeSession()

    services.allocate(line, repo, session)
    assert session.committed is True
```

---

1 서비스 계층 서비스와 도메인 서비스는 이름이 비슷해서 혼동하기 쉽다. 이에 대한 자세한 내용은 4.6절에서 다룬다.

4.5.1 전형적인 서비스 함수

다음과 같은 방식으로 서비스 함수를 작성할 수 있다.

기본적인 할당 서비스(services.py)

```
class InvalidSku(Exception):
    pass

def is_valid_sku(sku, batches):
    return sku in {b.sku for b in batches}

def allocate(line: OrderLine, repo: AbstractRepository, session) -> str:
    batches = repo.list() # ①
    if not is_valid_sku(line.sku, batches): # ②
        raise InvalidSku(f'Invalid sku {line.sku}')
    batchref = model.allocate(line, batches) # ③
    session.commit() # ④
    return batchref
```

전형적인 서비스 계층 함수들은 이와 비슷한 단계를 거친다.

   ① 저장소에서 어떤 객체들을 가져온다.

   ② 현재 (애플리케이션이 아는) 세계를 바탕으로 요청을 검사하거나 어서션으로 검증한다.

   ③ 도메인 서비스를 호출한다.

   ④ 모든 단계가 정상으로 실행됐다면 변경한 상태를 저장하거나 업데이트한다.

현재는 서비스 계층과 데이터베이스 계층이 밀접하게 결합되어 있어서 최종 단계가 약간 만족스럽지 않을 수도 있다. 6장에서 작업 단위 패턴을 사용해 이를 개선할 것이다.

추상화에 의존하기

서비스 계층 함수에 대해 한 가지 더 살펴보자.

```
def allocate(line: OrderLine, repo: AbstractRepository, session) -> str:
```

이 함수는 저장소에 의존한다. 이 책에서는 의존성을 명시하기로 선택했다. 타입 힌트를 사용해 AbstractRepository에 의존한다는 사실을 밝혔다. 즉, 테스트에서 이 의존성에 Fake Repository를 제공하거나 플라스크 앱이 이 의존성에 SqlAlchemyRepository를 제공하는 경우 이 함수 모두가 잘 동작한다는 뜻이다.

서문에서 소개한 '의존성 역전 원칙'은 '추상화에 의존해야 한다'라는 말의 의미와 같다. 여기서 **고수준 모듈**^{high-level module}인 서비스 계층은 저장소라는 추상화에 의존한다. 구현의 세부 내용은 어떤 영속 저장소를 선택했느냐에 따라 다르지만 같은 추상화에 의존한다. [그림 4-3]과 [그림 4-4]를 살펴보기 바란다.

부록 C에서는 추상화를 그대로 둔 채로 영속적인 저장소 시스템의 **세부 사항**을 변경하는 과정을 실제로 보여준다.

하지만 서비스 계층의 핵심 요소는 코드에 있다. 플라스크 앱은 이제 훨씬 더 깔끔해 보인다.

서비스 계층에 위임하는 플라스크 앱(flask_app.py)

```
@app.route("/allocate", methods=['POST'])
def allocate_endpoint():
    session = get_session() # ①
    repo = repository.SqlAlchemyRepository(session) # ①
    line = model.OrderLine(
        request.json['orderid'], # ②
        request.json['sku'], # ②
        request.json['qty'], # ②
    )
    try:
        batchref = services.allocate(line, repo, session) # ②
    except (model.OutOfStock, services.InvalidSku) as e:
        return jsonify({'message': str(e)}), 400 # ③

    return jsonify({'batchref': batchref}), 201 # ③
```

① 데이터베이스 세션을 인스턴스화하고 저장소 객체들도 인스턴스화한다.

② 사용자 명령들을 웹 요청에서 추출하고, 추출한 명령들을 도메인 서비스에 넘긴다.

③ 적절한 상태 코드가 있는 JSON 응답을 반환한다.

플라스크 앱의 책임은 표준적인 웹 기능일 뿐이다. 즉, 요청 전 상태를 관리하고 POST 파라미터로부터 정보를 파싱하며 상태 코드를 응답하고 JSON을 처리한다. 모든 오케스트레이션 로직은 유지 케이스/서비스 계층에 들어가고, 도메인 로직은 도메인에 그대로 남는다.

마지막으로 이제는 자신 있게 E2E 테스트를 단 두 가지로 정리할 수 있다. 하나는 정상 경로happy path를 테스트하고, 다른 하나는 비정상 경로unhappy path를 테스트한다.

E2E는 정상과 비정상 경로만 테스트(test_api.py)

```python
@pytest.mark.usefixtures('restart_api')
def test_happy_path_returns_201_and_allocated_batch(add_stock):
    sku, othersku = random_sku(), random_sku('other')
    earlybatch = random_batchref(1)
    laterbatch = random_batchref(2)
    otherbatch = random_batchref(3)
    add_stock([
        (laterbatch, sku, 100, '2011-01-02'),
        (earlybatch, sku, 100, '2011-01-01'),
        (otherbatch, othersku, 100, None),
    ])
    data = {'orderid': random_orderid(), 'sku': sku, 'qty': 3}
    url = config.get_api_url()
    r = requests.post(f'{url}/allocate', json=data)
    assert r.status_code == 201
    assert r.json()['batchref'] == earlybatch


@pytest.mark.usefixtures('restart_api')
def test_unhappy_path_returns_400_and_error_message():
    unknown_sku, orderid = random_sku(), random_orderid()
    data = {'orderid': orderid, 'sku': unknown_sku, 'qty': 20}
    url = config.get_api_url()
    r = requests.post(f'{url}/allocate', json=data)
    assert r.status_code == 400
    assert r.json()['message'] == f'Invalid sku {unknown_sku}'
```

크게 웹 기능을 테스트하는 종류와 오케스트레이션 관련 요소를 테스트하는 종류로 나눌 수 있었다. 웹 기능 테스트는 엔드투엔드로 구현하고, 오케스트레이션 관련 요소 테스트는 메모리에 있는 서비스 계층을 대상으로 테스트한다.

4.6 모든 것을 왜 서비스라고 부르는가?

이 시점에서 아마 여러분은 도메인 서비스와 서비스 계층 간의 명확한 차이가 무엇인지 골똘히 생각해볼 것이다.

미안하다. 필자들이 이런 이름을 정하지 않았다. 필자가 이름을 정했다면 이런 요소에 대해 좀 더 친근하고 멋지게 지었을 것이다.

이번 장에서 **서비스**라고 부르는 요소가 두 가지 있다. 첫 번째는 **애플리케이션 서비스**ᵃᵖᵖˡⁱᶜᵃᵗⁱᵒⁿ ˢᵉʳᵛⁱᶜᵉ(서비스 계층)다. 서비스 계층은 외부 세계에서 오는 요청을 처리해 연산을 **오케스트레이션한다.** 즉, 서비스 계층이 다음과 같은 간단한 단계를 수행하여 애플리케이션을 **제어한다는** 의미다.

- 데이터베이스에서 데이터를 얻는다
- 도메인 모델을 업데이트한다
- 변경된 내용을 영속화한다

이는 시스템에서 어떤 연산이 일어날 때마다 진행해야 하는 지루한 작업이다. 비즈니스 로직과 분리하면 프로그램을 깔끔하게 유지하는 데 도움이 된다.

두 번째는 **도메인 서비스**다. 도메인 서비스는 도메인 모델에 속하지만 근본적으로 상태가 있는 엔티티나 값 객체에 속하지 않는 로직을 부르는 이름이다. 예를 들어 쇼핑 카트 애플리케이션을 만든다면 도메인 서비스로 세금 관련 규칙을 구현한다. 세금을 계산하는 작업은 쇼핑 카트를 업데이트하는 작업과는 별개다. 모델에서 중요한 부분이지만 세금만을 위한 영속적인 엔티티를 사용하는 것은 바람직하지 않다. 대신 상태가 없는 TaxCalculator 클래스나 calculate_tax 함수를 사용해 세금 계산 작업을 수행할 수 있다.

4.7 모든 요소를 폴더에 넣고 각 부분이 어떤 위치에 있는지 살펴보기

애플리케이션이 커짐에 따라 디렉터리 구조를 깔끔하게 다듬을 필요가 있다.[2] 프로젝트의 디렉터리 구조를 보면 어떤 파일에서 어떤 유형의 객체를 찾을 수 있는지 쉽게 알 수 있다.

다음은 디렉터리를 조직화하는 방법을 보여준다.

하위 폴더들

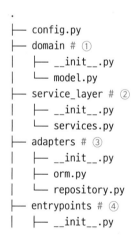

```
.
├── config.py
├── domain # ①
│   ├── __init__.py
│   └── model.py
├── service_layer # ②
│   ├── __init__.py
│   └── services.py
├── adapters # ③
│   ├── __init__.py
│   ├── orm.py
│   └── repository.py
├── entrypoints # ④
│   ├── __init__.py
```

2 옮긴이_파이썬에서는 디렉터리 구조에 따라 모듈 경로가 결정된다는 점을 고려하면, 디렉터리 구조를 깔끔하게 다듬는 것은 모듈들의 계층구조를 다듬는 것이나 마찬가지다.

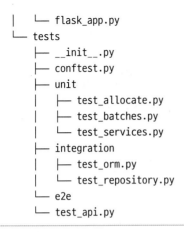

```
|       └── flask_app.py
└── tests
    ├── __init__.py
    ├── conftest.py
    ├── unit
    │   ├── test_allocate.py
    │   ├── test_batches.py
    │   └── test_services.py
    ├── integration
    │   ├── test_orm.py
    │   └── test_repository.py
    └── e2e
        └── test_api.py
```

① 도메인 모델을 넣을 폴더가 필요하다. 현재는 도메인 모델 파일이 하나지만, 더 복잡한 애플리케이션에서는 클래스마다 파일을 하나씩 만든다. Entity, ValueObject, Aggregate에 대한 도우미 부모 클래스도 이 폴더 안에 넣는다. 추가로 도메인 계층 예외가 있는 exception.py나 2부에서 보게 될 commands.py와 events.py도 이 폴더에 넣을 수 있다.

② 서비스 계층을 구분한다. 현재는 서비스 계층 함수가 있는 services.py뿐이다. 이 폴더에 서비스 계층 예외를 추가할 수도 있고, 5장에서는 여기에 unit_of_work.py를 추가한다.

③ 어댑터는 '포트와 어댑터'라는 용어에 쓰인 어댑터를 의미한다. 어댑터는 외부 I/O를 감싸는 추상화(예: redis_client.py)를 넣는다. 엄격히 말해, 이들은 **이차**secondary 어댑터나 **피구동**driven 어댑터나 **내부 지향**inward-facing 어댑터라고 불러야 한다.

④ 진입점은 애플리케이션을 제어하기 시작하는 지점이다. 공식적인 포트와 어댑터 용어에서는 진입점도 어댑터에 속하며 **일차**primary, **구동**driving, **외부 지향**outward-facing 어댑터라고 부른다.

포트는 어디에 있을까? 포트는 어댑터가 구현하는 추상적인 인터페이스다. 보통 포트를 구현하는 어댑터와 같은 파일 안에 포트를 넣는다.

4.8 마치며

서비스 계층을 추가하면 다음과 같은 장점이 있다.

- 플라스크 API 엔드포인트가 아주 얇아지고 작성하기 쉬워진다. 플라스크 API 엔드포인트는 단지 JSON 파싱이나 정상 경로나 비정상 경로에 따른 올바른 HTTP 코드 반환 등의 '웹 기능'만 수행한다.
- 도메인에 대한 명확한 API를 정의했다. 이런 API는 자신이 API인지, CLI인지(부록 C 참조), 심지어 테스트인지에 관계없이 어댑터가 도메인 모델 클래스를 몰라도 사용할 수 있는 유스 케이스나 진입점 집합이다.
- 서비스 계층을 사용하면 테스트를 '높은 기어비'로 작성할 수 있고, 도메인 모델을 적합한 형태로 마음껏 리팩터링할 수 있다. 서비스 계층을 활용하면 같은 유스 케이스를 제공할 수 있는 한 이미 존재하는 수많은 테스트를 재작성하지 않고도 새로운 설계를 테스트할 수 있다.
- 작성한 테스트의 피라미드도 좋아 보인다. 테스트 상당 부분은 빠른 단위 테스트이며 E2E나 통합 테스트는 최소화된다.

4.8.1 실제로 작동하는 DIP

[그림 4-3]은 서비스 계층의 의존성을 보여준다. 서비스 계층은 도메인 모델과 Abstract Repository(포트와 어댑터 용어로는 포트)에 의존한다.

[그림 4-4]는 테스트를 실행할 때 FakeRepository(어댑터)를 사용해 추상화한 의존성을 구현한다는 사실을 보여준다.

실제 앱을 수행할 때는 [그림 4-5]처럼 '실제' 의존성을 넣을 수 있다.

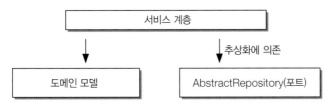

그림 4-3 서비스 계층의 추상화된 의존성

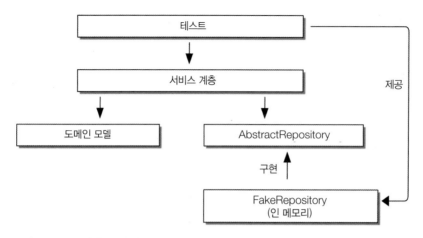

그림 4-4 테스트가 추상화된 의존성에 대한 구현 제공

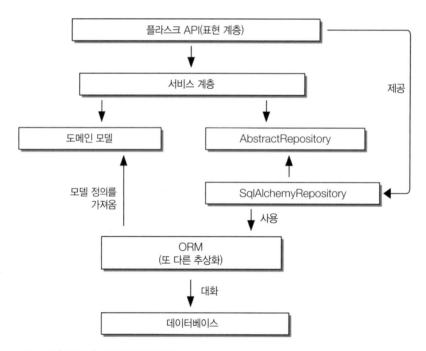

그림 4-5 (프로덕션) 실행 시점의 의존성

멋지다.

잠시 [표 4-1]을 살펴보자. 이 표는 서비스 계층의 장점과 단점을 보여준다.

표 4-1 서비스 계층: 트레이드오프

장점	단점
• 애플리케이션의 모든 유스 케이스를 넣을 유일한 위치가 생긴다. • 정교한 도메인 로직을 API 뒤에 감췄다. 이로 인해 자유롭게 리팩터링할 수 있다. • 'HTTP와 말하는 기능'을 '할당을 말하는 기능'으로부터 깔끔하게 분리했다. • 저장소 패턴 및 FakeRepository와 조합하면 도메인 계층보다 더 높은 수준에서 테스트를 작성할 수 있다. 통합 테스트를 사용하지 않아도 워크플로 중 상당 부분을 테스트할 수 있다(5장 참조).	• 앱이 순수하게^{purely} 웹 앱인 경우 컨트롤러/뷰 함수는 모든 유스 케이스를 넣을 유일한 위치가 된다 • 서비스 계층도 또 다른 추상화 계층에 불과하다. • 서비스 계층에 너무 많은 기능을 넣으면 빈약한 도메인^{anemic domain} 안티패턴이 생길 수 있다. 컨트롤러에서 오케스트레이션 로직이 생길 때 서비스 계층을 만드는 게 더 낫다. • 풍부한 도메인 모델로 얻을 수 있는 이익 대부분은 단순히 컨트롤러에서 로직을 뽑아내 모델 계층으로 보내는 것만으로 얻을 수 있다. 그 사이(컨트롤러와 모델 계층 사이)에 계층을 추가할 필요가 없다(대부분은 '얇은 컨트롤러와 두꺼운 모델'로 충분).

하지만 정리해야 할 이상한 부분도 약간 남아 있다.

• 서비스 계층 API가 OrderLine 객체를 사용해 표현되므로 서비스 계층이 여전히 도메인과 밀접하게 결합되어 있다. 5장에서는 이 문제를 해결하고 서비스 계층을 통해 더 생산적인 TDD를 가능하게 하는 방법을 다룬다.

• 서비스 계층은 세션 객체와 밀접하게 결합한다. 6장에서는 저장소 및 서비스 계층 패턴과 긴밀히 엮여 작동하는 패턴인 작업 단위 패턴을 소개한다. 작업 단위 패턴을 추가하면 모든 것이 아주 멋있어질 것이다. 기대하시라!

## CHAPTER 5

높은 기어비와 낮은 기어비의 TDD

4장에서는 서비스 계층으로 작동하는 애플리케이션에 필요한 오케스트레이션 책임 일부를 분리했다. 서비스 계층을 사용하면 각각의 유스 케이스와 워크플로를 명확히 정의할 때 도움이 된다. 정의할 수 있는 내용으로는 저장소에서 얻을 필요가 있는 데이터가 무엇인지, 어떤 사전 검사와 현재 상태 검증을 필수적으로 해야 할지, 마지막에 어떤 내용을 저장해야 할지 등이 있다.

하지만 현재 단위 테스트는 저수준에서 작동하며 모델에 직접 작용한다. 이번 장에서는 이런 테스트를 더 상위 계층으로 끌어올리면 발생하는 트레이드오프와 더 많은 일반적인 테스트 지침에 대해 논의한다.

> **해리의 경험: 테스트 피라미드가 실제 작동하는 모습을 본 순간 '아하!'하고 깨닫게 되었다.**
>
> 다음은 해리가 직접 한 말이다.
>
> 처음에는 밥이 이야기한 모든 아키텍처 패턴에 대해 회의적이었다. 하지만 실제 테스트 피라미드가 작동하는 모습을 보고 생각이 바꼈다.
>
> 일단 도메인 모델링과 서비스 계층을 구현하고 나면 실제로 단위 테스트의 수가 통합 테스트와 엔드투엔드 테스트의 수를 열 배 이상 능가하는 단계에 도달하게 된다. E2E 테스트를 빌드하는 데 몇 시간씩 걸리던 곳("내일까지 기다려줘"라는 말이 필수적인)에서 일했기 때문에 모든 테스트를 몇 초나 몇 분 내에 실행한다는 사실이 얼마나 큰 차이인지에 대해서는 말할 엄두도 나지 않는다.

어떤 유형의 테스트를 작성해야 하는지와 어떤 수준에서 테스트를 작성할지에 대한 몇 가지 가이드를 읽어보기 바란다. 높은 기어비와 낮은 기어비라는 사고방식은 나의 테스트 수행 방식을 바꿔줬다.

5.1 테스트 피라미드는 어떻게 생겼는가?

테스트를 서비스 계층으로 옮겨서 서비스 계층 자체 테스트와 함께 사용하기로 결정함에 따라 테스트 피라미드가 어떻게 바뀌는지 살펴보자.

유형에 따른 개수 세기

```
$ grep -c test_ test_*.py
tests/unit/test_allocate.py:4
tests/unit/test_batches.py:8
tests/unit/test_services.py:3

tests/integration/test_orm.py:6
tests/integration/test_repository.py:2

tests/e2e/test_api.py:2
```

나쁘지 않다! 단위 테스트는 15개, 통합 테스트는 8개 있지만 엔드투엔드 테스트는 2개뿐이다. 이것만으로도 이미 건강해 보이는 테스트 피라미드라고 할 수 있다.

5.2 도메인 계층 테스트를 서비스 계층으로 옮겨야 하는가?

한 단계 더 나아가면 어떤 일이 벌어지는지 살펴보자. 서비스 계층에 대해 소프트웨어를 테스트하기 때문에 더는 도메인 모델 테스트가 필요 없다. 대신 1장에서 작성했던 모든 도메인 수준의 테스트를 서비스 계층에 대한 테스트로 재작성한다.

```python
# 도메인 계층 테스트:
def test_prefers_current_stock_batches_to_shipments():
    in_stock_batch = Batch("in-stock-batch", "RETRO-CLOCK", 100, eta=None)
    shipment_batch = Batch("shipment-batch", "RETRO-CLOCK", 100, eta=tomorrow)
    line = OrderLine("oref", "RETRO-CLOCK", 10)

    allocate(line, [in_stock_batch, shipment_batch])

    assert in_stock_batch.available_quantity == 90
    assert shipment_batch.available_quantity == 100

# 서비스 계층 테스트:
def test_prefers_warehouse_batches_to_shipments():
    in_stock_batch = Batch("in-stock-batch", "RETRO-CLOCK", 100, eta=None)
    shipment_batch = Batch("shipment-batch", "RETRO-CLOCK", 100, eta=tomorrow)
    repo = FakeRepository([in_stock_batch, shipment_batch])
    session = FakeSession()

    line = OrderLine('oref', "RETRO-CLOCK", 10)
    services.allocate(line, repo, session)

    assert in_stock_batch.available_quantity == 90
    assert shipment_batch.available_quantity == 100
```

왜 이렇게 해야 할까?

테스트가 있으면 시스템을 바꾸는 데 두려움이 없다. 하지만 도메인 모델에 대해 테스트를 너무 많이 작성하는 팀을 자주 목격했다. 도메인 모델에 대한 테스트가 너무 많으면 코드베이스를 바꿀 때마다 수십 개에서 수백 개의 테스트를 변경해야 하는 문제가 생긴다.

여러분은 자동화된 테스트의 목적에 대한 생각을 멈춰야 한다. 작업을 진행하는 과정에 변하면 안 되는 시스템의 특성을 강제로 유지하기 위해 테스트를 사용한다. 테스트를 사용해 API가 계속 200을 반환하는지, 데이터베이스 세션이 커밋을 하는지, 주문이 여전히 할당되는지 등을 확인한다.

프로그램의 동작 일부가 바뀌면 테스트가 깨진다. 역으로 생각해보면 코드의 설계(즉 프로그램에서 의도한 동작)를 바꿀 때 코드에 의존하는 테스트들이 실패하게 된다는 뜻이기도 하다.

이 책을 읽다보면 서비스 계층이 시스템을 다양한 방식으로 조정할 수 있는 API를 형성하게 된다는 점을 배우게 된다. API에 대해 테스트를 작성하면 도메인 모델을 리팩터링할 때 변경해야하는 코드의 양을 줄일 수 있다. 이 서비스 계층에 대한 테스트만 수행하도록 우리 자신을 제한하고, 직접 모델 객체의 '사적인' 속성이나 메서드와 테스트가 직접 상호작용하지 못하게 막는다면 좀 더 자유롭게 모델 객체를 리팩터링할 수 있다.

> TIP_ 테스트에 넣는 코드는 한 줄, 한 줄이 마치 본드 방울 같다. 이 본드 방울은 시스템을 특정 모양으로 만든다. 테스트가 더 저수준일수록 시스템 각 부분을 변경하기가 더 어려워진다.

5.3 어떤 종류의 테스트를 작성할지 결정하는 방법

여러분은 "그렇다면 모든 단위 테스트를 다시 작성해야 할까? 도메인 모델을 직접 사용하는 테스트를 작성하면 잘못된 건가?"라고 질문할 수도 있다. 이런 질문에 답하려면 결합과 설계 피드백 사이의 트레이드오프를 꼭 이해해야 한다(그림 5-1).

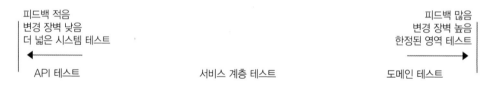

그림 5-1 테스트 스펙트럼

익스트림 프로그래밍extreme programming(XP)에서는 "코드에 귀를 기울여라"라고 말한다. 테스트 작성 시 (테스트 대상인) 코드가 사용하기 어렵다는 사실을 발견하거나 코드 냄새를 맡을 수도 있다. 이런 경우는 코드를 리팩터링하고 코드 설계를 재검토해야 한다.

하지만 대상 코드에 더 밀접하게 연관되어 작업할 때만 이런 피드백을 받을 수 있다. HTTP API에 대한 테스트는 훨씬 더 높은 수준의 추상화를 사용하므로 객체의 세부 설계에 대한 피드백을 제공하지 않는다.

전체 애플리케이션을 다시 작성해도 URL이나 요청 형식을 바꾸지 않는 한, 앱은 HTTP 테스트를 계속 통과한다. 이 사실은 데이터베이스 스키마 변경 등의 대규모 변경 시 이 변경이 코드를 망가뜨리지 않는다는 자신감을 제공한다.

이 스펙트럼의 반대쪽에는 1장에서 작성했던 것과 같은 테스트가 있다. 이런 테스트가 있으면 필요한 객체에 대한 이해를 증진시킬 때 도움이 된다. 테스트는 도메인 언어로 되어 있으며 적절한 설계를 만들 수 있도록 안내한다. 테스트가 도메인 언어로 되어 있어서 이 테스트를 통과하면 코드가 해결하려는 문제에 대한 직관과 일치하는지 확신할 수 있다.

테스트가 도메인 언어로 작성되므로 이 테스트는 모델의 살아있는 문서 역할을 한다. 새로운 팀원은 이런 테스트를 읽고 시스템이 어떻게 동작하는지 빠르게 이해하고 핵심 개념이 서로 어떻게 연관됐는지 이해할 수 있다.

이 수준에서 테스트를 작성함으로써 새로운 행동 양식을 '스케치'하고 코드가 어떻게 생겼는지 살펴보는 경우가 자주 있다. 하지만 이런 테스트들은 특정 구현과 긴밀하게 결합되어 있어서 코드 디자인을 개선하려면 이런 테스트를 다른 테스트로 대치하거나 삭제해야 한다.

5.4 높은 기어비와 낮은 기어비

새로운 기능을 추가하거나 버그를 수정할 때 도메인 모델을 크게 변경할 필요가 없다. 도메인 모델을 변경해야 하는 경우 더 낮은 결합과 더 높은 커버리지를 제공하므로 서비스에 대한 테스트를 작성하는 게 더 좋다.

예를 들어 add_stock나 cancel_order 함수를 작성하는 경우 서비스 계층에 대한 테스트를 작성하면 좀 더 빨리 결합이 적은 테스트를 작성할 수 있다.

새로운 프로젝트를 시작하거나 아주 어려운 특정 문제를 다뤄야 한다면 도메인 모델에 대한 테스트를 다시 작성해서 더 나은 피드백을 얻고 의도를 더 명확히 설명하는 실행 가능한 문서(테스트가 바로 실행 가능한 문서임)를 얻을 수 있다.

필자들이 사용할 은유는 변속기어를 조정해 기어비를 변경하는 것이다. 여행을 시작할 때 자전거 기어를 저단(낮은 기어비)에 둬야 관성을 이길 수 있다. 일단 자전거가 빠르게 움직이기 시작하면 더 높은 기어비로 바꿔서 더 효율적으로 더 빨리 움직일 수 있다. 하지만 갑자기 급경사를 마주하거나 위험한 장애물이 있어서 속도를 강제로 낮춰야 한다면 다시 기어비를 낮춰야한다.

5.5 서비스 계층 테스트를 도메인으로부터 완전히 분리하기

서비스 테스트에는 여전히 도메인 모델에 대한 의존성이 남아 있다. 테스트 데이터를 설정하고 서비스 계층 함수를 호출하기 위해 도메인 객체를 사용하기 때문이다.

도메인으로부터 완전히 분리된 서비스 계층을 만들기 위해서는 API를 원시 타입만 사용하도록 다시 작성해야 한다.

현재 서비스 계층은 OrderLine 도메인 객체를 받는다.

이전: allocate는 도메인 객체를 받는다(service_layer/services.py)

```
def allocate(line: OrderLine, repo: AbstractRepository, session) -> str:
```

이 함수의 파라미터를 모두 원시 타입으로 바꾸면 어떤 모양이 될까?

이후: allocate는 문자열과 정수를 받는다(service_layer/services.py)

```
def allocate(
        orderid: str, sku: str, qty: int, repo: AbstractRepository, session
) -> str:
```

이 함수를 써서 테스트를 재작성한다.

테스트가 함수를 호출하면서 원시 타입 사용(tests/unit/test_services.py)

```
def test_returns_allocation():
    batch = model.Batch("batch1", "COMPLICATED-LAMP", 100, eta=None)
    repo = FakeRepository([batch])

    result = services.allocate("o1", "COMPLICATED-LAMP", 10, repo, FakeSession())
```

```
    assert result == "batch1"
```

하지만 테스트는 직접 **Batch** 객체를 인스턴스화하므로 여전히 도메인에 의존하고 있다. 따라서 나중에 **Batch** 모델의 동작을 엄청나게 많이 변경하면 수많은 테스트를 변경해야 한다.

5.5.1 마이그레이션: 모든 도메인 의존성을 픽스처 함수에 넣기

최소한 테스트에서 도우미 함수나 픽스처로 도메인 모델을 내보내는 추상화를 할 수 있다. 다음은 FakeRepository에 팩토리 함수를 추가하여 추상화를 달성하는 방법을 보여준다.

픽스처에 사용할 팩토리 함수 정의(tests/unit/test_services.py)

```
class FakeRepository(set):

    @staticmethod
    def for_batch(ref, sku, qty, eta=None):
        return FakeRepository([
            model.Batch(ref, sku, qty, eta),
        ])

    ...

    def test_returns_allocation():
        repo = FakeRepository.for_batch("batch1", "COMPLICATED-LAMP", 100,
eta=None)
        result = services.allocate("o1", "COMPLICATED-LAMP", 10, repo,
FakeSession())
        assert result == "batch1"
```

이렇게 하면 적어도 테스트에 있는 도메인 의존성을 한 군데로 모을 수 있다.

5.5.2 누락된 서비스 추가

하지만 한 단계 더 나아갈 수도 있다. 재고를 추가하는 서비스가 있다면 이 서비스를 사용해 온전히 서비스 계층의 공식적인 유스 케이스만 사용하는 서비스 계층 테스트를 작성할 수 있다. 그리고 도메인에 대한 의존 관계를 모두 제거할 수도 있다.

새로운 add_batch 서비스에 대한 테스트(tests/unit/test_services.py)

```
def test_add_batch():
    repo, session = FakeRepository([]), FakeSession()
    services.add_batch("b1", "CRUNCHY-ARMCHAIR", 100, None, repo, session)
    assert repo.get("b1") is not None
    assert session.committed
```

> **TIP_** 일반적으로 서비스 계층 테스트에서 도메인 계층에 있는 요소가 필요하다면 이는 서비스 계층이 완전
> 하지 않다는 사실을 보여주는 지표일 수 있다.

단 두 줄로 구현할 수 있다.

add_batch에 사용할 새로운 서비스(service_layer/services.py)

```
def add_batch(
        ref: str, sku: str, qty: int, eta: Optional[date],
        repo: AbstractRepository, session,
):
    repo.add(model.Batch(ref, sku, qty, eta))
    session.commit()

def allocate(
        orderid: str, sku: str, qty: int, repo: AbstractRepository, session
) -> str:
    ...
```

> **NOTE_** 단순히 테스트에서 의존성을 제거할 수 있다는 이유만으로 새로운 서비스를 작성해야 할까? 그렇
> 지 않다. 하지만 언젠가는 **add_batch** 서비스가 필요할 것이다.

이렇게 구현하면 **모든** 서비스 계층 테스트를 모델에 대한 의존성 없이 오직 서비스 자체와 원
시 타입만 사용해 다시 작성할 수 있다.

서비스 테스트는 이제 서비스만 사용한다(tests/unit/test_services.py)

```
def test_allocate_returns_allocation():
```

```
        repo, session = FakeRepository([]), FakeSession()
        services.add_batch("batch1", "COMPLICATED-LAMP", 100, None, repo, session)
        result = services.allocate("o1", "COMPLICATED-LAMP", 10, repo, session)
        assert result == "batch1"

    def test_allocate_errors_for_invalid_sku():
        repo, session = FakeRepository([]), FakeSession()
        services.add_batch("b1", "AREALSKU", 100, None, repo, session)

        with pytest.raises(services.InvalidSku, match="Invalid sku NONEXISTENTSKU"):
            services.allocate("o1", "NONEXISTENTSKU", 10, repo, FakeSession())
```

이런 변경은 정말 해볼 만한 시도다. 서비스 계층 테스트는 오직 서비스 계층에만 의존한다. 따라서 얼마든지 필요에 따라 모델을 리팩터링할 수 있다.

5.6 E2E 테스트에 도달할 때까지 계속 개선하기

add_batch를 추가해서 서비스 계층 테스트를 모델로부터 분리할 수 있었던 것처럼, 배치를 추가하는 API 종말점을 추가하면 add_stock이라는 못생긴 픽스처의 필요성을 없앨 수 있다. E2E 테스트는 하드코딩한 SQL 질의를 사용하지 않고 데이터베이스에 직접 의존하지 않게 된다.

서비스 함수 덕분에 엔드포인트를 추가하는 게 쉬워졌다. JSON을 약간 조작하고 함수를 한 번 호출하면 된다.

배치를 추가하기 위한 API(entrypoints/flask_app.py)

```python
@app.route("/add_batch", methods=['POST'])
def add_batch():
    session = get_session()
    repo = repository.SqlAlchemyRepository(session)
    eta = request.json['eta']
    if eta is not None:
        eta = datetime.fromisoformat(eta).date()
    services.add_batch(
        request.json['ref'], request.json['sku'], request.json['qty'], eta,
```

```
        repo, session
    )
    return 'OK', 201
```

conftest.py에 있던 하드코딩한 SQL은 몇 가지 API 호출로 바뀐다. 이런 API 테스트에 더는 API를 제외한 다른 의존성이 없다는 의미다. 이 특성도 멋지다.

API 테스트는 (DB를 쓰지 않고) 원하는 대로 배치 추가 가능(tests/e2e/test_api.py)

```python
def post_to_add_batch(ref, sku, qty, eta):
    url = config.get_api_url()
    r = requests.post(
        f'{url}/add_batch',
        json={'ref': ref, 'sku': sku, 'qty': qty, 'eta': eta}
    )
    assert r.status_code == 201


@pytest.mark.usefixtures('postgres_db')
@pytest.mark.usefixtures('restart_api')
def test_happy_path_returns_201_and_allocated_batch():
    sku, othersku = random_sku(), random_sku('other')
    earlybatch = random_batchref(1)
    laterbatch = random_batchref(2)
    otherbatch = random_batchref(3)
    post_to_add_batch(laterbatch, sku, 100, '2011-01-02')
    post_to_add_batch(earlybatch, sku, 100, '2011-01-01')
    post_to_add_batch(otherbatch, othersku, 100, None)
    data = {'orderid': random_orderid(), 'sku': sku, 'qty': 3}
    url = config.get_api_url()
    r = requests.post(f'{url}/allocate', json=data)
    assert r.status_code == 201
    assert r.json()['batchref'] == earlybatch
```

5.7 마치며

서비스 계층을 만들고 나면 대부분의 테스트를 단위 테스트로 옮기고 건전한 테스트 피라미드를 만들 수 있다.

정리: 여러 유형의 테스트를 작성하는 간단한 규칙

- **특성당 엔드투엔드 테스트를 하나씩 만든다는 목표를 세워야 한다.**

  예를 들어 이런 테스트는 HTTP API를 사용할 가능성이 높다. 목표는 어떤 특성이 잘 작동하는지 보고 움직이는 모든 부품이 서로 잘 연결되어 움직이는지 살펴보는 것이다.

- **테스트 대부분은 서비스 계층을 사용해 만드는 걸 권한다.**

  이런 테스트는 커버리지, 실행 시간, 효율 사이를 잘 절충할 수 있게 해준다. 각 테스트는 어떤 기능의 한 경로를 테스트하고 I/O에 가짜 객체를 사용하는 경향이 있다. 이 테스트는 모든 에지 케이스를 다루고, 비즈니스 로직의 모든 입력과 출력을 테스트해볼 수 있는 좋은 장소다.[1]

- **도메인 모델을 사용하는 핵심 테스트를 적게 작성하고 유지하는 걸 권한다.**

  이런 테스트는 좀 더 커버리지가 작고(좁은 범위를 테스트), 더 깨지기 쉽다. 하지만 이런 테스트가 제공하는 피드백이 가장 크다. 이런 테스트를 나중에 서비스 계층 기반 테스트로 대신할 수 있다면 테스트를 주저하지 말고 삭제하는 걸 권한다.

- **오류 처리도 특성으로 취급하자.**

  이상적인 경우 애플리케이션은 모든 오류가 진입점(예: 플라스크)으로 거슬러 올라와서 처리되는 구조로 되어 있다. 단지 각 기능의 정상 경로만 테스트하고 모든 비정상 경로를 테스트하는 엔드투엔드 테스트를 하나만 유지하면 된다는 의미다(물론 비정상 경로를 테스트하는 단위 테스트가 많이 있어야 한다).

....

[1] 테스트를 더 고수준에서 작성하는 경우 더 복잡한 유스 케이스라면 테스트케이스가 폭발적으로 증가할 수 있다. 이런 경우 서로 협력하는 도메인 객체 사이의 저수준 단위 테스트를 삭제하면 도움이 된다(8장 참조).

이 과정에서 도움이 될 만한 몇 가지 사항이 있다.

- 서비스 계층을 도메인 객체가 아니라 원시 타입을 바탕으로 기술하라.
- 이상적인 경우라면 테스트해야 할 모든 서비스를 저장소나 데이터베이스를 통해 상태를 해킹할 필요 없이 오직 서비스 계층 기반으로 테스트할 수 있다. 이렇게 노력한다면 나중에 엔드투엔드 테스트에서도 이익을 얻을 수 있다.

이제 다음 장으로 넘어가보자!

## CHAPTER 6

작업 단위 패턴

이번 장에서는 저장소와 서비스 계층 패턴을 하나로 묶어 주는 마지막 퍼즐 조각을 소개한다. 이 조각은 바로 **작업 단위**^{Unit of Work}(UoW) 패턴이다.

저장소 패턴이 영속적 저장소 개념에 대한 추상화라면 작업 단위 패턴은 **원자적 연산**^{atomic} ^{operation}이라는 개념에 대한 추상화다. UoW 패턴을 사용하면 서비스 계층과 데이터 계층을 완전히 분리할 수 있다.

[그림 6-1]은 현재 인프라 구조의 계층 사이에서 이루어지는 수많은 의사소통을 보여준다. API는 직접 데이터베이스에 요청해 세션을 시작하고, 저장소 계층과 대화해 SQLAlchemyRepository를 초기화하며 서비스 계층에 할당을 요청한다.

> **TIP_** 이번 장의 코드는 깃허브의 chapter_06_uow 브랜치에 있다(*ttps://oreil.ly/MoWdZ*).
>
> ```
> git clone https://github.com/cosmicpython/code.git
> cd code
> git checkout chapter_06_uow
> # 또는 6장을 따라 하고 싶다면 4장을 확인하길 바란다.
> git checkout chapter_04_service_layer
> ```

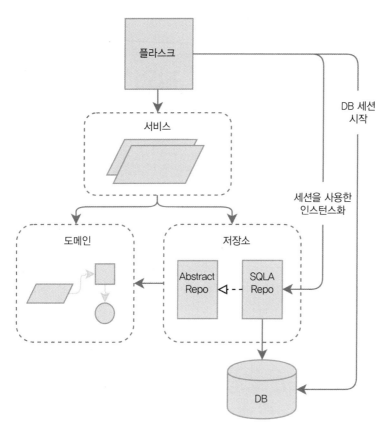

그림 6-1 UoW가 없는 경우: API는 세 가지 계층과 직접 대화 가능

[그림 6-2]는 이번 장의 목표를 보여준다. 플라스크 API는 이제 두 가지 일만 수행한다. 첫 번째는 작업 단위를 초기화하고, 두 번째는 서비스를 호출하는 것이다. 서비스는 UoW와 협력하지만(필자들은 UoW를 서비스 계층의 일부로 생각하는 걸 선호한다), 서비스 함수 자체나 플라스크는 이제 데이터베이스와 직접 대화하지 않는다.

이 모든 작업을 멋진 파이썬 구문인 콘텍스트 관리자^{context manager}를 통해 수행한다.

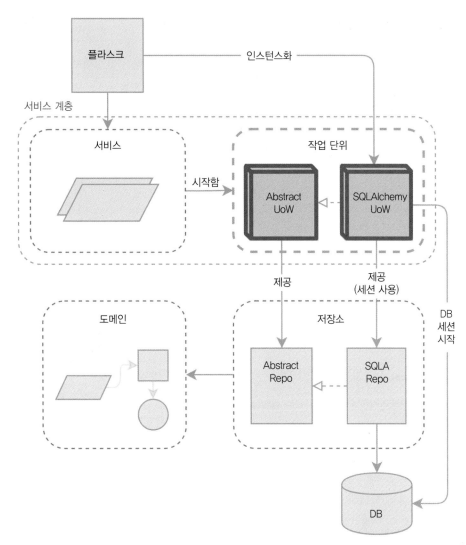

그림 6-2 UoW가 있는 경우: 이제 UoW가 데이터베이스 상태 관리

6.1 작업 단위는 저장소와 협력

작업 단위(또는 유와우^{you-wow}라고 발음하는 UoW)가 어떻게 작동하는지 살펴보자. 다음은 작업 단위 패턴을 적용한 서비스 계층이 어떤 모습인지를 보여주는 코드다.

작업 단위가 작동하는 모습 미리보기(src/allocation/service_layer/services.py)

```
def allocate(
        orderid: str, sku: str, qty: int,
        uow: unit_of_work.AbstractUnitOfWork
) -> str:
    line = OrderLine(orderid, sku, qty)
    with uow:  # ①
        batches = uow.batches.list()  # ②
        ...
        batchref = model.allocate(line, batches)
        uow.commit()  # ③
```

① 콘텍스트 관리자로 UoW를 시작한다

② uow.batches는 배치 저장소다. 따라서 UoW는 영속적 저장소에 대한 접근을 제공한다.

③ 작업이 끝나면 UoW를 사용해 커밋하거나 롤백한다.

UoW는 영속적 저장소에 대한 단일 진입점으로 작용한다. UoW는 어떤 객체가 메모리에 적재됐고 어떤 객체가 최종 상태인지를 기억한다.[1]

이런 방식의 장점 세 가지는 다음과 같다.

- 작업에 사용할 데이터베이스의 안정적인 스냅샷을 제공하고, 연산을 진행하는 과정에서 변경하지 않은 객체에 대한 스냅샷도 제공한다.

- 변경 내용을 한번에 영속화할 방법을 제공한다. 어딘가 잘못되더라도 일관성이 없는 상태로 끝나지 않는다.

- 영속성을 처리하기 위한 간단한 API와 저장소를 쉽게 얻을 수 있는 장소를 제공한다.

---

1 어떤 목표를 달성하기 위해 서로 협력하는 객체를 묘사하는 협력자(collaborator)라는 단어를 사용하는 경우를 본적이 있을 것이다. 작업 단위와 저장소는 객체 모델링 측면에서 협력자의 가장 좋은 예다. 책임 주도 설계에서 자신의 역할 안에서 협력하는 여러 객체를 이웃 객체(object neighborhood)라고 부른다. 이 용어는 정말 사랑스럽다.

6.2 테스트–통합 테스트로 UoW 조정하기

다음은 UoW에 대한 통합 테스트다.

간단한 UoW '왕복' 테스트(tests/integration/test_uow.py)

```python
def test_uow_can_retrieve_a_batch_and_allocate_to_it(session_factory):
    session = session_factory()
    insert_batch(session, 'batch1', 'HIPSTER-WORKBENCH', 100, None)
    session.commit()

    uow = unit_of_work.SqlAlchemyUnitOfWork(session_factory)  # ①
    with uow:
        batch = uow.batches.get(reference='batch1')  # ②
        line = model.OrderLine('o1', 'HIPSTER-WORKBENCH', 10)
        batch.allocate(line)
        uow.commit()  # ③

    batchref = get_allocated_batch_ref(session, 'o1', 'HIPSTER-WORKBENCH')
    assert batchref == 'batch1'
```

① 커스텀 세션 팩토리를 사용해 UoW를 초기화하고 블록 안에서 사용할 uow 객체를 얻는다.

② UoW는 uow.batches를 통해 배치 저장소에 대한 접근을 제공한다.

③ 작업이 끝나면 UoW에 대한 commit()을 호출한다.

호기심 많은 독자를 위해 insert_batch와 get_allocated_batch_ref 도우미 함수를 사용한 예제 코드를 제공한다.

SQL을 처리하는 도우미 함수(tests/integration/test_uow.py)

```python
def insert_batch(session, ref, sku, qty, eta):
    session.execute(
        'INSERT INTO batches (reference, sku, _purchased_quantity, eta)'
        ' VALUES (:ref, :sku, :qty, :eta)',
        dict(ref=ref, sku=sku, qty=qty, eta=eta)
    )

def get_allocated_batch_ref(session, orderid, sku):
    [[orderlineid]] = session.execute(
```

```
        'SELECT id FROM order_lines WHERE orderid=:orderid AND sku=:sku',
        dict(orderid=orderid, sku=sku)
    )
    [[batchref]] = session.execute(
        'SELECT b.reference FROM allocations JOIN batches AS b ON batch_id = b.id'
        ' WHERE orderline_id=:orderlineid',
        dict(orderlineid=orderlineid)
    )
    return batchref
```

6.3 작업 단위와 작업 단위의 콘텍스트 관리자

테스트에서는 UoW가 처리해야 하는 일을 표현하는 인터페이스를 암시적으로 정의했다. 이제 추상 기반 클래스로 인터페이스를 명시하자.

추상 UoW 콘텍스트 관리자(src/allocation/service_layer/unit_of_work.py)

```
class AbstractUnitOfWork(abc.ABC):
    batches: repository.AbstractRepository # ①

    def __exit__(self, *args): # ②
        self.rollback() # ④

    @abc.abstractmethod
    def commit(self): # ③
        raise NotImplementedError

    @abc.abstractmethod
    def rollback(self): # ④
        raise NotImplementedError
```

① UoW는 .batches라는 속성을 제공한다. 이 속성은 배치 저장소에 접근할 수 있게 해준다.

② 콘텍스트 관리자를 본 적이 없는 독자를 위해 설명한다. __enter__와 __exit__는 with 블록에 들어갈 때와 나올 때 호출되는 마술 메서드다. 이들은 준비 작업과 정리 작업을 담당한다.

③ 준비가 되면 이 메서드를 호출해서 작업을 커밋한다.

④ 커밋을 하지 않거나 예외를 발생시켜서 콘텍스트 관리자를 빠져나가면 rollback을 수행한다. commit()이 이미 호출된 경우에는 롤백을 해도 아무 일도 발생하지 않는다. 이 책을 계속 읽다보면 이에 대한 설명을 볼 수 있다.

6.3.1 SQLAlchemy 세션을 사용하는 실제 작업 단위

구체적인 구현에 추가해야 할 주된 요소는 데이터베이스 세션이다.

실제 SQLAlchemy UoW(src/allocation/service_layer/unit_of_work.py)

```python
DEFAULT_SESSION_FACTORY = sessionmaker(bind=create_engine( # ①
    config.get_postgres_uri(),
))

class SqlAlchemyUnitOfWork(AbstractUnitOfWork):

    def __init__(self, session_factory=DEFAULT_SESSION_FACTORY):
        self.session_factory = session_factory # ①

    def __enter__(self):
        self.session = self.session_factory() # type: Session # ②
        self.batches = repository.SqlAlchemyRepository(self.session) # ②
        return super().__enter__()

    def __exit__(self, *args):
        super().__exit__(*args)
        self.session.close() # ③

    def commit(self): # ④
        self.session.commit()

    def rollback(self): # ④
        self.session.rollback()
```

① 이 모듈은 Postgres와 연결하는 디폴트 세션 팩토리를 정의한다. 하지만 이를 통합 테스트에서 오버라이드해서 SQLite를 사용할 수 있게 허용한다.

② __enter__ 메서드는 데이터베이스 세션을 시작하고 이 데이터베이스 세션을 사용할 실제 저장소를 인스턴스화한다.

③ 콘텍스트 관리자에서 나올 때 세션을 닫는다.

④ 마지막으로 데이터베이스 세션에서 사용할 구체적인 commit()과 rollback() 메서드를 제공한다.

6.3.2 테스트를 위한 가짜 작업 단위

다음은 서비스 계층 테스트에서 가짜 UoW를 사용하는 방법을 보여준다.

가짜 UoW(tests/unit/test_services.py)

```python
class FakeUnitOfWork(unit_of_work.AbstractUnitOfWork):
    def __init__(self):
        self.batches = FakeRepository([]) # ①
        self.committed = False # ②

    def commit(self):
        self.committed = True # ②

    def rollback(self):
        pass

def test_add_batch():
    uow = FakeUnitOfWork() # ③
    services.add_batch("b1", "CRUNCHY-ARMCHAIR", 100, None, uow) # ③
    assert uow.batches.get("b1") is not None
    assert uow.committed

def test_allocate_returns_allocation():
    uow = FakeUnitOfWork() # ③
    services.add_batch("batch1", "COMPLICATED-LAMP", 100, None, uow) # ③
    result = services.allocate("o1", "COMPLICATED-LAMP", 10, uow) # ③
    assert result == "batch1"
...
```

① FakeUnitOfWork와 FakeRepository는 실제 UnitofWork와 Repository 클래스가 결합되어 있는 것처럼 밀접하게 결합되어 있다. 이 객체들은 협력자라고 인식하므로 문제가 되지 않는다.

② 가짜 commit() 함수와 FakeSession(이제는 제거 가능)의 유사성을 살펴보자. 이제는 제3자가 만든 코드를 가짜로 구현하지 않고 코드를 가짜로 구현하므로 이런 변화를 큰 개선으로 볼 수 있다. 대부분 사람은 "자신이 만든 것이 아니면 모킹하지 말라"라고 말하기도 한다(https://oreil.ly/0LVj3).

③ 테스트에서는 UoW를 인스턴스화하고, 서비스 계층에 저장소와 세션을 넘기는 대신 인스턴스화한 UoW를 넘길 수 있다. 이런 구조는 (저장소와 세션을 넘기는 것보다) 훨씬 덜 번거롭다.

자신이 만든 것이 아니면 모킹하지 말라

세션보다 UoW를 모킹하는 것이 더 편한 이유는 무엇일까? 여기서 두 가지 가짜(UoW와 세션)는 목적이 같다. 이들은 영속성 계층을 바꿔서 실제 데이터베이스를 사용하지 않고도 메모리상에서 테스트를 진행할 수 있게 해준다. 가짜 객체 두 개를 사용해 얻을 수 있는 최종 설계에 차이가 있다.

실행이 빠른 테스트를 작성하는 데 관심이 있다면 SQLAlchemy 대신 목을 만들고, 이를 코드베이스 전체에 사용해보는 걸 권한다. 문제는 Session이 영속성 관련 기능을 노출하는 복잡한 객체라는 것이다. Session을 사용해 데이터베이스에 대한 질의를 사용자가 원하는 대로 만들기는 쉽지만, 이렇게 구현하면 데이터베이스에 접근하는 코드가 코드베이스 여기저기 흩어진다. 이런 상황을 피하기 위해 영속적 계층에 대한 접근을 제한해 각 컴포넌트가 자신에게 꼭 필요한 것만 갖고 불필요한 나머지는 갖지 않게 해야 한다.

코드를 Session 인터페이스와 결합하면 SQLAlchemy의 모든 복잡성과 결합하기로 결정한 것이다. 대신, 더 간단한 추상화를 선택하고 이를 사용해 책임을 명확히 분리한다. UoW는 세션보다 훨씬 더 간단하고, 서비스 계층이 작업 단위를 시작하거나 중단할 수 있을 때 편안함을 느낀다.

"자신이 만든 것이 아니면 모킹하지 말라"라는 말은 복잡한 하위 시스템 위에 간단한 추상화를 만들도록 해주는 기본 규칙이다. 간단한 추상화를 만드는 것은 SQLAlchemy 세션을 모킹하는 것과 동일한 성능상 이점이 있지만, 자신의 설계에 대해 좀 더 신중하게 생각하도록 해준다.

6.4 UoW를 서비스 계층에 사용하기

다음은 (UoW를 사용하도록) 새로 만든 서비스 계층이다.

UoW를 사용하는 서비스(src/allocation/service_layer/services.py)

```python
def add_batch(
        ref: str, sku: str, qty: int, eta: Optional[date],
        uow: unit_of_work.AbstractUnitOfWork  # ①
):
    with uow:
        uow.batches.add(model.Batch(ref, sku, qty, eta))
        uow.commit()


def allocate(
        orderid: str, sku: str, qty: int,
        uow: unit_of_work.AbstractUnitOfWork  # ①
) -> str:
    line = OrderLine(orderid, sku, qty)
    with uow:
        batches = uow.batches.list()
        if not is_valid_sku(line.sku, batches):
            raise InvalidSku(f'Invalid sku {line.sku}')
        batchref = model.allocate(line, batches)
        uow.commit()
    return batchref
```

① 이제 서비스 계층의 의존성은 UoW 추상화 하나뿐이다.

6.5 커밋/롤백 동작에 대한 명시적인 테스트

커밋/롤백이 제대로 작동하는지 확신하기 위해 테스트 몇 가지를 작성한다.

롤백 동작에 대한 통합 테스트(tests/integration/test_uow.py)

```python
def test_rolls_back_uncommitted_work_by_default(session_factory):
    uow = unit_of_work.SqlAlchemyUnitOfWork(session_factory)
    with uow:
```

```
        insert_batch(uow.session, 'batch1', 'MEDIUM-PLINTH', 100, None)

    new_session = session_factory()
    rows = list(new_session.execute('SELECT * FROM "batches"'))
    assert rows == []

def test_rolls_back_on_error(session_factory):
    class MyException(Exception):
        pass

    uow = unit_of_work.SqlAlchemyUnitOfWork(session_factory)
    with pytest.raises(MyException):
        with uow:
            insert_batch(uow.session, 'batch1', 'LARGE-FORK', 100, None)
            raise MyException()

    new_session = session_factory()
    rows = list(new_session.execute('SELECT * FROM "batches"'))
    assert rows == []
```

> **TIP_** 여기서 설명하지 않았지만 트랜잭션과 같은 더 '불확실한' 데이터베이스 동작을 '실제' 데이터베이스(실
> 제 데이터베이스와 같은 엔진)에 대해 테스트할 가치가 있다. 현재는 Postgres 대신 SQLite를 사용하지만 7
> 장에서는 일부 테스트를 실제 데이터베이스로 바꾼다. 이렇게 변경할 때 UoW 클래스가 있으면 아주 편리
> 하다.

6.6 명시적 커밋과 암시적 커밋

이제 UoW 패턴을 구현하는 여러 가지 방법을 간단하게 살펴볼 것이다.

디폴트로 결과를 커밋하고 예외가 발생한 경우에만 롤백을 하는 약간 다른 UoW 버전을 생각
해볼 수도 있다.

암시적 커밋을 하는 UoW를 ...(src/allocation/unit_of_work.py)

```
class AbstractUnitOfWork(abc.ABC):
```

```python
    def __enter__(self):
        return self

    def __exit__(self, exn_type, exn_value, traceback):
        if exn_type is None:
            self.commit()  # ①
        else:
            self.rollback()  # ②
```

① 정상 경로에서 암시적으로 커밋을 해야 할까?

② 예외가 발생했을 때만 롤백을 해야 할까?

UoW를 사용하면 클라이언트 코드에서 명시적인 커밋을 생략해 코드 한 줄을 줄일 수 있다.

... 쓰면 코드를 한 줄 절약할 수 있다(src/allocation/service_layer/services.py)

```python
def add_batch(ref: str, sku: str, qty: int, eta: Optional[date], uow):
    with uow:
        uow.batches.add(model.Batch(ref, sku, qty, eta))
        # uow.commit()
```

이는 필자들의 생각일 뿐이다. 하지만 언제 상태를 플러시^{flush}해야 할지를 선택해야 한다면 명시적인 커밋을 요구하는 쪽을 더 선호한다.

코드를 몇 줄 더 작성해야 하지만, 명시적 커밋을 요구하면 디폴트 소프트웨어 동작이 안전해진다. 기본 동작은 **아무 것도 바꾸지 않는 것이다**. 그리고 명시적인 커밋을 요구하면 시스템의 상태를 바꾸는 경로가 단 하나(완전히 성공해서 커밋을 명시적으로 하는 경로)만 존재하므로 코드를 추론하는 것이 쉬워진다. 다른 코드 경로나 예외, UoW 영역에서 일찍 반환하는 등의 동작은 모두 프로그램 상태를 안전하게 유지한다.

마찬가지로 롤백하는 것이 더 이해하기 쉬워서 롤백하는 쪽을 선호한다. 이런 롤백은 마지막 커밋 지점으로 상태를 되돌리기 때문에 사용자가 직접 커밋하지 않으면 중간의 변화가 모두 사라진다. 냉정하지만 간단하다.

6.7 예제: UoW를 사용해 여러 연산을 원자적 단위로 묶기

다음은 작업 단위 패턴을 실제 사용하는 방법을 보여주는 몇 가지 예제다. 이 예제를 보면 UoW를 사용하면 코드 블록에서 벌어지는 일에 대한 추론이 얼마나 간단해지는지 볼 수 있다.

6.7.1 예제1: 재할당

재할당 서비스 함수

```python
def reallocate(line: OrderLine, uow: AbstractUnitOfWork) -> str:
    with uow:
        batch = uow.batches.get(sku=line.sku)
        if batch is None:
            raise InvalidSku(f'Invalid sku {line.sku}')
        batch.deallocate(line) # ①
        allocate(line) # ②
        uow.commit()
```

① deallocate()가 실패하면 당연히 allocate()를 호출하는 걸 원치 않는다.

② 실제로 allocate()가 실패한다면 deallocate()한 결과만 커밋하고 싶지는 않을 것이다.

6.7.2 예제2: 배치 수량 변경

운송 중에 컨테이너 문이 열려 있어서 소파의 절반이 인도양에 떨어졌다고 해운사에서 전화가 왔다. 이럴수가!

수량 변경

```python
def change_batch_quantity(batchref: str, new_qty: int, uow: AbstractUnitOfWork):
    with uow:
        batch = uow.batches.get(reference=batchref)
        batch.change_purchased_quantity(new_qty)
        while batch.available_quantity < 0:
            line = batch.deallocate_one() # ①
        uow.commit()
```

① 여기서는 원하는 만큼의 라인을 할당 해제할 수 있다. 진행 과정에서 실패하면 변경된 사항 중 어느 것도 커밋하고 싶지 않을 것이다.

6.8 통합 테스트 깔끔하게 정리하기

test_orm.py, test_repository.py, test_uow.py 세 가지 테스트 집합이 있다. 세 가지 모두 근본적으로 데이터베이스를 의미한다. 이 중에서 꼭 없애야 하는 게 있을까?

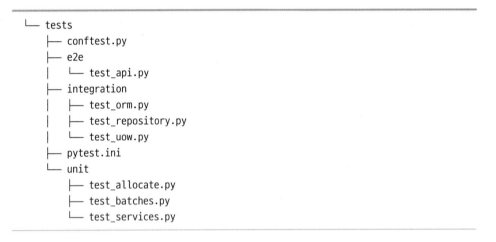

```
└── tests
    ├── conftest.py
    ├── e2e
    │   └── test_api.py
    ├── integration
    │   ├── test_orm.py
    │   ├── test_repository.py
    │   └── test_uow.py
    ├── pytest.ini
    └── unit
        ├── test_allocate.py
        ├── test_batches.py
        └── test_services.py
```

어떤 테스트가 장기적으로 가치를 제공하지 못하리라 생각된다면 마음대로 해당 테스트를 제거해도 된다. test_orm.py는 주로 SQLAlchemy를 배우기 위한 도구다. 특히 이 테스트 중 주요 부분은 test_repository.py에 의해 테스트가 되므로 장기적으로는 필요 없다. test_uow.py는 그대로 유지해도 좋지만, 아마 (단위 테스트에서 했듯이) 가능한 한 가장 높은 수준의 추상화로 모든 것을 유지하라는 지적을 받을 수 있다.

연습 문제

6장에서는 밑바닥부터 UoW를 구현해 보는 것이 가장 중요하다. 코드는 깃허브(*https:// github.com/cosmicpython/code/tree/chapter_06_uow_exercise*)에 있다. 본문에서 설명했듯이, 비슷하게 모델을 따라해보거나, 모든 것을 초기화하고 빠져 나갈 때 커밋이나 롤백하

는 것을 책임지는 콘텍스트 관리자로부터 UoW(commit()과 rollback() 메서드, .batches 저장소 제공을 책임)를 분리해볼 수도 있다. 클래스를 사용하는 대신 모든 것을 함수형으로 해보고 싶다면 @contextmanager from contextlib를 사용할 수도 있다.

실제 UoW와 가짜 UoW 내부에서 공통 부분을 빼서 추상 UoW를 만들었다. 사람들에게 자랑할 만한 무언가를 만들었다면 여러분의 깃허브 저장소 링크를 필자에게 보내주기 바란다.

> **TIP_** 위에서 살펴본 연습 문제는 5장에서 배운 교훈의 다른 예다. 즉, 추상화를 더 잘 할수록 모든 테스트를 그 추상화 기반으로 작성할 수 있다. 그로 인해 세부 사항을 마음대로 변경할 수 있게 된다.

6.9 마치며

작업 단위 패턴의 유용성과 콘텍스트 관리자가 원자적으로 발생하기 원하는 코드를 블록으로 묶는 데 적합한 아주 멋진 파이썬다운 방식임을 여러분이 이해했길 바란다.

실제로 이 패턴은 너무 유용해서 SQLAlchemy가 이미 UoW 패턴을 Session 객체 형태로 사용한다. SQLAlchemy의 Session 객체는 애플리케이션이 데이터베이스로부터 데이터를 읽을 때 쓰는 방법이다.

데이터베이스에서 새로운 엔티티를 읽을 때마다 세션은 엔티티의 변화를 **추적**[track]한다. 세션이 **플러시**[flush]되면 변경한 모든 내용이 한번에 영속화된다. 이미 원하는 패턴으로 SQLAlchemy 세션이 구현되어 있는 데 굳이 SQLAlchemy 세션을 추상화해서 없애 버릴 이유가 있을까?

[표 6-1]은 몇 가지 트레이드오프를 보여준다.

표 6-1 작업 단위 패턴: 트레이드오프

장점	단점
• 원자적 연산을 표현하는 좋은 추상화가 생겼고, 콘텍스트 관리자를 사용하면 원자적으로 한 그룹으로 묶여야 하는 코드 블록을 시각적으로 쉽게 알아볼 수 있다. • 트랜색션 시작과 끝을 명시적으로 제어할 수 있고, 애플리케이션이 실패하면 기본적으로 안전한 방식으로 트랜색션이 처리된다. 따라서 연산이 부분적으로 커밋될지 걱정할 필요가 없다. • 다음 장에서 살펴보겠지만 원자성이 트랜색션에서만 중요한 것이 아니다. 이벤트나 메시지 버스를 사용할 때도 원자성이 있으면 도움이 된다.	• 사용 중인 ORM은 이미 원자성을 중심으로 완벽히 좋은 추상화를 제공할 수도 있다. SQLAlchemy는 심지어 콘텍스트 관리자도 제공한다. 세션을 주고받는 것만으로도 꽤 많은 기능을 (거저) 달성할 수 있다. • 여기서는 간단히 설명했지만 롤백, 다중스레딩, 내포된 트랜색션 등을 처리하는 코드를 만들 때는 매우 신중하게 생각해야 한다. 장고나 플라스크-SQLAlchemy가 제공하는 기능만 사용한다면 좀 더 편하게 살 수 있을지도 모른다.

한 가지 더 말하자면 세션 API는 풍부한 기능과 도메인에서 불필요한 연산을 제공한다. UoW는 세션을 단순화해 핵심 부분만 사용하게 해준다. UoW를 시작하고, 커밋하거나 작업 결과를 없었던 일로 할 수도 있다.

다른 이유로 UoW를 사용해 **Repository** 객체에 접근한다. 이런 기능(저장소 접근)은 단순한 SQLAlchemy **Session** 객체만 사용한 경우에는 할 수 없고 개발자에게 더 유용한 기능이다.

작업 단위 패턴 정리

- 작업 단위 패턴은 데이터 무결성 중심 추상화다.

  작업 단위 패턴을 사용하면 연산의 끝에 플러시 연산을 한 번만 수행해 도메인 모델의 일관성을 강화하고 성능을 향상시킬 때 도움이 된다.

- 작업 단위 패턴은 저장소와 서비스 계층 패턴과 밀접하게 연관되어 작동한다.

  작업 단위 패턴은 원자적 업데이트를 표현해 데이터 접근에 대한 추상화를 완성시켜준다. 서비스 계층의 유스 케이스들은 각각 블록단위로 성공하거나 실패하는 별도의 작업 단위로 실행된다.

- 콘텍스트 관리자를 사용하는 멋진 유스 케이스다.

  콘텍스트 관리자는 파이썬에서 영역^{scope}을 정의하는 전형적인 방법이다. 콘텍스트 관리자를 사용해 요청 처리가 커밋을 호출하지 않고 끝나면 자동으로 작업을 롤백할 수 있다. 이런 식으로 구현하면 시스템은 기본적으로 항상 안전한 상태가 된다.

- SQLAlchemy는 이미 작업 단위 패턴을 제공한다.

  SQLAlchemy Session 객체를 더 간단하게 추상화해서 ORM과 코드 사이의 인터페이스를 더 좁힌다. 이렇게 하면 코드의 각 부분의 결합을 느슨하게 유지할 수 있다.

마지막으로, 여기(작업 단위 패턴)에서도 의존성 역전 원칙을 활용한다. 서비스 계층은 얇은 추상화에 의존하며, 구체적인 구현은 시스템의 바깥면에 덧붙인다. 이런 구현은 다음과 같이 SQLAlchemy가 권하는 내용과도 잘 맞아 떨어진다(`https://oreil.ly/tS0E0`).

> 세션(그리고 트랜잭션)의 생명주기를 별도로 유지하고 외부에 유지하라. 대부분의 중요한 애플리케이션에 대해 권할 수 있는 가장 포괄적인 접근 방법은 작업을 수행하는 프로그램의 세부 사항으로부터 가능한 한 멀리 세션, 트랜잭션, 예외 관리의 세부 사항을 유지하도록 노력하라는 것이다.
>
> – SQLAlchemy「Session Basics」

## CHAPTER 7

애그리게이트와 일관성 경계

이번 장에서는 도메인 모델을 다시 살펴보면서 불변조건과 제약에 대해 살펴보고, 도메인 모델 객체가 개념적으로나 영속적 저장소 안에서나 내부적인 일관성을 유지하는 방법을 살펴본다. 그리고 **일관성 경계**^{consistency boundary}를 설명하고, 일관성 경계가 어떻게 유지보수 편의를 해치지 않으면서 고성능 소프트웨어를 만들 수 있게 도와주는지 살펴본다.

[그림 7-1]은 7장의 진행 방향을 미리 보여준다. Product라는 새 모델 객체를 도입해 여러 배치를 감싸고, 예전 allocate() 도메인 서비스를 Product의 메서드로 제공할 수 있게 변경한다.

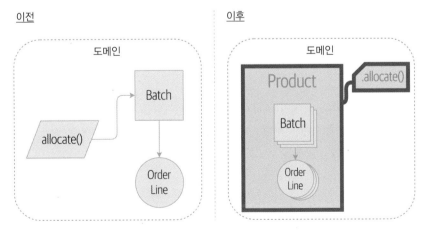

그림 7-1 Product 애그리게이트 추가

왜 이렇게 해야 할까? 그 이유를 살펴보자.

TIP_ 이번 장의 코드는 깃허브의 `appendix_csvs` 브랜치에 있다(*ttps://oreil.ly/vlnGg*).

```
git clone https://github.com/cosmicpython/code.git
cd code
git checkout appendix_csvs
# 또는 7장을 따라 하고 싶다면 6장을 확인하길 바란다.
git checkout chapter_06_uow
```

7.1 모든 것을 스프레드시트에서 처리하지 않는 이유

도메인 모델의 요점은 무엇일까? 도메인 모델로 해결하려는 근본적인 문제는 무엇일까?

그냥 스프레드시트로 모든 것을 처리하면 안 될까? 스프레드시트를 쓰자고 하면 아마 많은 사용자가 기뻐할 것이다. 비즈니스 사용자들은 간단하고 익숙하면서도 엄청나게 강력한 스프레드시트를 **좋아한다.**

실제로 엄청난 수의 비즈니스 프로세스가 단지 이메일로 스프레드시트를 주고받는 식으로 이루어진다. 이런 'SMTP상 CSV' 아키텍처는 초기 복잡성이 낮지만 로직을 적용하기 힘들고 일관성을 유지하기 어려워서 규모를 확장하기 어렵다.

특정 필드를 볼 수 있도록 허용된 사람은 누구인가? 누가 그런 필드를 변경할 수 있는가? 의자를 −350개 주문하거나 식탁을 10,000,000개 주문하면 어떻게 될까? 직원의 월급이 음수가 될 수 있을까?

이런 질문은 시스템의 제약이다. 도메인 로직의 일부는 이런 제약을 강제로 지키게 해서 시스템이 만족하는 불변조건을 유지하려는 목적으로 작성된다. 불변조건은 어떤 연산을 끝낼 때마다 항상 참이어야 하는 요소를 의미한다.

7.2 불변조건, 제약, 일관성

제약과 불변조건이라는 두 단어는 약간 서로 대치가 가능해 보인다. **제약**[constraint]은 모델이 취할 수 있는 상태의 수를 제한하지만, **불변조건**[invariant]은 항상 참이어야 하는 조건이라고 정의할 수 있다.

호텔 예약 시스템을 작성한다면 중복 예약을 허용하지 않는 제약이 있을 수 있다. 이 제약은 한 객실에 예약 한 개만 있을 수 있다는 불변조건을 지원한다.

물론 경우에 따라 규칙을 일시적으로 **완화**[bend]해야 할 수도 있다. VIP가 예약하면 VIP의 숙박 기간과 위치에 맞춰 주변의 방 예약을 섞어야 할 수도 있다. 메모리상에서 예약을 섞는 동안 한 곳에 예약이 2개 이상 발생할 수도 있지만, 작업이 끝나면 도메인 모델은 모든 불변조건을 만족하는 일관성있는 최종 상태로 끝난다는 사실을 보장해야 한다. 모든 고객이 만족하는 방법을 찾지 못한 채 연산이 완료되면 안 되고 오류가 발생해야 한다.

비즈니스 요구 사항에서 구체적인 예제 몇 가지를 살펴보자. 다음 요구 사항부터 시작한다.

> 주문 라인은 한번에 한 배치에만 할당될 수 있다.
>
> – 비즈니스

이 규칙은 불변조건을 만드는 비즈니스 규칙이다. 불변조건은 주문 라인이 0 또는 1개의 배치에만 할당될 수 있고, 2개 이상의 배치에 할당될 수는 없다는 것이다. 코드가 실수로 같은 라인에 대해 `Batch.allocate()`를 두 가지 다른 배치에 호출하는 일이 없도록 해야 한다. 하지만 현재는 이런 호출을 막는 명시적인 코드는 없다.

7.2.1 불변조건, 동시성, 락

비즈니스 로직의 다른 요구 사항을 살펴보자.

> 주문 라인 수량보다 더 작은 배치에 라인을 할당할 수는 없다.
>
> – 비즈니스

여기서 제약조건은 배치에 있는 재고보다 많은 재고를 주문 라인에 할당할 수 없다는 것이다.

이로 인해 두 고객에게 같은 물리적인 쿠션을 할당하는 등의 이유로 제품을 재고보다 더 많이 파는 일은 발생할 수 없다. 이 제약조건을 불변조건으로 바꾸면 가용 재고 수량이 0 이상이어야 한다는 조건이 된다.[1] 시스템 상태를 업데이트할 때마다 코드는 이런 불변조건을 어기지 않는지 확인해야 한다.

동시성concurrency이라는 아이디어를 도입하면 상황이 더 복잡해진다. 갑자기 재고를 여러 주문 라인에 동시에 할당할 수 있게 된다. 심지어 배치를 변경하는 동시에 주문 라인을 할당할 수도 있다.

보통 데이터베이스 테이블에 **락**lock을 적용해서 이런 문제를 해결한다. 락을 사용하면 같은 테이블이나 같은 행에 대해 두 연산이 동시에 일어나는 경우를 방지할 수 있다.

앱의 규모 확장을 생각하면 모든 배치에 라인을 할당하는 모델은 규모를 키우기 어렵다는 사실을 깨닫는다. 시간당 수만 건의 주문과 수십만 건의 주문 라인을 처리하려면 전체 **batches** 테이블의 각 행에 락을 추가할 수는 없다. 이렇게 락을 추가하면 교착상태deadlock가 되거나 성능에 문제가 발생할 수 있다.

7.3 애그리게이트란?

주문 라인을 할당하고 싶을 때마다 데이터베이스에 락을 걸 수 없다면 어떻게 해야 할까? 시스템의 불변조건을 보호하고 싶지만 동시성을 최대한 살리고 싶다. 불변조건을 유지하려면 불가피하게 동시 쓰기를 막아야 한다. 여러 사용자가 DEADLY-SPOON을 동시에 할당할 수 있다면 과할당이 이루어질 위험이 생긴다.

반면 DEADLY-SPOON과 FLIMSY-DESK를 동시에 할당할 수 없는 이유는 없다. 두 제품에 동시에 적용되는 불변조건이 없어서 두 제품을 동시에 할당해도 안전하다. 따라서 서로 다른 두 제품에 대한 할당 사이에 일관성이 있을 필요는 없다.

애그리게이트aggregate 패턴은 이런 긴장을 해소하기 위해 DDD 커뮤니티에서 공유하는 설계 패턴이다. 애그리게이트는 다른 도메인 객체들을 포함하며 이 객체 컬렉션 전체를 한꺼번에 다룰

---

1 옮긴이_할당 후 배치의 가용 재고 수량이 라인의 상품 수량만큼 감소하므로 비즈니스 제약 사항을 만족한다면 항상 가용 재고 수량은 0 보다 크거나 같다.

수 있게 해주는 도메인 객체다.

애그리게이트에 있는 객체를 변경하는 유일한 방법은 애그리게이트와 그 안의 객체 전체를 불러와서 애그리게이트 자체에 대해 메서드를 호출하는 것이다.

모델이 더 복잡해지고 엔티티와 값 객체가 늘어나면서 각각에 대한 참조가 서로 얽히고설킨 그래프가 된다. 따라서 누가 어떤 객체를 변경할 수 있는지 추적하기가 어려워진다. 특히 우리가 만든 코드처럼(이 모델의 경우 배치가 컬렉션이다) 모델 안에 **컬렉션**이 있으면 어떤 엔티티를 선정해서 그 엔티티와 관련된 모든 객체를 변경할 수 있는 단일 진입점으로 삼으면 좋다. 이렇게 하면 시스템이 개념적으로 더 간단해지고 어떤 객체가 다른 객체의 일관성을 책임지게 하면 시스템에 대해 추론하기가 쉬워진다.

쇼핑몰을 만든다고 가정하면 장바구니^{cart}가 좋은 애그리게이트가 된다. 장바구니는 한 단위로 다뤄야 하는 상품들로 이루어진 컬렉션이다. 중요한 점은 데이터 스토어에서 전체 장바구니를 단일 블롭^{blob}으로 읽어오고 싶다는 점이다. 동시에 장바구니를 변경하기 위해 요청을 두 번 보내고 싶지 않고, 이상한 동시성 오류가 발생하는 것도 원치 않는다. 대신 장바구니에 대한 모든 변경을 단일 데이터베이스 트랜잭션으로 실행하고 싶다.

하지만 여러 고객의 장바구니를 동시에 바꾸는 유스 케이스가 없어서 여러 장바구니를 한 트랜잭션 안에서 바꾸고 싶지는 않다. 따라서 각 장바구니는 자신만의 불변조건을 유지할 책임을 담당하는 한 **동시성 경계**다.

> 애그리게이트는 데이터 변경이라는 목적을 위해 한 단위로 취급할 수 있는 연관된 객체의 묶음이다.
>
> – 에릭 에번스, 『도메인 주도 설계』(위키북스, 2011)

에번스에 따르면, 애그리게이트에는 원소에 대한 접근을 캡슐화한 루트 엔티티(장바구니)가 있다. 원소마다 고유한 정체성이 있지만, 시스템의 나머지 부분은 장바구니를 나눌 수 없는 단일 객체처럼 참조해야 한다.

> **TIP_** 이 책에서 **_언더바로 시작하는_이름**을 사용하면 메서드나 함수가 비공개^{private}라는 뜻이다. 애그리게이트를 모델에서 '공개^{public}' 클래스라고 생각하고, 나머지 엔티티나 값 객체를 '비공개'로 생각할 수 있다.

7.4 애그리게이트 선택

시스템에 어떤 애그리게이트를 사용해야 할까? 선택이 약간 임의적이지만 아주 중요하다. 애그리게이트는 모든 연산이 일관성 있는 상태에서 끝난다는 점을 보장하는 경계가 된다. 이 사실은 소프트웨어에 대해 추론하고 이상한 경합race을 방지할 수 있게 도와준다. 서로 일관성이 있어야 하는 소수의 객체 주변에 경계를 설정하고자 한다. 성능을 위해서는 경계가 더 작을 수록 좋다. 이런 경계에 좋은 이름을 부여할 필요가 있다.

애그리게이트 내부에서 다뤄야 하는 객체는 Batch다. 배치의 컬렉션을 무엇이라고 불러야 할까? 어떻게 시스템의 모든 배치를 내부에서 일관성이 보장되는 서로 다른 섬들로 나눌 수 있을까?

Shipment를 경계로 **사용할 수도 있다**. 각 선적에는 여러 배치가 들어갈 수 있고, 모든 배치는 동시에 창고로 전달된다. 또는 Warehouse를 경계로 사용할 수도 있다. 각 창고에는 여러 배치가 들어있고, 모든 재고 수량을 동시에 파악하는 게 좋다.

하지만 이 두 개념 모두 우리를 만족시키지 못한다. DEADLY-SPOON과 FLIMSY_DESK를 동시에 할당할 수 있어야 한다. 이 두 상품이 같은 창고에 있거나 같은 선적에 포함되어 있어도 동시 할당이 가능하다. 따라서 선적이나 창고는 잘못된 경계라고 할 수 있다.

주문 라인을 할당할 때는 주문 라인으로 같은 SKU에 속하는 배치에만 관심이 있다. GlobalSkuStock 같은 개념이 도움이 된다. 이 개념은 주어진 SKU에 속한 모든 배치의 컬렉션이다.

하지만 GlobalSkuStock이라는 이름은 좋아 보이지 않는다. 그래서 SkuStock, Stock, ProductStock 등의 이름을 검토한 후 이런 애그리게이트를 Product라고 부르기로 결정했다. 이 용어는 1장에서 도메인 언어를 살펴볼 때 처음 만났던 개념이다.

계획은 다음과 같다. 주문 라인을 할당하고 싶으면 [그림 7-2] 대신 세계에 있는 모든 Batch 객체를 살펴보고 이들을 allocate() 도메인 서비스에 전달한다.

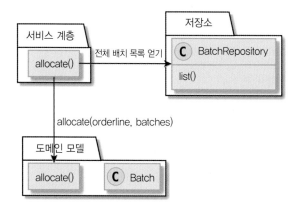

그림 7-2 이전: 도메인 서비스를 사용해 모든 배치를 할당

우리는 [그림 7-3]의 세계로 갈 것이다. 여기에는 새 Product 객체가 있어서 주문 라인에서 특정 SKU를 표현한다. Product 객체는 **자신이 담당하는 SKU**에 대한 모든 배치를 담당한다. 그리고 .allocate() 메서드를 Product에 대해 호출할 수 있다.

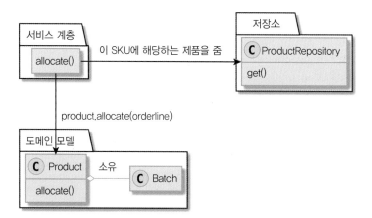

그림 7-3 이후: Product를 추가하고 이 객체가 관리하는 배치를 할당해달라고 요청

이제 이런 설계가 코드로는 어떤 형태일지 살펴보자.

```
class Product:

    def __init__(self, sku: str, batches: List[Batch]):
        self.sku = sku  # ①
```

```
            self.batches = batches  # ②

    def allocate(self, line: OrderLine) -> str:  # ③
        try:
            batch = next(
                b for b in sorted(self.batches) if b.can_allocate(line)
            )
            batch.allocate(line)
            return batch.reference
        except StopIteration:
            raise OutOfStock(f'Out of stock for sku {line.sku}')
```

① Product의 주 식별자는 sku다.

② Product 클래스는 이 SKU에 해당하는 batches 컬렉션 참조를 유지한다.

③ 마지막으로 allocate() 도메인 서비스를 Product 애그리게이트에 있는 메서드가 되게 한다.

> NOTE_ Product는 여러분이 생각하는 Product 모델과 달라 보일 것이다. 가격, 설명, 크기 등의 정보가 없다. 할당 서비스는 이런 요소를 전혀 신경 쓰지 않는다. 이 점이 제한된 콘텍스트의 강점이다. 제한된 콘텍스트상에서는 한 앱의 제품(즉, product) 개념이 다른 앱의 제품과 아주 다를 수 있다. 다음 페이지의 노트에서 더 자세한 설명을 볼 수 있다.

애그리게이트, 제한된 콘텍스트, 마이크로서비스

에번스와 DDD 커뮤니티의 가장 중요한 기여는 제한된 콘텍스트[bounded context]라는 개념이다 (https://martinfowler.com/bliki/BoundedContext.html).

이 개념은 근본적으로 전체 비즈니스를 한 모델에 넣으려는 시도에 대한 반응이었다. 고객[customer]이라는 단어는 판매, 고객 서비스, 배송, 지원 등의 분야에 있는 사람들에게 다른 사람을 의미한다. 한 콘텍스트에서는 필수적인 속성이 다른 콘텍스트에서는 불필요하다. 더 치명적인 점은 콘텍스트가 달라지면 어떤 개념은 이름이 같아도 전혀 다른 의미가 될 수도 있다는 사실이다. 이런 모든 유스 케이스를 잡아내는 단일 모델(또는 클래스, 데이터베이스)을 만드는 대신, 여러 모델을 만들고 각 콘텍스트 간의 경계를 설정하고, 여러 다른 콘텍스트를 왔다갔다할 때는 명시적으로 변환을 처리하는 편이 더 낫다.

이런 개념은 마이크로서비스의 세계로 아주 잘 변환될 수 있다. 마이크로서비스에서는 각 마이크로서비스가 각자 자유롭게 '고객' 개념을 가질 수 있고, 이 개념을 자신이 통합해야 하는 다른 마이크로서비스의 개념으로 변환해 가져오거나 보낼 수 있다.

예제에서 할당 서비스에는 Product(sku, batches)가 있지만, 어떤 전자상거래에는 Product(sku, description, price, image_url, dimensions, etc...)가 있다. 대략적인 규칙으로, 여러분의 도메인 모델은 오직 여러분이 계산을 수행하기 위해 필요한 데이터만 포함해야 한다.

여러분이 마이크로서비스 아키텍처를 사용하든 사용하지 않든, 애그리게이트를 선택할 때는 어떤 제한된 콘텍스트 안에서 애그리게이트를 실행할지 선택하는 것이 중요하다. 콘텍스트를 제약하면 애그리게이트의 숫자를 낮게 유지하고 그 크기를 관리하기 좋은 크기로 유지할 수 있다.

다시 한번, 여기서 이 주제를 충분히 다룰 수 없다는 사실을 고백하지 않을 수 없다. 다만, 이 주제에 대해 다른 자료를 더 많이 읽어보길 권한다. 앞에서 설명한 마틴 파울러의 글이 좋은 출발점이 될 수 있다. 그리고 두 권의 DDD 책(파란책과 빨간책)에도 (실제로는 아무 DDD 책이나) 제한된 콘텍스트에 대해 설명하는 장이 하나 이상 있다.

7.5 한 애그리게이트 = 한 저장소

애그리게이트가 될 엔티티를 정의하고 나면 외부 세계에서 접근할 수 있는 유일한 엔티티가 되어야 한다는 규칙을 적용해야 한다. 즉, 허용되는 모든 저장소는 애그리게이트만 반환해야 한다.

NOTE_ 저장소가 애그리게이트만 반환해야 한다는 규칙은 애그리게이트가 도메인 모델에 접근할 수 있는 유일한 통로여야 한다는 관례를 강제로 지키게 하는 핵심 규칙이다. 이 규칙을 어기지 않도록 조심해야 한다.

여기서는 BatchRepository에서 ProductRepository로 저장소를 바꾼다.

새 UoW와 저장소(unit_of_work.py와 repository.py)

```
class AbstractUnitOfWork(abc.ABC):
    products: repository.AbstractProductRepository

...

class AbstractProductRepository(abc.ABC):

    @abc.abstractmethod
    def add(self, product):
        ...

    @abc.abstractmethod
    def get(self, sku) -> model.Product:
        ...
```

ORM 계층을 약간 비틀어서 올바른 배치를 가져와서 Product 객체와 연관시켜야 한다. Repository 패턴을 사용하면 어떻게 이를 연관시킬지에 대해 아직 신경 쓸 필요가 없다. 단지 FakeRepository를 사용하고 새 모델을 서비스 계층으로 전달해서 Product가 주 진입점인 경우 서비스 계층이 어떤 모습일지 살펴볼 수 있다.

서비스 계층(src/allocation/service_layer/services.py)

```
def add_batch(
        ref: str, sku: str, qty: int, eta: Optional[date],
        uow: unit_of_work.AbstractUnitOfWork
):
    with uow:
        product = uow.products.get(sku=sku)
        if product is None:
            product = model.Product(sku, batches=[])
            uow.products.add(product)
        product.batches.append(model.Batch(ref, sku, qty, eta))
        uow.commit()

def allocate(
        orderid: str, sku: str, qty: int,
        uow: unit_of_work.AbstractUnitOfWork
) -> str:
    line = OrderLine(orderid, sku, qty)
```

```
with uow:
    product = uow.products.get(sku=line.sku)
    if product is None:
        raise InvalidSku(f'Invalid sku {line.sku}')
    batchref = product.allocate(line)
    uow.commit()
return batchref
```

7.6 성능은 어떨까?

성능이 좋은 소프트웨어를 원하기 때문에 애그리게이트로 모델링한다고 여러 번 언급했다. 하지만 여기서는 배치를 하나만 요청해도 **모든** 배치를 읽어온다. 여러분은 이런 방식이 비효율적이라고 생각할 것이다. 하지만 이런 방식을 써도 마음이 편한 이유가 있다.

첫째, 우리는 의도적으로 데이터베이스에서 읽기 질의를 한 번만 하고, 변경된 부분을 한 번만 영속화하여 데이터를 모델링하는 중이다. 이런식으로 처리하는 시스템은 여러 번 다양한 질의를 던지는 시스템보다 훨씬 더 성능이 좋은 경향이 있다. 이런 방식을 택하지 않는 시스템에서는 소프트웨어가 진화함에 따라 트랜잭션이 점차 느려지고 더 복잡해지는 경우가 종종 있다.

둘째, 데이터 구조를 최소한으로 사용하며 한 행당 소수의 문자열과 정수만 만든다. 이렇게 하면 몇 밀리초 만에 몇십 개에서 심지어는 백여 개의 배치를 메모리로 읽어올 수 있다.

셋째, 어느 시점에서는 상품마다 20개 정도의 배치만 있으리라 예상한다. 배치를 모두 다 사용하고 나면 이 배치를 계산에서 배제할 수 있다. 즉, 시간이 지나도 가져오는 데이터의 양은 제어를 벗어나지 않는다는 뜻이다.

상품당 몇천 개의 배치가 있으리라 예상한다면, 몇 가지 다른 방식을 사용할 수 있다. 한 가지 방법은 상품의 배치를 지연 읽기lazy-loading하는 것이다. 코드 관점에서 보면 바뀌는 부분이 없다. 하지만 보이지 않는 곳에서 SQLAlchemy가 사용자 대신 데이터를 페이지 단위로 읽어온다. 이렇게 하면 적은 수의 행을 가져오는 데이터베이스 요청이 더 많아진다. 하지만 주문을 처리하기 적합한 배치를 단 하나만 찾으면 되므로 이렇게 점진적으로 행을 가져오는 방식도 상당히 잘 작동한다.

다른 모든 방법이 실패하면 다른 애그리게이트를 살펴본다. 어쩌면 배치를 지역이나 창고별로 나눠야 할 수도 있다. 어쩌면 선적이라는 개념을 중심으로 데이터 접근 전략을 재설계해야 할 수도 있다. 애그리게이트 패턴은 일관성과 성능을 중심으로 여러 기술적인 제약 사항을 관리하는 데 도움이 되도록 설계된 패턴이다. 올바른 애그리게이트가 **하나**만 있는 것은 아니다. 따라서 설정한 경계가 성능을 저하시킨다는 사실을 발견하면 마음을 바꿔서 설계를 다시 해도 편안하게 느껴야 한다.

7.7 버전 번호와 낙관적 동시성

새로운 애그리게이트를 통해 일관성 경계를 담당하는 객체를 하나 선택해야 한다는 개념적인 문제를 해결했다. 이제는 데이터베이스 수준에서 데이터 일관성을 강제할 수 있는 방법에 대해 조금 더 살펴보자.

전체 batches 테이블에 대해 락을 걸고 싶지 않다. 어떻게 특정 SKU에 해당하는 행들에만 락을 걸 수 있을까?

한 가지 답은 Product 모델의 속성 하나를 사용해 전체 상태 변경이 완료됐는지를 표시하고, 여러 동시성 작업자들이 이 속성을 획득하기 위해 경쟁하는 자원으로 활용하는 방법이다. 두 트랜잭션이 batches에 대한 세계 상태를 동시에 읽고 둘 다 allocation 테이블을 업데이트하려고 한다면, 각 트랜잭션이 product_table에 있는 version_number를 업데이트하도록 강제할 수 있다. 이렇게 하면 경쟁하는 트랜잭션 중 하나만 승리하고, 세계가 일관성 있게 남게 된다.

[그림 7-4]는 두 동시성 트랜잭션이 동시에 읽기 연산을 수행해서 둘 다 Product의 version을 3으로 인식하는 상황이 발생한다. 두 트랜잭션 모두 상태를 변경하기 위해 Product.allocate()를 호출한다. 하지만 우리가 정한 데이터베이스 무결성 규칙은 두 트랜잭션 중 어느 한쪽만 버전이 4인 새 Product를 commit하게 허용하고 다른 트랜잭션은 거부한다.

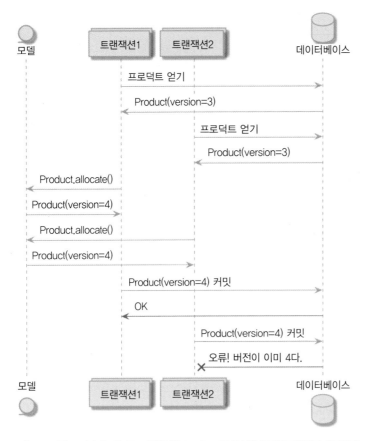

그림 7-4 시퀀스 다이어그램: 두 트랜잭션이 Product를 동시에 업데이트하려고 시도한다

낙관적 동시성 제어와 재시도

여기서 구현한 것은 두 사용자가 데이터베이스를 변경하고 싶을 때 기본으로 모든 일이 잘 돌아가리라고 가정하기 때문에 **낙관적**[optimistic] 동시성 제어다. 두 사용자의 데이터베이스 변경이 서로 충돌하는 경우가 드물다고 생각하기 때문에 일단 업데이트를 진용하고 문제가 있을 때 통지를 받을 수 있는 방법이 있는지만 확실히 한다.

비관적[pessimistic] 동시성 제어는 두 사용자의 데이터베이스 변경이 충돌을 일으키기 쉽다고 가정한다. 따라서 모든 경우 충돌을 피하려고 노력하고, 안전성을 위해 모든 대상을 락을 사용해 잠근다. 예제에서 이 말은 batches 테이블 전체를 잠그거나 SELECT FOR UPDATE를 사용한다는 뜻이다. 성능을 고려해 비관적 동시성 제어를 제외하는 척하지만 실전에서는 스스로 성능과 충돌 가능성을 평가하고 측정해야 한다.

비관적 잠금을 사용하면 데이터베이스가 충돌을 막아주기 때문에 실패를 어떻게 처리할지 고민할 필요가 없다(다만 교착상태에 빠지지 않는지 생각할 필요는 있다). 낙관적 잠금을 사용할 때는 (잘 일어나지 않기 바라지만) 충돌이 발생해 실패할 경우 어떻게 처리할지에 대해 명시해야 한다.

실패를 처리하는 일반적인 방법은 실패한 연산을 처음부터 재시도하는 것이다. 철수와 영희라는 두 고객이 SHINY-TABLE에 대한 주문을 각각 제출했다고 가정해보자. 두 스레드는 모두 버전 1인 상품을 읽고 재고를 할당한다. 데이터베이스는 동시 변경을 막고 철수의 주문은 오류가 발생하여 실패한다. 이제 철수의 연산을 재시도하면, 밥의 주문은 버전이 2인 상품을 읽고 재고를 할당하려고 시도한다. 재고가 충분하면 아무 문제가 없다. 재고가 없다면 철수는 OutOfStock 오류를 받는다. 동시성 문제가 있는 경우 대부분 연산은 이런 방식으로 재시도를 한다.

재시도에 대한 상세한 내용은 10.4절과 14.8절을 참고하길 바란다.

7.7.1 버전 번호를 구현하는 다양한 방법

버전 번호를 구현하는 기본적인 방법은 세 가지가 있다.

1. 도메인에 있는 version_number를 사용하는 방법: 이를 Product 생성자에 추가하고 Product.allocate()가 버전 번호를 증가시킨다.

2. 서비스 계층이 할 수도 있다! 엄격히 말해, 버전 번호는 도메인의 관심사가 아니다. 따라서 서비스 계층에서 Product에 저장소를 통해 현재 버전 번호를 덧붙이고, 서비스 계층이 commit() 직전에 버전 번호를 증가시킨다고 가정할 수 있다.

3. 논란의 여지는 있지만 버전 번호는 인프라와 관련된 문제이므로 UoW와 저장소가 마법처럼 버전 번호를 처리해줄 수도 있다. 저장소는 자신이 읽어 온 상품의 모든 버전 번호에 접근할 수 있고, UoW는 상품이 변경됐다는 가정하에 커밋 시 자신이 아는 상품의 버전 번호를 증가할 수 있다.

3번 방법은 **모든** 제품이 변경됐다고 가정하지 않고서는 실제로 구현할 방법이 없어서 불필요한 경우에도 버전 번호를 증가하므로 이상적이지는 않다.[2]

2번 방법도 상태를 변경할 책임을 서비스 계층과 도메인 계층 사이에 나누므로 약간 지저분하다.

따라서 결국 여러분은 비록 버전 번호가 도메인의 관심사와 무관하더라도 장단점을 고려했을 때 가장 깔끔한 방법은 결국 도메인에 버전 번호를 추가하는 것이라고 결정할 수밖에 없다.

우리가 선택한 애그리게이트인 Product(src/allocation/domain/model.py)

```python
class Product:

    def __init__(self, sku: str, batches: List[Batch], version_number: int = 0):  # ①
        self.sku = sku
        self.batches = batches
        self.version_number = version_number  # ①

    def allocate(self, line: OrderLine) -> str:
        try:
            batch = next(
                b for b in sorted(self.batches) if b.can_allocate(line)
            )
            batch.allocate(line)
            self.version_number += 1  # ①
            return batch.reference
        except StopIteration:
            raise OutOfStock(f'Out of stock for sku {line.sku}')
```

① 여기서 처리한다!

> **TIP_** 혹시 버전 번호에 대해 고심하고 있다면 번호^{number}라는 단어가 중요하지 않다는 사실이 어쩌면 도움이 될지도 모른다. 중요한 점은 **Product** 애그리게이트를 변경하면 **Product** 데이터베이스 행이 변경된다는 사실이다. 버전 번호는 쓸 때마다 변할 수 있는 어떤 존재를 모델링하는 사람이 이해하기 쉽고 간단한 방법에 지나지 않는다. 따라서 매번 임의로 UUID를 생성하는 방식도 똑같은 역할을 할 수 있다.

---

2 아마도 ORM/SQLAlchemy에서 어떤 객체가 변경됐는지(dirty) 알려주는 마법을 통해 이를 알아낼 수도 있다. 하지만 CsvRepository 같은 경우라면 어떻게 이런 일이 가능할까?

7.8 데이터 무결성 규칙 테스트

이제 원하는 동작을 얻었는지 확인할 때다. 같은 **Product**를 할당하려고 동시에 시도한다면 두 시도가 모두 버전 번호를 증가시킬 수는 없으므로 둘 중 하나는 실패해야 한다.

첫 번째로 할당한 다음 명시적으로 슬립^{sleep}[3]해서 '느린^{slow}' 트랜잭션을 시뮬레이션해보자.

time.sleep으로 동시성 행동 방식 재현 가능(tests/integration/test_uow.py)

```python
def try_to_allocate(orderid, sku, exceptions):
    line = model.OrderLine(orderid, sku, 10)
    try:
        with unit_of_work.SqlAlchemyUnitOfWork() as uow:
            product = uow.products.get(sku=sku)
            product.allocate(line)
            time.sleep(0.2)
            uow.commit()
    except Exception as e:
        print(traceback.format_exc())
        exceptions.append(e)
```

테스트는 스레드를 사용해 느린 할당 함수를 동시에 두 번 호출한다.

동시성 행동 방식에 대한 통합 테스트(tests/integration/test_uow.py)

```python
def test_concurrent_updates_to_version_are_not_allowed(postgres_session_factory):
    sku, batch = random_sku(), random_batchref()
    session = postgres_session_factory()
    insert_batch(session, batch, sku, 100, eta=None, product_version=1)
    session.commit()

    order1, order2 = random_orderid(1), random_orderid(2)
    exceptions = []  # type: List[Exception]
    try_to_allocate_order1 = lambda: try_to_allocate(order1, sku, exceptions)
    try_to_allocate_order2 = lambda: try_to_allocate(order2, sku, exceptions)
    thread1 = threading.Thread(target=try_to_allocate_order1)  # ①
    thread2 = threading.Thread(target=try_to_allocate_order2)  # ②
    thread1.start()
```

----

[3] 이 경우에는 time.sleep()도 잘 작동하지만 이 방식은 동시성 버그를 재현할 때 가장 신뢰할만하지, 효율적인 방법은 아니다. 스레드 사이에서 세마포어(semaphore)나 비슷한 동기화 기능을 사용하면 테스트 행동 방식을 더 잘 보장할 수 있다.

```
        thread2.start()
        thread1.join()
        thread2.join()

        [[version]] = session.execute(
            "SELECT version_number FROM products WHERE sku=:sku",
            dict(sku=sku),
        )
        assert version == 2 # ②
        [exception] = exceptions
        assert 'could not serialize access due to concurrent update' in str(exception)
    # ③

        orders = list(session.execute(
            "SELECT orderid FROM allocations"
            " JOIN batches ON allocations.batch_id = batches.id"
            " JOIN order_lines ON allocations.orderline_id = order_lines.id"
            " WHERE order_lines.sku=:sku",
            dict(sku=sku),
        ))
        assert len(orders) == 1 # ④
        with unit_of_work.SqlAlchemyUnitOfWork() as uow:
            uow.session.execute('select 1')
```

① 원하는 동시성 행동 방식(read1,read2,write1,write2)을 잘 재현할 수 있는 두 가지 스레드를 시작한다.

② 버전 번호가 한 번만 증가했다는 사실을 어서션으로 확인한다.

③ 필요하면 구체적인 예외를 검사할 수도 있다.

④ 할당 중 어느 하나만 제대로 진행됐다는 사실을 다시 한번 검사한다.

7.8.1 데이터베이스 트랜잭션 격리 수준을 사용해 동시성 규칙을 지키도록 강제

테스트가 그대로 통과하기 위해서는 세션의 트랜잭션 격리 수준을 설정할 수 있다.

세션의 격리 수준 설정(src/allocation/service_layer/unit_of_work.py)

```
DEFAULT_SESSION_FACTORY = sessionmaker(bind=create_engine(
    ig.get_postgres_uri(),
```

```
    ation_level="REPEATABLE READ",
))
```

> **TIP_** 트랜잭션 격리 수준은 어려운 부분이다. 따라서 Postgres 문서(*https://oreil.ly/5vxJA*)를 읽어
> 보기 바란다.[4]

7.8.2 비관적 동시성 제어 예제: SELECT FOR UPDATE

비관적 동시성 제어를 수행하는 다양한 방법이 있으며 그중 하나를 다룬다. **SELECT FOR UPDATE**(*https://oreil.ly/i8wKL*)는 다른 방식으로 작동한다. 즉, 이 방식은 두 동시 트랜잭션이 동시에 같은 행을 읽도록 허용하지 않는다.

SELECT FOR UPDATE는 락으로 사용할 행이나 행들을 선택하는 방법이다(이런 행이 꼭 업데이트 대상 행일 필요는 없다). 두 트랜잭션이 동시에 **SELECT FOR UPDATE**를 실행하면 둘 중하나만 승리하고 나머지는 상대방이 락을 풀 때까지 기다려야 한다. 이 방식은 비관적 동시성제어의 예라고 할 수 있다.

다음은 SQLAlchemy DSL에서 질의 시점에 **SELECT FOR UPDATE**를 수행하는 방법을 보여준다.

SQLAlchemy의 with_for_update(src/allocation/adapters/repository.py)

```
def get(self, sku):
    return self.session.query(model.Product) \
                       .filter_by(sku=sku) \
                       .with_for_update() \
                       .first()
```

---

4 Postgres를 사용하지 않는 독자라면 다른 문서를 읽어야 한다. 번거롭게도, 데이터베이스마다 격리 수준을 상당히 다르게 정의한다. 예를 들어 오라클의 SERIALIZABLE은 Postgres의 REPEATABLE READ와 같다.

이 방법은 다음과 같은 동시성 패턴을

```
read1, read2, write1, write2(fail)
```

다음과 같이 바꾸는 효과가 있다.

```
read1, write1, read2, write2(succeed)
```

이를 '읽기/변경/쓰기' 실패 모드라고 부르는 사람도 있다. 이에 대해서는 「PostgreSQL Anti-Patterns: Read-Modify-Write Cycles」(*https://oreil.ly/uXeZI*)를 참고하기 바란다.

실제로 여기서 REPEATABLE READ와 SELECT FOR UPDATE 사이나 더 일반적으로 낙관적 잠금과 비관적 잠금 사이의 트레이드오프 관계를 모두 논의할 시간이 부족하다. 하지만 여기서 보여준 코드와 비슷한 테스트를 사용한다면 여러분이 원하는 행동 방식을 지정하고 (잠금 방식을 바꿈에 따라) 어떤 식으로 동작이 바뀌는지 살펴볼 수 있다. 이 테스트를 몇 가지 성능 실험을 수행하기 위한 기반으로 활용할 수 있다.

7.9 마치며

동시성 제어를 어떤 방식으로 할지는 비즈니스 환경이나 사용하려는 저장소 기술에 따라 아주 많이 달라진다. 이번 장에서는 개념 위주로 애그리게이트의 개념을 소개하고 싶었다. 애그리게이트는 모델의 일부 부분집합에 대한 주 진입점 역할을 하고 이 모든 모델 객체에 대한 비즈니스 규칙과 불변조건을 강제하는 역할을 담당하도록 객체를 명시적으로 모델링한다.

올바른 애그리게이트를 선택하는 것이 핵심이다. 시간이 흐른 뒤 재검토하면 애그게이트로 선택한 객체가 달리질 수도 있다. 여러 DDD 책에서 애그리게이트에 대해 찾아볼 수 있다. 그리고 본 버넌[Vaughn Vernon] ('빨간책' 저자)이 효과적인 애그리게이트 설계에 대해 쓴 온라인 논문 (*https://dddcommunity.org/library/vernon_2011*)을 읽어보기 권한다.

[표 7-1]은 애그리게이트 패턴 구현 시 고려해야 할 트레이드오프에 대해 정리한 표다.

표 7-1 애그리게이트: 트레이드오프

장점	단점
• 파이썬은 '공식적인' 공개와 비공개 메서드를 제공하지 않지만, 어떤 요소가 '내부용'이고 어떤 요소가 '외부 코드용'인지 구별할 수 있으면 유용한 경우가 많아서 언더바(_)를 사용한다. 애그리게이트를 선택하는 것은 단지 이를 한 단계 더 발전시킬 뿐이다. 애그리게이트를 사용하면 도메인 모델 클래스 중 어떤 부분이 공개된 부분이고 어떤 부분이 그렇지 않은 부분인지 결정할 수 있다. • 연산 주변에 명시적인 일관성 경계를 모델링할 수 있으면 ORM의 성능 문제를 예방할 때 도움이 된다. • 애그리게이트만 자신이 담당한 모델에 대한 상태 변경을 책임지게 하면 시스템을 추론하고 불변조건을 제어하기 쉬워진다.	• 신입 개발자들이 배워야 하는 개념이 하나 더 늘었다. 엔티티와 값 객체에 대해 설명한 것만으로도 이미 뇌에 과부하가 걸렸는데, 다시 세 번째 새로운 도메인 모델 객체 유형이 있다고? • 한번에 한 가지 애그리게이트만 변경할 수 있다는 규칙을 엄격히 지키려면 사고방식에 아주 큰 전환이 필요하다. • 애그리게이트 사이의 최종 일관성을 처리하는 과정이 복잡해질 수 있다.

애그리게이트와 일관성 경계

- 애그리게이트는 도메인 모델에 대한 진입점이다.

  도메인에 속한 것을 바꿀 수 있는 방식을 제한하면 시스템을 더 쉽게 추론할 수 있다.

- 애그리게이트는 일관성 경계를 책임진다.

  애그리게이트의 역할은 관련된 여러 객체로 이루어진 그룹에 적용할 불변조건에 대한 비즈니스 규칙을 관리하는 것이다. 자신이 담당하는 객체 사이와 객체와 비즈니스 규칙 사이의 일관성을 검사하고, 어떤 변경이 일관성을 해친다면 이를 거부하는 것도 애그리게이트의 역할이다.

- 애그리게이트와 동시성 문제는 공존한다

  동시성 검사 구현 방법을 고민하다보면 결국에는 트랜잭션과 락에 도달하게 된다. 애그리게이트를 제대로 선택하는 것은 여러분의 도메인을 개념적으로 잘 조직화 하는 것뿐 아니라 성능에 대한 문제이기도 하다.

7.10 1부 돌아보기

1부를 시작할 때 목표를 설명하기 위해 보여줬던 [그림 7-5]를 기억하는가?

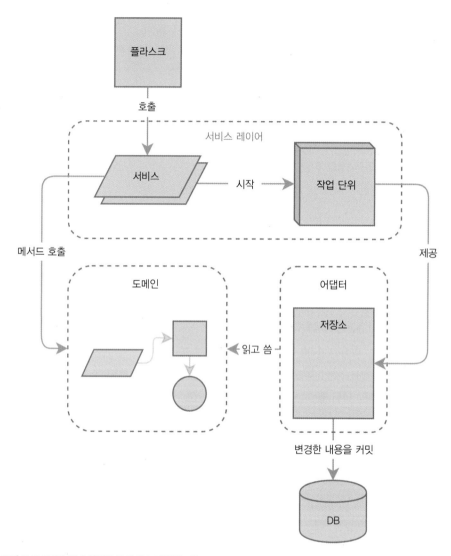

그림 7-5 1부가 끝난 시점의 구성 요소 다이어그램

[그림 7-5]는 1부가 끝난 현재 우리의 위치를 보여준다. 무엇을 달성했을까? 높은 수준의 단위 테스트를 통해 검증된 도메인 모델을 만드는 방법을 살펴봤다. 테스트는 살아있는 문서. 즉, 테스트는 시스템의 행동 방식(즉, 비즈니스 관계자들과 개발자가 동의한 규칙들)을 읽기 좋은 멋진 코드로 기술한다. 우리는 비즈니스 요구 사항이 바뀌더라도 테스트가 (요구 사항 변경으로 추가된) 새로운 기능을 검증할 때 도움이 되리라 확신한다. 그리고 프로젝트에 합류한 새로운 개발자도 테스트 코드를 읽고 시스템이 어떻게 작동하는지 이해할 수 있다.

데이터베이스나 API 핸들러 등의 시스템 하부구조를 분리해서, 애플리케이션 외부에서 이런 하부 구조를 끼워넣을 수 있게 만들었다. 이로 인해 코드베이스를 더 잘 조직화하고 애플리케이션이 내부를 파악할 수 없을 정도로 복잡해지지 않게 할 수 있다.

의존성 역전 원칙을 적용하고, 포트와 어댑터에서 영감을 얻은 저장소나 작업 단위 패턴을 사용하여 TDD를 높은 기어비와 낮은 기어비 양쪽으로 수행할 수 있게 됐고, 건강한 테스트 피라미드를 구축하고 유지할 수 있다. 시스템을 한쪽 끝에서 다른쪽 끝까지 테스트할 수 있어서, 엔드투엔드 테스트나 통합 테스트의 필요성을 최소화할 수 있다.

마지막으로는 일관성 경계라는 개념에 대해 설명했다. 변경이 필요할 때마다 전체 시스템을 잠그고 싶지 않아서 어떤 부분이 다른 부분과 일관성이 있어야 하는지 선택해야만 한다.

작은 시스템의 경우, 여기까지가 도메인 주도 설계라는 개념을 가지고 놀아보기 위해 여러분에게 필요한 전부다. 이제 여러분은 비즈니스 전문가들이 사용하는 공유 언어를 표현해주는 데이터베이스와 무관한 도메인 모델을 만들기 위한 도구를 갖췄다. 만세!

> NOTE_ 반복 설명이 되겠지만, 다시 한번 강조하고 싶다. 필자들은 패턴을 추가할 때마다 비용이 든다는 사실을 지적했다. 간접 계층마다 코드 중복과 복잡성이라는 비용이 들며, 이런 패턴을 본 적이 없는 프로그래머에게 혼동을 야기할 수 있다는 비용도 든다. 여러분의 앱이 근본적으로 데이터베이스를 감싸는 간단한 CRUD 래퍼이고 가까운 미래에 그 외의 다른 일을 할 것 같지 않다면 **1부에서 살펴본 패턴을 채용할 필요가 없다.** 그냥 장고를 사용해서 귀찮은 일을 줄이길 바란다.

2부에서는 범위를 더 넓혀서 큰 주제를 살펴볼 것이다. 애그리게이트가 우리가 다루는 경계이고 한번에 단 한 개의 애그리게이트만 변경할 수 있다면 어떻게 모델이 경계를 넘어서는 일관성을 처리할 수 있을까?

이벤트 기반 아키텍처

Part II

이벤트 기반 아키텍처

과거 이 대상에 대해 '객체object'라는 이름을 붙인 것을 후회한다. 이 이름으로 인해 사람들이 자꾸 부수적인 아이디어에 집중하기 때문이다.

큰 아이디어는 '메시징messaging'이다. 확장 가능하고 훌륭한 시스템을 만드는 핵심은 시스템의 각 모듈이 서로 통신하는 방식에 있지 각 모듈의 내부 프로퍼티와 동작을 어떻게 구성하느냐에 있지 않다.

— 앨런 케이Alan Kay

작은 비즈니스 프로세스 하나만 다루는 도메인 모델을 **하나**만 작성하면 아무 문제가 없다. **여러** 모델을 작성한다면 어떨까? 실세계 애플리케이션은 조직 내에 위치하며 시스템의 다른 부분과 정보를 교환해야 한다. [그림 II-1]를 보면 앞에서 살펴본 콘텍스트 다이어그램을 기억하는 독자도 있을 것이다.

이런 요구 사항에 직면한 수많은 팀은 HTTP API로 통합한 마이크로서비스라는 결론에 도달한다. 하지만 조심하지 않으면 극도로 복잡한 쓰레기, 즉 큰 진흙 공을 만들게 된다.

2부에서는 1부에서 배운 기법을 확장해 분산 시스템에 적용하는 방법을 살펴본다. 수많은 작은 컴포넌트를 합성해 동기적으로 메시지를 서로 전달하면서 상호작용하는 큰 시스템을 만드는 방법에 대해 자세히 살펴본다.

서비스 계층과 작업 단위 패턴을 사용해 어떻게 하면 앱을 비동기적인 메시지 처리기로 재설정할 수 있는지를 살펴보고, 이벤트 기반 아키텍처event-driven architecture (EDA)를 통해 애그리게이트와 애플리케이션을 서로 분리하는 방법을 알아본다.

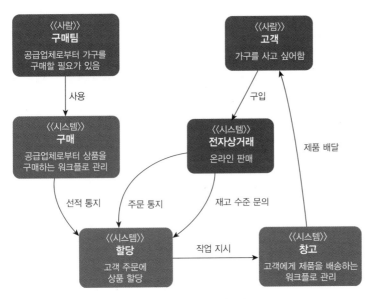

그림 II-1. 이 모든 시스템이 어떻게 정확히 서로 통신하는가

앞으로 다음 패턴과 기법을 살펴본다.

- 도메인 이벤트: 일관성 경계를 넘나드는 워크플로를 야기한다

- 메시지 버스: 각 엔드포인트의 유스 케이스를 호출하는 통합된 방법을 제공한다.

- CQRS: 이벤트 기반 아키텍처에서 구현을 이상하게 타협하는 경우를 피하고 성능과 확장성을 높이기 위해 읽기와 쓰기를 분리한다.

이외에 의존성 주입 프레임워크를 덧붙인다. 의존성 주입 자체는 이벤트 기반 아키텍처와는 무관하지만 (컴포넌트 사이의 의존성과 관련한) 복잡한 많은 부분을 깔끔하게 마무리해준다.

## CHAPTER 8

이벤트와 메시지 버스

지금까지는 장고를 사용하면 쉽게 해결할 수 있는 문제도 상당한 시간과 에너지가 필요했다. 이런 시간과 에너지를 투자할 정도로 테스트 가능성과 표현성을 높이는 것이 **정말** 가치가 있는 일인지에 대해 궁금할 것이다.

하지만 실세계에서는 코드베이스를 더럽히는 것은 해결책이 아니다. 실제 코드베이스를 오염시키는 것은 시스템 주변에 거친 때가 여러 겹으로 엉겨 붙는 더께와 같다 리포팅, 사용 권한, 수없이 많은 객체를 건드리는 작업 흐름 등이 바로 이런 더께라고 할 수 있다.

여기서 다룰 예제는 전형적인 통지 관련 요구 사항이다. 재고 부족으로 주문에 대한 할당이 불가능한 경우 구매팀에게 이 사실을 전달해야 한다. 구매팀은 상품을 많이 구매해서 이 문제를 해결할 것이다. 그 후에는 정상 주문이 가능하다.

상품 담당자가 이메일로 통지해도 충분하다고 가정한다.

시스템의 대부분을 구성하는 평범한 요소에 무언가를 끼워 넣어야 할 때 아키텍처가 어떻게 유지되는지 살펴보자.

먼저 가장 단순하고 빨리 처리할 수 있는 것부터 살펴본 다음 이런 결정이 어떻게 큰 진흙 공을 만드는지 설명한다.

그다음 **도메인 이벤트**domain event 패턴을 사용해 앞에서 말한 용례에서 발생한 부작용을 분리할 수 있는지 살펴본다. 이런 이벤트가 발생하면 적합한 동작을 할 수 있도록 간단한 **메시지 버**

스^{message bus} 패턴을 사용하는 방법에 대해 다룬다. 이런 이벤트를 만드는 몇 가지 선택지를 살펴보고, 이벤트를 메시지 버스에 어떻게 전달하는지 살펴본다. 마지막으로 [그림 8-1]처럼 도메인 이벤트와 메시지 버스를 깔끔하게 연결하기 위한 작업 단위 패턴을 변경하는 방법에 대해 살펴본다.

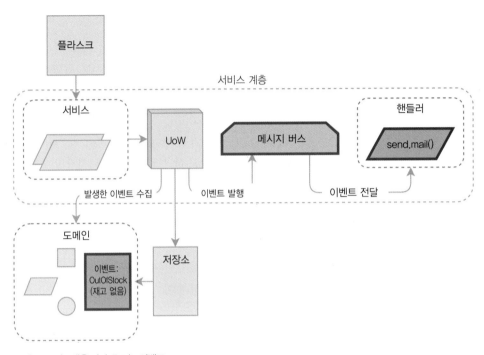

그림 8-1 시스템을 따라 흐르는 이벤트

8.1 지저분해지지 않게 막기

그렇다. 재고가 없으면 구매팀에게 이메일로 통지한다. 핵심 도메인과 **정말** 아무 관련 없는 새로운 요구 사항이 생긴다면 이런 요구 사항을 아무 생각 없이 웹 컨트롤러에 넣기가 쉽다.

8.1.1 가장 먼저 웹 컨트롤러가 지저분해지는 일을 막자

한 번만 변경하는 것이라면 이런 식으로 웹 컨트롤러에 기능을 추가해도 잘 동작한다.

그냥 엔드포인트에서 처리하자, 뭐가 잘못되겠어(src/allocation/entrypoints/flask_app.py)

```python
@app.route("/allocate", methods=['POST'])
def allocate_endpoint():
    line = model.OrderLine(
        request.json['orderid'],
        request.json['sku'],
        request.json['qty'],
    )
    try:
        uow = unit_of_work.SqlAlchemyUnitOfWork()
        batchref = services.allocate(line, uow)
    except (model.OutOfStock, services.InvalidSku) as e:
        send_mail(
            'out of stock',
            'stock_admin@made.com',
            f'{line.orderid} - {line.sku}'
        )
        return jsonify({'message': str(e)}), 400

    return jsonify({'batchref': batchref}), 201
```

이처럼 컨트롤러 여기저기에 기능을 끼워 넣으면 전체가 빠르게 더러워진다. 이메일을 보내는 일은 HTTP 계층이 처리해야 할 일이 아닐뿐더러, 이렇게 새로 추가된 기능에 대한 단위 테스트를 진행할 수 있어야 한다.

8.1.2 그다음 모델이 지저분해지는 일을 막자

가능하면 이메일 기능이 복잡해지는 것을 원하지 않기 때문에 이(이메일 전송) 코드를 웹 컨트롤러에 넣고 싶지 않을 것이다. 따라서 코드를 재고 부족의 근원인 모델에 위치시켜야 하는지에 대해 고려해볼 수 있다.

이메일 송신 코드를 모델에 넣어도 좋아 보이지 않다(src/allocation/domain/model.py)

```
def allocate(self, line: OrderLine) -> str:
    try:
        batch = next(
            b for b in sorted(self.batches) if b.can_allocate(line)
        )
        #...
    except StopIteration:
        email.send_mail('stock@made.com', f'Out of stock for {line.sku}')
        raise OutOfStock(f'Out of stock for sku {line.sku}')
```

하지만 이 코드는 더 나쁘다! 모델이 email.send_mail과 같은 인프라 구조에 의존하면 바람직하지 않다.

이런 이메일 송신은 시스템의 멋지고 깔끔한 흐름을 더럽히는 더께와 같다. 도메인 모델은 단지 '실제 할당할 수 있는 것보다 더 많은 상품을 할당할 수는 없다'라는 규칙에 집중해야 한다.

도메인 모델의 일은 재고가 부족한지 알아내는 것일 뿐, 통지를 보내는 일은 다른 곳에서 한다. 이런 기능은 끌 수도 있고 켤 수도 있다. 또한 도메인 모델의 규칙을 변경하지 않아도 이메일 대신 SMS로도 통지를 보낼 수 있어야 한다.

8.1.3 또는 서비스 계층이 지저분해지는 일을 막자

'재고를 할당하려고 시도하고 할당에 실패하면 이메일을 보내야 한다'라는 요구 사항은 워크플로 오케스트레이션에 속한다. 이 동작은 어떤 목표를 달성하기 위해 시스템을 따라야 하는 단계다.

오케스트레이션을 처리하기 위해 서비스 계층을 작성했다. 하지만 서비스 계층에 이 이메일 기능을 추가하는 게 적합해 보이지 않다.

```python
def allocate(
        orderid: str, sku: str, qty: int,
        uow: unit_of_work.AbstractUnitOfWork
) -> str:
    line = OrderLine(orderid, sku, qty)
    with uow:
        product = uow.products.get(sku=line.sku)
        if product is None:
            raise InvalidSku(f'Invalid sku {line.sku}')
        try:
            batchref = product.allocate(line)
            uow.commit()
            return batchref
        except model.OutOfStock:
            email.send_mail('stock@made.com', f'Out of stock for {line.sku}')
            raise
```

예외를 잡아낸 다음 다시 발생시킨다? 물론 더 나쁜 경우도 많지만 이런 코드를 보면 왠지 모르게 마음이 불편하다. 이메일 통지 코드를 넣기 적합한 장소를 찾는 것은 왜 이렇게 어려울까?

8.2 단일 책임 원칙

이는 실제로 **단일 책임 원칙**single responsibility principle(SRP)에 위배된다.[1] 여기서 처리하는 유스 케이스는 할당이다. 엔드포인트인 서비스 함수나 도메인 메서드의 이름은 모두 `allocate`이지 `allocate_and_send_mail_if_out_of_stock`가 아니다.

> **TIP_** 간단한 규칙: 'then(∼를 한 다음)'이나 'and(그리고)'라는 단어를 사용하지 않고 함수가 하는 일을 설명할 수 없다면 SRP를 위반하고 있을 가능성이 높다.

---

[1] 이 원칙은 SOLID(*https://oreil.ly/AIdSD*)의 첫 원칙인 S에 해당한다.

SRP를 다른 말로 설명하면 어떤 클래스를 수정해야 하는 이유가 단 하나만 존재해야 한다고 설명할 수도 있다. 따라서 이메일을 SMS로 변경할 때는 `allocate()` 함수를 변경할 필요가 없다. 이메일을 SMS로 변경하는 데 `allocate()` 함수를 변경해야 한다는 말은 `allocate()`가 상품 할당 외의 다른 일을 책임진다는 뜻이기 때문이다.

이런 문제를 해결하기 위해서는 오케스트레이션을 여러 단계로 구분해서 각각의 관심사가 서로 얽히는 일이 없도록 해야 한다.[2] 도메인 모델의 일은 품절을 알아내는 것이며 통지를 보내는 일은 다른 존재에게 부여해야 한다. 이 기능을 켜거나 끌 수 있고, 이메일 대신 SMS로 통지 방식을 바꾸더라도 모델의 규칙을 바꿀 필요는 없다.

그리고 세부 구현으로부터 서비스 계층을 분리한다. 의존성 역전 원칙을 통지에도 적용해서 작업 단위 패턴을 통해 데이터베이스에 대한 의존성을 피했던 것처럼 서비스 계층이 통지에 직접 의존하지 않고 추상화에 의존하도록 한다.

8.3 메시지 버스에 전부 다 싣자

여기서 소개하려는 패턴은 **도메인 이벤트**와 **메시지 버스**다. 이를 여러 방법으로 구현할 수 있기 때문에 우리가 가장 좋아하는 구현 방식을 채택하기 전에 먼저 여러 구현 방식에 대해 설명한다.

8.3.1 이벤트를 기록하는 모델

첫째, 모델은 이메일을 신경 쓰지 않고 **이벤트**[event] 기록을 담당한다. 이벤트는 발생한 일에 대한 사실을 뜻한다. 이벤트에 응답하고 새로운 연산을 실행하기 위해 메시지 버스를 사용한다.

8.3.2 이벤트는 간단한 데이터 클래스다

이벤트는 **값 객체**[value object]에 속한다. 이벤트는 순수 데이터 구조이므로 아무 동작이 없다. 이벤

---

2 이 책의 기술 리뷰어 에드 정은 명령형에서 이벤트 기반 흐름 제어로 바꾸면 오케스트레이션이 암무(춤동작)로 바뀌게 된다고 말한다.

트를 항상 도메인 언어로 이름을 붙여야 한다. 항상 이벤트를 도메인 모델의 일부분으로 간주한다.

model.py에 이벤트를 저장할 수도 있지만 이벤트만 다루는 파일에 별도로 저장할 수도 있다. 따라서 지금domain/model.py와 domain/events.py로 분리할 수 있게 기존 코드를 **도메인**이라는 이름의 디렉터리로 리팩터링하기에 좋은 시점이다.

이벤트 클래스(src/allocation/domain/events.py)

```
from dataclasses import dataclass

class Event:  # ①
    pass

@dataclass
class OutOfStock(Event):  # ②
    sku: str
```

① 이벤트 수가 늘어나면 공통 애트리뷰트를 담을 수 있는 부모 클래스가 유용하다는 사실을 깨닫게 된다. 곧 살펴보겠지만 타입 힌트를 사용하면 메시지 버스에서 유용하게 쓸 수 있다.

② dataclasse는 도메인 이벤트의 경우에도 아주 유용하다.

8.3.3 모델은 이벤트를 발생한다

도메인 모델은 발생한 사실을 기록하기 위해 이벤트를 발생시킨다.

외부에서 볼 때 이벤트 발생이 어떻게 보이는지는 다음 예제를 통해 알 수 있다. Product 할당을 요청했을 때 할당이 불가능하면 이벤트가 발생해야 한다.

애그리게이트가 이벤트를 발생시키는지 검사하는 테스트(tests/unit/test_product.py)

```
def test_records_out_of_stock_event_if_cannot_allocate():
    batch = Batch('batch1', 'SMALL-FORK', 10, eta=today)
    product = Product(sku="SMALL-FORK", batches=[batch])
    product.allocate(OrderLine('order1', 'SMALL-FORK', 10))

    allocation = product.allocate(OrderLine('order2', 'SMALL-FORK', 1))
```

```
    assert product.events[-1] == events.OutOfStock(sku="SMALL-FORK")   # ①
    assert allocation is None
```

① 애그리게이트는 .events라는 새로운 애트리뷰트를 외부에 노출한다. 이 애트리뷰트에 발생한 일에 대한 사실은 event 객체 형태로 남긴 리스트에 있다.

다음은 내부에 모델이 어떻게 생겼는지를 보여준다.

도메인 이벤트를 발생시키는 모델(src/allocation/domain/model.py)

```
class Product:

    def __init__(self, sku: str, batches: List[Batch], version_number: int = 0):
        self.sku = sku
        self.batches = batches
        self.version_number = version_number
        self.events = []  # ①  type: List[events.Event]

    def allocate(self, line: OrderLine) -> str:
        try:
            #...
        except StopIteration:
            self.events.append(events.OutOfStock(line.sku))   # ②
            # ③ raise OutOfStock(f'Out of stock for sku {line.sku}')
            return None
```

① 새로운 .events 애트리뷰트를 사용한다.

② 이메일을 보내는 코드를 직접 호출하는 대신 이메일이 필요한 품절 이벤트가 발생한 시점에 이벤트를 기록한다. 이때 도메인의 언어로만 이벤트를 기록한다.

③ 품절인 경우 더 이상 예외를 던지지 않는다. 이벤트는 예외가 담당했던 일을 수행하기 때문이다.

> NOTE_ 실제로 지금까지 존재하던 코드 냄새를 처리한다. 여기서 냄새는 흐름 제어를 위해 예외를 사용한다는 걸 의미한다(*https://oreil.ly/IQB51*). 일반적으로 도메인 이벤트를 구현하고 있다면 도메인에서 동일한 개념을 표현하기 위해 예외가 발생하면 안 된다. 나중에 작업 단위 패턴에서 이벤트를 처리할 때 이벤트와 예외를 함께 사용하면 어떤 작업이 왜 발생했는지에 대한 추론이 어려워진다.

8.3.4 메시지 버스는 이벤트를 핸들러에 매핑한다

메시지 버스는 기본적으로 "이 이벤트가 발생하면 다음 핸들러 함수를 호출해야 한다"라고 말한다. 다른 말로, 메시지 버스는 간단한 발행/구독 시스템^{publish-subscribe system}이다. 핸들러는 수신된 이벤트를 **구독**^{subscribed}한다. 수신되는 이벤트는 버스에 시스템이 발행한 것이다. 글로 쓰면 실제보다 더 어려워 보이지만 보통은 사전을 활용해 메시지 버스를 구현한다.

간단한 메시지 버스(src/allocation/service_layer/messagebus.py)

```python
def handle(event: events.Event):
    for handler in HANDLERS[type(event)]:
        handler(event)

def send_out_of_stock_notification(event: events.OutOfStock):
    email.send_mail(
        'stock@made.com',
        f'Out of stock for {event.sku}',
    )

HANDLERS = {
    events.OutOfStock: [send_out_of_stock_notification],
} # type: Dict[Type[events.Event], List[Callable]]
```

NOTE_ 여기서 구현한 메시지 버스는 핸들러가 한번에 하나씩만 실행되기 때문에 동시성을 제공하지 못한다는 점에 유의하라. 우리의 목표는 병렬 스레드를 지원하는 것이 아니며 개념적으로 작업을 분리하고, 각 UoW를 가능한 한 작게 유지하는 것이다. 이렇게 하면 각 유스 케이스를 실행하는 '조리법'이 한 장소에 모이므로 코드베이스를 좀 더 쉽게 이해할 수 있다. 다음 박스를 살펴보자.

셀러리와 메시지 버스는 비슷한가?

셀러리^{Celery}는 파이썬 세계에서 그 자체로 완결적인 작업들을 비동기 작업 큐에 넣어서 처리하는 유명한 도구다. 여기서 보여준 메시지 버스는 아주 다르므로 "셀러리와 메시지 버스는 비슷한가?"에 대한 답은 "아니오"다. 여기서 설명한 메시지 버스는 Node.js 앱이나 UI 이벤트 루프, 액터 프레임워크 등에서 흔하게 볼 수 있다.

작업을 메인 스레드 밖으로 빼야 한다는 요구 사항이 있어도 여전히 이벤트 기반의 비유를 사용할 수 있다. 이를 위해서는 **외부 이벤트**^{external event}를 사용하는 걸 권한다. [표 11-1]에 더 자세한 비교가 있지만, 근본적으로 여러분이 중앙 집중 스토어에 이벤트를 영속화하는 방법을 구현하면 다른 컨테이너나 마이크로서비스가 이 중앙 집중 이벤트 스토어를 구독할 수 있다. 그 후에는 한 프로세스나 서비스 내에서 작업 단위별로 책임을 분산하기 위해 이벤트를 사용한다는 개념을 그대로 여러 프로세스에 걸친 이벤트에 적용할 수 있다. 이때 각 프로세스는 같은 서비스 내 다른 컨테이너이거나 완전히 다른 마이크로서비스일 수도 있다.

이런 접근 방법에 따르면 작업을 분배하기 위한 API는 이벤트 클래스가 되거나 이벤트 클래스에 대한 JSON 표현이 될 수 있다. 이벤트 클래스나 JSON을 작업 분배용 API로 사용하면 작업을 위임할 대상을 폭넓게 고를 수 있다. 예를 들어 작업을 맡을 프로세스가 꼭 파이썬 서비스일 필요가 없다. 셀러리의 작업 분배 API는 근본적으로 '함수 이름과 인수'로 이루어지며, 이런 방식은 좀 더 제한적이고 파이썬 안에서만 통하는 방식이다.

8.4 첫 번째 선택지: 서비스 계층이 모델에서 이벤트를 가져와 메시지 버스에 싣는다

도메인 모델은 이벤트를 발생시키고 메시지 버스는 이벤트가 발생하면 적절한 핸들러를 호출한다. 이제 이 둘을 연결해야 한다. 모델에서 이벤트를 찾아서 메시지 버스에 실어주는 **발행**^{publishing} 단계를 실행할 무언가가 필요하다.

이를 처리하는 가장 간단한 방법은 서비스 계층에 코드를 약간 추가하는 것이다.

명시적인 메시지 버스를 사용하는 서비스 계층(src/allocation/service_layer/services.py)

```
from . import messagebus
...

def allocate(
        orderid: str, sku: str, qty: int,
        uow: unit_of_work.AbstractUnitOfWork
) -> str:
```

```
        line = OrderLine(orderid, sku, qty)
        with uow:
            product = uow.products.get(sku=line.sku)
            if product is None:
                raise InvalidSku(f'Invalid sku {line.sku}')
            try:    # ①
                batchref = product.allocate(line)
                uow.commit()
                return batchref
            finally: # ①
                messagebus.handle(product.events)   # ②
```

① 앞에서 본 못생긴 구현에 있던 try/finally를 그대로 유지한다(아직 모든 예외를 제거하지 않았다. 단지 OutOfStock만 제거했다).

② 하지만 이제 서비스 계층은 이메일 인프라에 직접 의존하는 대신에 모델에서 받은 이벤트를 직접 메시지 버스에 올리는 일만 담당한다.

이렇게만 해도 앞에서 보여준 안일한 구현에 있던 바람직하지 않은 상당 부분을 없앨 수 있다. 이와 같이 서비스 계층이 명시적으로 이벤트를 받아 통합한 다음 메시지 버스에 전달하는 여러 시스템을 가지게 된다.

8.5 두 번째 선택지: 서비스 계층은 자신만의 이벤트를 발생한다

이에 대한 다른 변형으로는 서비스 계층이 도메인 모델에서 발생한 이벤트를 처리하기보다 직접 이벤트를 만들고 발생시키는 일을 책임지는 방식이 있다.

서비스 계층이 직접 messagebus.handle 호출(src/allocation/service_layer/services.py)

```
def allocate(
        orderid: str, sku: str, qty: int,
        uow: unit_of_work.AbstractUnitOfWork
) -> str:
    line = OrderLine(orderid, sku, qty)
    with uow:
        product = uow.products.get(sku=line.sku)
```

```
        if product is None:
            raise InvalidSku(f'Invalid sku {line.sku}')
        batchref = product.allocate(line)
        uow.commit()  # ①

        if batchref is None:
            messagebus.handle(events.OutOfStock(line.sku))
        return batchref
```

① 이전과 마찬가지로 할당에 실패하더라도 커밋을 한다. 이런 방식을 택하면 코드를 더 단순하게 유지할 수 있고 코드에 대해 추론하기도 더 쉬워진다. 무언가 잘못되지 않으면 무조건 커밋이 이루어진다. 내용을 바꾸지 않았다면 커밋을 해도 안전하고 코드도 깔끔하게 유지할 수 있다.

이런 패턴으로 프로덕션 시스템을 구현한 경우도 많다. 여러분에게 적합한 방법은 프로젝트 여러 요소 간의 상충관계에 따라 달라지지만, 필자들이 생각하기에 가장 우아한 해법을 보여줄 것이다. 이 해법에서는 작업 단위가 이벤트를 수집하고 발생시키는 일을 담당한다.

8.6 세 번째 선택지: UoW가 메시지 버스에 이벤트를 발행한다

UoW에는 이미 **try/finally** 문이 있다. UoW는 저장소에 대한 접근을 제공하므로 현재 어떤 애그리게이트가 작업을 수행하는지 모두 알고 있다. 따라서 UoW는 이벤트를 찾아서 메시지 버스에 전달하기 좋은 곳이다.

UoW가 메시지 버스를 만나다(src/allocation/service_layer/unit_of_work.py)

```
class AbstractUnitOfWork(abc.ABC):
    ...

    def commit(self):
        self._commit()        # ①
        self.publish_events()  # ②

    def publish_events(self): # ②
        for product in self.products.seen:  # ③
            while product.events:
                event = product.events.pop(0)
```

```
            messagebus.handle(event)

    @abc.abstractmethod
    def _commit(self):
        raise NotImplementedError

...

class SqlAlchemyUnitOfWork(AbstractUnitOfWork):
    ...

    def _commit(self):      # ①
        self.session.commit()
```

① 커밋 메서드를 바꿔서 하위 클래스가 제공하는 비공개 ._commit()을 호출한다.

② 커밋한 다음에는 저장소에 전달된 모든 객체를 살펴보고 그중에 이벤트를 메시지 버스에 전달한다.

③ ②의 기능은 저장소가 새로운 애트리뷰트인 .seen을 통해 로딩된 모든 애그리게이트를 추적하는 것에 의존한다. 다음 코드를 살펴보자.

자신에게 전달된 애그리게이트를 추적하는 저장소(src/allocation/adapters/repository.py)

```
class AbstractRepository(abc.ABC):

    def __init__(self):
        self.seen = set() # ① type: Set[model.Product]

    def add(self, product: model.Product):   # ②
        self._add(product)
        self.seen.add(product)

    def get(self, sku) -> model.Product:    # ③
        product = self._get(sku)
        if product:
            self.seen.add(product)
        return product
```

```python
    @abc.abstractmethod
    def _add(self, product: model.Product):  # ②
        raise NotImplementedError

    @abc.abstractmethod                       # ③
    def _get(self, sku) -> model.Product:
        raise NotImplementedError


class SqlAlchemyRepository(AbstractRepository):

    def __init__(self, session):
        super().__init__()
        self.session = session

    def _add(self, product):      # ②
        self.session.add(product)

    def _get(self, sku):     # ③
        return self.session.query(model.Product).filter_by(sku=sku).first()
```

---

① UoW가 새 이벤트를 발행하려면 저장소에 요청해 이번 세션에 어떤 Product 객체를 사용했는지 알아
  내야 한다. .seen이라는 집합을 통해 사용한 Product 객체를 저장한다. 즉 구현은 super().__init__
  ()를 호출해야 한다는 뜻이다.

② 부모의 add() 메서드는 .seen에 객체를 저장한다. 하위 클래스는 ._add()를 구현해야 한다.

③ 비슷하게 .get()은 ._get() 함수에게 동작을 위임한다. 하위 클래스는 ._get()을 구현해 자신이 살펴
  본 객체를 저장해야 한다.

> **NOTE_** ._언더바로시작하는이름() 메서드와 하위 클래스를 사용하는 것이 이 패턴을 구현하는 유일한
> 방법은 분명 아니다. 이번 장에서 연습 문제를 풀면서 몇 가지 대안을 생각해보자.

UoW와 저장소가 이런 식으로 협력하면서 자동으로 살아있는 객체를 추적하고 그로부터 발생
한 이벤트를 처리하면 서비스 계층은 이벤트 처리와는 전혀 무관하게 된다.

서비스 계층은 다시 깨끗해진다(src/allocation/service_layer/services.py)

```python
def allocate(
        orderid: str, sku: str, qty: int,
        uow: unit_of_work.AbstractUnitOfWork
) -> str:
    line = OrderLine(orderid, sku, qty)
    with uow:
        product = uow.products.get(sku=line.sku)
        if product is None:
            raise InvalidSku(f'Invalid sku {line.sku}')
        batchref = product.allocate(line)
        uow.commit()
        return batchref
```

서비스 계층의 여러 가짜 객체를 변경해서 super()를 제 위치에서 호출하고 언더바가 있는 메서드를 구현해야 된다는 사실을 반드시 기억해야 한다. 하지만 변경해야 할 부분은 미미하다.

서비스 계층의 가짜 객체도 약간 비틀어야 한다(tests/unit/test_services.py)

```python
class FakeRepository(repository.AbstractRepository):

    def __init__(self, products):
        super().__init__()
        self._products = set(products)

    def _add(self, product):
        self._products.add(product)

    def _get(self, sku):
        return next((p for p in self._products if p.sku == sku), None)
    ...



class FakeUnitOfWork(unit_of_work.AbstractUnitOfWork):
    ...

    def _commit(self):
        self.committed = True
```

기술 리뷰어 히네크 슐라바크의 말에서 모든 `._add()`와 `._commit()` 메서드가 '끔찍할 정도로 혐오스럽다'라는 문장을 발견했는가? 이 메서드 때문에 뱀 인형으로 해리를 때리고 싶을지도 모른다. 하지만 여기서 보여준 코드는 단지 예제일 뿐이고 완벽한 해법이 아니다. 여러분이 더 나은 해법을 만드는 것에 도전해보는 것은 어떨까?

상속보다 구성^{composition over inheritance}을 우선시하는 방식으로 구현하는 방법에는 래퍼 클래스^{wrapper class}가 있다.

기능을 추가하고 위임하는 래퍼 클래스(src/adapters/repository.py)

```python
class TrackingRepository:
    seen: Set[model.Product]

    def __init__(self, repo: AbstractRepository):
        self.seen = set()  # type: Set[model.Product]
        self._repo = repo

    def add(self, product: model.Product):      # ①
        self._repo.add(product)                 # ①
        self.seen.add(product)

    def get(self, sku) -> model.Product:
        product = self._repo.get(sku)
        if product:
            self.seen.add(product)
        return product
```

① 저장소를 래퍼로 감싸면 실제 `.add()`와 `.get()` 메서드를 호출할 수 있다. 이에 따라 이상한 언더바 메서드를 만들지 않아도 된다.

UoW 클래스에도 이와 비슷한 패턴을 적용해 자바스러운 `_commit()` 메서드를 없앨 수 있는지 살펴보길 바란다. 코드는 깃허브에서 확인할 수 있다(*https://github.com/cosmicpython/code/tree/chapter_08_events_and_message_bus_exercise*).

모든 ABC를 `typing.Protocol`로 바꾸는 것도 상속 사용을 방지하는 좋은 방법이다. 다른 멋진 아이디어가 있다면 필자에게 알려주길 바란다!

이런 가짜 객체를 유지보수하면 일이 많아질 것을 우려하는 목소리가 나올 것이다. 물론 일이 늘어나는 것은 사실이다. 하지만 필자의 경험상 그렇게 아주 많은 일이 늘지 않았다. 프로젝트가 궤도에 오르고 제대로 돌아가기 시작하면 저장소와 UoW의 인터페이스는 실제로 그렇게 많이 바뀌지 않는다. 그리고 ABC를 사용하면 서로 맞지 않은 경우에는 경고 메시지를 보낸다.

8.7 마치며

도메인 이벤트는 시스템에서 워크플로를 다루는 또 다른 방법이다. 도메인 전문가와 이야기하다 보면, '상품을 할당하려고 시도했지만 할당 가능한 상품이 없을 때 구매팀에게 이메일을 보내야 한다'라는 식으로 요구 사항을 가볍게 이야기하거나 시간 순서로 이야기하는 것을 종종 듣곤 한다.

"X일 때는 Y를 합시다"라는 마법의 말은 종종 시스템에 구체적으로 만들 수 있는 이벤트를 뜻한다. 모델에서 이벤트를 일급 시민인 요소로 다룬다면 코드를 더 테스트하기 좋고 관찰하기 쉽게 만들 수 있고, 관심사를 분리할 때도 도움이 된다.

[표 8-1]은 이벤트의 장단점을 보여준다.

표 8-1 도메인 이벤트의 장단점

장점	단점
• 메시지 버스를 사용하면 어떤 요청에 대한 응답으로 여러 동작을 수행하는 경우 관심사를 멋지게 분리할 수 있다. • 이벤트 핸들러는 '핵심' 애플리케이션 로직과 깔끔하게 분리될 수 있다. 따라서 나중에 이벤트 핸들러 구현을 쉽게 변경할 수 있다. • 도메인 이벤트는 실세계를 모델링하기 아주 좋은 방법이다. 관계자들과 모델을 만들 때 도메인 이벤트를 비즈니스 언어의 일부로 사용할 수 있다.	• 메시지 버스는 여러분의 머리에 맴도는 또 다른 요소다. 작업 단위가 이벤트를 발생시키는 방식의 구현은 깔끔하지만, 신비롭기도 하다. 사람들에게 이메일을 보내지만 작업을 계속 진행하고 싶은 경우 commit을 언제 호출해야 할지가 불분명하다. • 더구나 감춰진 이벤트 처리 코드가 동기적으로 실행된다. 즉 어떤 이벤트에 대한 모든 핸들러가 끝나기 전에는 서비스 계층 함수가 끝날 수 없다는 의미다. 따라서 웹 엔드포인트에서 예상할 수 없는 성능 문제가 발생할 수 있다(비동기 처리를 추가할 수도 있지만 비동기 처리를 추가하면 모든 것이 더 복잡해진다).

- 더 일반적으로, 이벤트 기반 워크플로는 연속적으로 여러 핸들러로 분할된 후 시스템에서 요청을 어떻게 처리하는지 살펴볼 수 있는 단일 지점이 존재하지 않아서 혼란을 야기할 수 있다.
- 이벤트 핸들러들이 순환적으로 서로 의존해서 무한 루프가 발생할 여지가 생긴다.

이벤트는 단순히 이메일을 보내는 것보다 훨씬 더 유용하다. 7장에서는 여러분에게 애그리게 이트나 일관성을 보장하기 위한 경계의 필요성을 설득하는 데 상당한 시간을 소비했다. 종종 "어떤 요청을 처리하기 위해 여러 애그리게이트를 변경해야 한다면 어떻게 해야 할까?"라고 묻는 사람이 있다. 이제는 이런 질문에 답할 수 있을 것이다.

트랜잭션으로 서로 격리된 두 요소가 있다면(예: 주문과 상품), 이벤트를 통해 이 둘을 서로 **최종 일관성**eventually consistent 있게 만들 수 있다. 어떤 주문이 취소되면 이 주문에 할당된 상품을 찾아서 할당을 없애야 한다.

도메인 이벤트와 메시지 버스 돌아보기

- **이벤트는 단일 책임 원칙을 지키도록 돕는다.**

  한곳에서 여러 관심사를 처리하면 코드가 꼬여버린다. 이벤트를 사용하면 주된 유스 케이스와 부수적인 유스 케이스를 분리해 모든 것을 깔끔하게 유지할 수 있다. 이벤트를 사용해 애그리게이트들이 서로 통신하고 여러 테이블을 락으로 잠그는 오랫동안 실행된 트랜잭션이 더 이상 필요하지 않다.

- **메시지 버스는 메시지를 핸들러에게 연결한다.**

  메시지 버스를 이벤트와 이벤트 소비자를 연결하는 사전으로 생각할 수 있다. 메시지 버스는 이벤트의 의미를 전혀 모른다. 메시지 버스는 단지 시스템에서 메시지를 전달하기 위한 둔한 인프라일 뿐이다.

- **첫 번째 선택지: 서비스 계층이 이벤트를 발생시키고 메시지 버스에 전달한다**

  시스템에서 이벤트를 사용하는 가장 쉬운 방법은 작업 단위를 커밋한 직후 `bus.handle(어떤_새로운_이벤트)`를 호출하는 것이다.

- 두 번째 선택지: 도메인 모델이 이벤트를 발생시키고 서비스 계층이 메시지 버스에 이벤트를 전달한다

  이벤트를 언제 발생시킬지 결정하는 논리는 모델과 함께 있어야 한다. 따라서 도메인 모델에서 이벤트를 발생시키면 시스템 설계와 시스템의 테스트 가능성을 높일 수 있다. 모델이 `commit`을 한 다음 핸들러가 이벤트를 찾아서 이벤트 버스에 싣는 것은 쉬운 일이다.

- 세번째 선택지: UoW가 애그리게이트에서 이벤트를 수집해서 메시지 버스에 전달한다.

  `bus.handle(aggregate.events)`를 모든 핸들러에 추가하는 작업은 성가시므로, 메모리에 적재한 객체들이 발생시킨 이벤트를 작업 단위가 발생하도록 시스템을 간결하게 만든다. 이 방법은 가장 복잡한 설계이며 어쩌면 ORM의 마법에 의존하는 것일 수 있지만, 일단 설정하고 나면 사용하기 쉽고 깔끔하다.

9장에서는 더 복잡한 워크플로를 메시지 시스템에 구축하면서 이벤트와 메시지 버스라는 개념을 더 자세히 살펴본다.

## CHAPTER 9

메시지 버스를 타고 시내로 나가기

이번 장에서는 애플리케이션의 내부 구조에서 이벤트를 더 근본적인 요소로 만드는 것으로 시작한다. [그림 9-1]의 현재 상태로부터 시작한다.

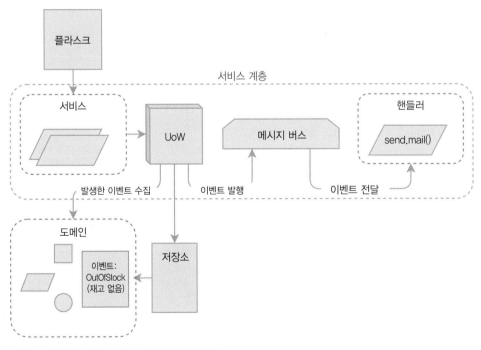

그림 9-1 변경 전: 메시지 버스는 선택적인 추가 사항

바뀐 상황은 [그림 9-2]와 같다. 여기서 모든 내용이 메시지 버스를 통해 이동하고, 앱은 근본 적으로 메시지 처리기로 바뀐다.

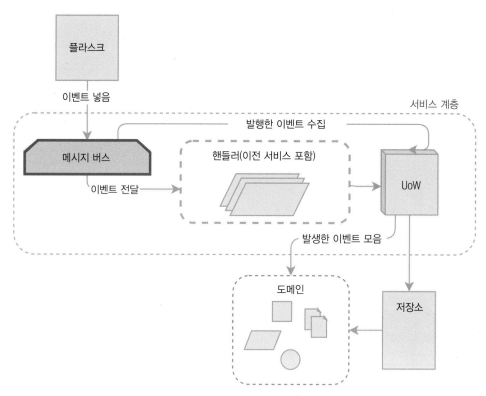

그림 9-2 이제는 메시지 버스가 서비스 계층의 주 진입 지점이다

TIP_ 이번 장의 코드는 깃허브의 chapter_09_all_messagebus 브랜치에 있다(*https://oreil.ly/ oKNkn*).

```
git clone https://github.com/cosmicpython/code.git
cd code
git checkout chapter_09_all_messagebus
# 또는 9장을 따라 하고 싶다면 8장을 확인하길 바란다.
git checkout chapter_08_events_and_message_bus
```

9.1 새로운 아키텍처가 필요한 새로운 요구 사항

리치 히키는 오랫동안 실행되면서 실세계의 처리 과정을 관리하는 **상황에 따른 소프트웨어**^{situated} ^{software}에 대해 이야기했다. 이런 소프트웨어의 예로 창고 관리 시스템, 물류 스케줄러, 급여 시스템 등이 있다.

이런 소프트웨어는 실세계에서 물리적인 물체나 신뢰할 수 없는 사람 때문에 예기치 못한 상황이 발생할 수 있어서 작성하기가 어렵다. 예를 들어 다음과 같은 일이 발생할 수 있다.

- 재고 조사를 하는 동안 지붕에서 물이 새서 SPRINGY-MATTRESS 3개가 손상된 것을 발견했다.
- RELIABLE-FORK 배송에서 필요한 문서가 빠져서 몇 주 동안 세관에 머물러야 했다. 이후 RELIABLE-FORK 3개가 안전 검사에 실패해 폐기됐다.
- 세계적으로 반짝이는 금속이 부족해져서 다음 SPARKLY-BOOKCASE 배치를 생산할 수 없게 됐다.

이런 유형의 상황을 통해 시스템에 있는 배치 수량을 변경해야 한다는 사실을 배웠다. 누군가 메니페스트의 숫자를 잘못 썼거나 트럭에서 소파 몇 개가 떨어졌을 수도 있다. 사업부와의 대화를 통해[1] 이런 상황을 [그림 9-3]에 모델링했다.

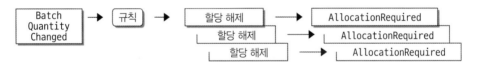

그림 9-3 배치 수량이 변경되면 할당을 해제하고 재할당해야 하는 경우

BatchQuantityChanged라는 이벤트가 발생하면 배치의 수량을 변경해야 한다. 그렇다. 이와 함께 **비즈니스 규칙**을 적용해야 한다. 변경 후 수량이 이미 할당된 수량보다 적어지면, 이런 주문을 배치에서 **할당 해제**^{deallocate}해야 한다. 이후 각각을 새로 할당해야 한다. 이를 AllocationRequired라는 이벤트로 표현한다.

아마도 이런 요구 사항을 구현할 때 내부 메시지 버스와 이벤트가 도움이 된다는 사실을 이미 눈치챈 독자도 있을 것이다. 배치 수량을 조정하고 과도한 주문 라인을 할당 해

---

1 이벤트 기반 모델링은 너무 유명해서 이벤트 기반의 요구 사항을 수집하고 도메인 모델을 발전시키는 이벤트 스토밍(event storming)이라는 방법이 고안됐다.

제하는 change_batch_quantity라는 서비스를 정의하고, 할당 해제가 일어날 때마다 AllocationRequired 이벤트를 발생시켜 기존 allocate 서비스에게 별도의 트랜잭션으로 전달한다. 여기서도 메시지 버스를 사용하면 단일 책임 원칙을 강제할 수 있고, 이를 통해 트랜잭션과 데이터 통합에 관련된 선택을 할 수 있다.

9.1.1 구조 변경 상상해보기: 모든 것이 이벤트 핸들러다

하지만 뛰어들기 전에 먼저 어떤 방향으로 나아가고 있는지 생각해보자. 시스템에는 두 가지 종류의 흐름이 있다.

- 서비스 계층 함수에 의해 처리되는 API 호출
- 내부 이벤트(서비스 계층 함수의 부작용으로 발생할 수 있음)와 그 이벤트에 대한 핸들러(이 핸들러는 서비스 계층 함수를 호출할 수 있음)

모든 것이 이벤트 핸들러라면 더 간단하지 않을까? API 호출을 이벤트를 포획하는 것으로 생각하면, 서비스 계층 함수도 이벤트라고 생각할 수 있다. 더 이상 내부와 외부 이벤트 핸들러를 구분할 필요가 없다.

- services.allocate()는 AllocationRequired 이벤트의 핸들러이거나 Allocate 이벤트를 출력으로 내보낼 수 있다.
- services.add_batch()도 BatchCreated 이벤트의 핸들러일 수도 있다.[2]

새로운 요구 사항도 같은 패턴에 부합한다.

- BatchQuantityChanged 이벤트는 change_batch_quantity()라는 핸들러를 호출할 수 있다.
- 새로운 AllocationRequired 이벤트가 services.allocate()를 호출하게 할 수 있다. 따라서 API에서 새로운 할당 요청이 들어오는 것과 내부에서 할당 해제에 의해 발생하는 재할당은 개념상 구분이 되지 않는다.

---

[2] 이벤트 위주 아키텍처에 대한 글을 조금이라도 읽어본 독자라면 '이런 이벤트 중 일부는 커맨드 같다'라고 생각할 수 있다. 이 책에서는 한번에 한 가지 개념만 소개하므로 이미 알고 있는 독자라면 좀 만 참아주길 바란다. 다음 장에서 커맨드와 이벤트의 차이를 설명한다.

모든 게 너무 과한 것 같은가? 점진적으로 이런 방향으로 나가보자. 준비 리팩터링^{Preparatory} ^{Refactoring}(*https://oreil.ly/W3RZM*) 워크플로를 따를 것이다. 준비 리팩터링은 "변경하기 쉽게 코드를 준비해야 한다. 그 후 쉬워진 변경을 실제로 수행하자"라고 정리할 수 있다.

1. 서비스 계층을 이벤트 핸들러로 리팩터링한다. 이벤트가 시스템에 대한 입력을 기술하는 방법에 익숙할 수 있다. 특히 기존 `services.allocate()` 함수는 Allocation Required라는 이벤트의 핸들러가 된다.

2. `BatchQuantityChanged` 이벤트를 시스템에 넣고 `Allocated` 이벤트가 발생하는지 검사하는 엔드투엔드 테스트를 만든다.

3. 개념적으로 구현은 아주 단순하다. `BatchQuantityChanged`에 대한 새로운 핸들러를 만들고, 이 핸들러 구현은 `AllocationRequired` 이벤트를 발생한다. 그리고 API에서 사용하는 할당 핸들러와 같은 핸들러가 이 **AllocationRequired** 이벤트를 처리한다.

이 과정에서 메시지 버스와 UoW를 약간 변경해서 새 이벤트를 메시지 버스에 넣는 책임을 버스 자체로 옮긴다.

9.2 서비스 함수를 메시지 핸들러로 리팩터링하기

현재 API 입력을 포획한 두 이벤트를 정의하는 것부터 시작한다. **AllocationRequired**와 **BatchCreated**가 이 두 이벤트다.

BatchCreated와 AllocationRequired 이벤트(src/allocation/domain/events.py)

```
@dataclass
class BatchCreated(Event):
    ref: str
    sku: str
    qty: int
    eta: Optional[date] = None
...

@dataclass
```

```
class AllocationRequired(Event):
    orderid: str
    sku: str
    qty: int
```

이제 파일명 service.py을 handler.py로 바꾼다. 기존 메시지 핸들러인 send_out_of_stock_notification를 추가한다. 가장 중요한 점은 모든 핸들러가 똑같은 입력(UoW와 이벤트)을 갖도록 변경하는 것이다.

핸들러와 서비스는 같다(src/allocation/service_layer/handlers.py)

```
def add_batch(
        event: events.BatchCreated, uow: unit_of_work.AbstractUnitOfWork
):
    with uow:
        product = uow.products.get(sku=event.sku)
        ...
def allocate(
        event: events.AllocationRequired, uow: unit_of_work.AbstractUnitOfWork
) -> str:
    line = OrderLine(event.orderid, event.sku, event.qty)
    ...
def send_out_of_stock_notification(
        event: events.OutOfStock, uow: unit_of_work.AbstractUnitOfWork,
):
    email.send(
        'stock@made.com',
        f'Out of stock for {event.sku}',
    )
```

diff 결과를 보면 변경 내용을 더 명확히 알 수 있다.

서비스에서 핸들러로 변경된 부분(src/allocation/service_layer/handlers.py)

```
  def add_batch(
-         ref: str, sku: str, qty: int, eta: Optional[date],
-         uow: unit_of_work.AbstractUnitOfWork
+         event: events.BatchCreated, uow: unit_of_work.AbstractUnitOfWork
  ):
    with uow:
```

```
-         product = uow.products.get(sku=sku)
+         product = uow.products.get(sku=event.sku)
    ...

def allocate(
-       orderid: str, sku: str, qty: int,
-       uow: unit_of_work.AbstractUnitOfWork
+       event: events.AllocationRequired, uow: unit_of_work.AbstractUnitOfWork
  ) -> str:
-   line = OrderLine(orderid, sku, qty)
+   line = OrderLine(event.orderid, event.sku, event.qty)
    ...


+
+def send_out_of_stock_notification(
+       event: events.OutOfStock, uow: unit_of_work.AbstractUnitOfWork,
+):
+   email.send(
    ...
```

이 과정에서 서비스 계층의 API를 더 구조화하고 일관성 있게 다듬었다. 원래는 원시 타입 값이 여기저기 흩어져 있었지만, 이제는 잘 정의된 객체(다음 박스를 보라)를 사용한다.

도메인 객체에서 기본 타입에 대한 집착을 거쳐 인터페이스로 이벤트를 사용하기까지

5.5절에서 서비스 계층 API가 도메인 객체에 대해 정의되어 있다가 기본 타입에 대해 정의하도록 변경한 사실을 기억하는 독자도 있을 것이다. 그런데 이제와서 객체만 도메인 객체가 아닐 뿐이지, 다시 그때로 돌아간다고? 대체 무슨 장점 때문일까?

OO 사이클에서 사람들은 **기본 타입에 대한 집착**primitive obsession을 안티패턴으로 간주한다. 공개 API에서 기본 타입을 피하고, 커스텀 값 클래스로 기본 타입 값을 감싸라고 이야기한다. 파이썬 세계에서는 이를 함수 파라미터 타입을 고르는 대략적인 규칙으로 활용하는 것에 대해 많은 사람이 회의적이다. 기본 타입에 대한 집착은 분명 아무 생각 없이 적용하면 불필요한 복잡도를 추가하는 패턴이다. 따라서 여기서 한 일(함수 파라미터를 도메인 객체에서 기본 타입으로 바꿈) 자체는 그 자체로는 복잡도를 추가하는 일이 아니다.

파라미터를 도메인 객체에서 기본 타입으로 바꾸면 연결을 멋지게 끊을 수 있다. 클라이언트 코드는 더 이상 도메인과 직접 묶이지 않고, 그에 따라 모델을 변경해도 서비스 계층은 API를 변경하지 않고 예전과 같이 그대로 제공할 수 있고, 반대로 API가 변경돼도 모델은 그대로 남겨둘 수 있다.

그렇다면 (이벤트 도입이) 반대방향으로 다시 돌아가는 것일까? 하지만 핵심 도메인 모델은 여전히 다른 계층과 관계없이 바뀔 수 있다. 이벤트 도입은 외부 세계와 이벤트 클래스를 연결할 뿐이다. 이벤트도 도메인의 일부분이지만 이벤트는 도메인에 비해 훨씬 덜 자주 바뀔 것이라고 예상하면 연결을 해도 어느정도 타당한 대상이라 할 수 있다.

이벤트를 도입하면 어떤 이익이 있을까? 이제는 애플리케이션의 어떤 유스 케이스를 호출할 때 기본 타입들의 특정 조합을 기억할 필요가 없다. 단지 애플리케이션에 대한 입력을 표현하는 단일 이벤트 클래스를 사용하면 된다. 이는 개념적으로는 아주 훌륭하다. 부록 E를 보면 알 수 있듯이 이런 이벤트 클래스는 입력값을 검증할 수 있는 아주 좋은 장소이기도 하다.

9.2.1 메시지 버스는 이제 이벤트를 UoW로부터 수집한다

이벤트 핸들러는 이제 UoW가 필요하다. 추가로 애플리케이션에서 메시지 버스는 더 중심 위치를 차지하게 됐다. 메시지 버스가 명시적으로 새 이벤트를 수집하고 처리하는 것을 담당하는 편이 더 타당하다. 현재는 UoW와 메시지 버스 사이에 순환적인 의존성이 약간 존재한다. 따라서 이를 단방향으로 만들어야 한다.

UoW를 취하고 대기열을 관리하는 핸들(src/allocation/service_layer/messagebus.py)

```
def handle(event: events.Event, uow: unit_of_work.AbstractUnitOfWork):     # ①
    queue = [event]                                   # ②
    while queue:
        event = queue.pop(0)                          # ③
        for handler in HANDLERS[type(event)]:         # ③
            handler(event, uow=uow)                   # ④
            queue.extend(uow.collect_new_events())    # ⑤
```

① 메시지 버스는 이제 시작할 때마다 UoW를 전달받는다.

② 첫 번째 이벤트를 처리할 때 대기열을 시작한다.

③ 대기열의 앞에서 이벤트를 pop해서 적절한 핸들러에 넘긴다(HANDLERS 사전은 바뀌지 않았다. 여전히 각 이벤트 타입을 핸들러 함수로 매핑한다).

④ 메시지 버스는 UoW를 각 핸들러에게 전달한다.

⑤ 핸들러가 종료되면 새롭게 생성된 이벤트를 수집하고, 이 이벤트들을 대기열에 추가한다.

unit_of_work.py에서 publish_events()는 이제 덜 능동적인 메서드인 publish_new events()가 된다.

UoW는 이제 버스에 직접 이벤트를 넣지 않는다(src/allocation/service_layer/unit_of_work.py)

```
-from . import messagebus    # ①
-


 class AbstractUnitOfWork(abc.ABC):
@@ -23,13 +21,11 @@ class AbstractUnitOfWork(abc.ABC):
     def commit(self):
         self._commit()
-        self.publish_events()      # ②
-    def publish_events(self):
+    def collect_new_events(self):
         for product in self.products.seen:
             while product.events:
-                event = product.events.pop(0)
-                messagebus.handle(event)
+                yield product.events.pop(0)    # ③
```

① unit_of_work 모듈은 더 이상 messagebus에 의존하지 않는다.

② 커밋이 일어나도 더 이상 publish_events를 자동으로 호출하지 않는다. 그 대신 이 메시지 버스는 이벤트 대기열을 추적한다.

③ UoW는 더 이상 메시지 버스에 메시지를 능동적으로 추가하지 않는다. 단지 이벤트를 제공한다.

9.2.2 모든 테스트는 이벤트 바탕으로 다시 쓸 수 있다

이제 모든 테스트가 서비스 계층의 함수를 직접 호출하는 대신, 이벤트를 만들어서 메시지 버스에 넣는 방식으로 작동하게 만들 수 있다.

이벤트를 사용한 핸들러 테스트(tests/unit/test_handlers.py)

```
  class TestAddBatch:

      def test_for_new_product(self):
          uow = FakeUnitOfWork()
-         services.add_batch("b1", "CRUNCHY-ARMCHAIR", 100, None, uow)
+         messagebus.handle(
+             events.BatchCreated("b1", "CRUNCHY-ARMCHAIR", 100, None), uow
+         )
          assert uow.products.get("CRUNCHY-ARMCHAIR") is not None
          assert uow.committed

  ...


  class TestAllocate:

      def test_returns_allocation(self):
          uow = FakeUnitOfWork()
-         services.add_batch("batch1", "COMPLICATED-LAMP", 100, None, uow)
-         result = services.allocate("o1", "COMPLICATED-LAMP", 10, uow)
+         messagebus.handle(
+             events.BatchCreated("batch1", "COMPLICATED-LAMP", 100, None), uow
+         )
+         result = messagebus.handle(
+             events.AllocationRequired("o1", "COMPLICATED-LAMP", 10), uow
+         )
          assert result == "batch1"
```

9.2.3 보기 싫은 임시 땜빵: 결과를 반환해야 하는 메시지 버스

API와 서비스 계층은 이제 allocate() 핸들러를 호출할 때 할당된 배치에 대한 참조를 알고 싶다. 즉 메시지 버스를 임시로 고쳐서 이벤트를 반환하게 만들어야 한다는 의미다.

메시지 버스가 결과를 반환함(src/allocation/service_layer/messagebus.py)

```
    def handle(event: events.Event, uow: unit_of_work.AbstractUnitOfWork):
+       results = []
        queue = [event]
        while queue:
            event = queue.pop(0)
            for handler in HANDLERS[type(event)]:
-               handler(event, uow=uow)
+               results.append(handler(event, uow=uow))
                queue.extend(uow.collect_new_events())
+       return results
```

이렇게 해야 하는 이유는 시스템에서 읽기와 쓰기 책임이 혼합되어 있기 때문이다. 12장에서 이 문제에 대해 다시 살펴본다.

9.2.4 이벤트로 작동하도록 API 변경

메시지 버스를 사용하게 플라스크 앱을 바꾼 코드의 diff(src/allocation/entrypoints/flask_app.py)

```
    @app.route("/allocate", methods=['POST'])
    def allocate_endpoint():
        try:
-           batchref = services.allocate(
-               request.json['orderid'], # ①
-               request.json['sku'],
-               request.json['qty'],
-               unit_of_work.SqlAlchemyUnitOfWork(),
+           event = events.AllocationRequired( # ②
+               request.json['orderid'], request.json['sku'], request.json['qty'],
            )
+           results = messagebus.handle(event, unit_of_work.SqlAlchemyUnitOfWork()) # ③
+           batchref = results.pop(0)
        except InvalidSku as e:
```

① JSON 요청에서 추출한 여러 기본 타입 값으로 서비스 계층을 호출하는 대신에

② 이벤트를 인스턴스화하고

③ 메시지 버스에 이벤트를 전달한다

이제는 완전히 작동하는 애플리케이션으로 돌아갈 수 있어야 한다. 이제는 애플리케이션이 완전히 이벤트 기반으로 작동한다.

- 서비스 계층 함수들은 이제 이벤트 핸들러가 됐다.
- (서비스 계층 함수가 이벤트 핸들러가 됨으로써) 서비스 계층 함수 호출과 도메인 모델에서 발생한 내부 이벤트를 처리하기 위한 함수 호출이 동일해졌다.
- 이벤트는 시스템 입력을 잡아내는 데이터 구조로 사용한다. 동시에 내부 작업 덩어리를 전달하기 위한 데이터 구조로도 사용한다.
- 여러분의 선호도에 따라 전체 앱은 메시지 처리기나 이벤트 처리기라고 말할 수 있다. 이 둘의 차이점을 구별하는 방법은 10장에서 설명한다.

9.3 새로운 요구 사항 구현하기

지금까지 리팩터링 단계를 마쳤다. 정말 코드를 '변경하기 쉽게' 변경했는지 살펴볼 것이다. [그림 9-4]처럼 새로운 요구 사항을 구현해보자. 입력으로 새 BatchQuantityChanged 이벤트를 받아 핸들러에 넘기고, 이 핸들러는 다시 어떤 AllocationRequired 이벤트를 발생시킨다. 이는 다시 기존 핸들러에 넘겨져서 재할당을 일으킬 수 있다.

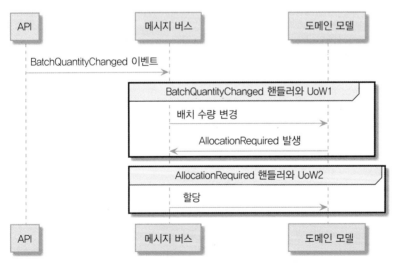

그림 9-4 재할당 흐름의 시퀀스 다이어그램

9.3.1 새로운 이벤트

배치 수량의 변경을 알려주는 이벤트는 단순하다. 단지 배치에 대한 참조와 새로운 수량만 있으면 된다.

새 이벤트(src/allocation/domain/events.py)

```python
@dataclass
class BatchQuantityChanged(Event):
    ref: str
    qty: int
```

9.4 새 핸들러 시범운영하기

4장에서 배운 교훈을 따르면, '높은 기어비'를 사용해 일하면서 단위 테스트를 가장 최상위 수준(여기서는 이벤트 수준)에서 작성할 수 있다. 다음은 테스트 코드다.

change_batch_quantity에 대한 핸들러 테스트(tests/unit/test_handlers.py)

```python
class TestChangeBatchQuantity:

    def test_changes_available_quantity(self):
        uow = FakeUnitOfWork()
        messagebus.handle(
            events.BatchCreated("batch1", "ADORABLE-SETTEE", 100, None), uow
        )
        [batch] = uow.products.get(sku="ADORABLE-SETTEE").batches
        assert batch.available_quantity == 100   # ①
```

```
        messagebus.handle(events.BatchQuantityChanged("batch1", 50), uow)

        assert batch.available_quantity == 50      # ①

    def test_reallocates_if_necessary(self):
        uow = FakeUnitOfWork()
        event_history = [
            events.BatchCreated("batch1", "INDIFFERENT-TABLE", 50, None),
            events.BatchCreated("batch2", "INDIFFERENT-TABLE", 50, date.today()),
            events.AllocationRequired("order1", "INDIFFERENT-TABLE", 20),
            events.AllocationRequired("order2", "INDIFFERENT-TABLE", 20),
        ]
        for e in event_history:
            messagebus.handle(e, uow)
        [batch1, batch2] = uow.products.get(sku="INDIFFERENT-TABLE").batches
        assert batch1.available_quantity == 10
        assert batch2.available_quantity == 50

        messagebus.handle(events.BatchQuantityChanged("batch1", 25), uow)

        # order1이나 order2가 할당 해제되어 25-20이 수량이 된다.
        assert batch1.available_quantity == 5    # ②
        # 다음 배치에서 20을 재할당
        assert batch2.available_quantity == 30   # ②
```

① 간단한 경우는 수량만 변경하면 되므로 구현하기가 매우 쉽다.

② 할당된 수량보다 더 작게 수량을 바꾸면 최소 주문 한 개를 할당 해제하고 새로운 배치에 이 주문을 재할
   당해야 하는 걸 예상할 수 있다.

9.4.1 구현

새 핸들러는 아주 단순하다.

핸들러는 모델 계층에 위임(src/allocation/service_layer/handlers.py)

```
def change_batch_quantity(
        event: events.BatchQuantityChanged, uow: unit_of_work.AbstractUnitOfWork
):
    with uow:
        product = uow.products.get_by_batchref(batchref=event.ref)
```

```
        product.change_batch_quantity(ref=event.ref, qty=event.qty)
        uow.commit()
```

저장소에 새로운 질의 타입이 필요하다는 사실을 깨달았다.

저장소에 추가할 새 질의 타입(src/allocation/adapters/repository.py)

```
class AbstractRepository(abc.ABC):
    ...

    def get(self, sku) -> model.Product:
    ...

    def get_by_batchref(self, batchref) -> model.Product:
        product = self._get_by_batchref(batchref)
        if product:
            self.seen.add(product)
        return product

    @abc.abstractmethod
    def _add(self, product: model.Product):
        raise NotImplementedError

    @abc.abstractmethod
    def _get(self, sku) -> model.Product:
        raise NotImplementedError

    @abc.abstractmethod
    def _get_by_batchref(self, batchref) -> model.Product:
        raise NotImplementedError
    ...

class SqlAlchemyRepository(AbstractRepository):
    ...

    def _get(self, sku):
        return self.session.query(model.Product).filter_by(sku=sku).first()

    def _get_by_batchref(self, batchref):
        return self.session.query(model.Product).join(model.Batch).filter(
            orm.batches.c.reference == batchref,
        ).first()
```

그리고 FakeRepository도 변경한다.

가짜 저장소도 변경(tests/unit/test_handlers.py)

```python
class FakeRepository(repository.AbstractRepository):
    ...

    def _get(self, sku):
        return next((p for p in self._products if p.sku == sku), None)

    def _get_by_batchref(self, batchref):
        return next((
            p for p in self._products for b in p.batches
            if b.reference == batchref
        ), None)
```

> **NOTE_** 이 유스 케이스를 쉽게 구현하기 위해 저장소에 질의를 추가했다. 질의가 단일 애그리게이트를 반환하면 이런 추가는 어떤 규칙에도 위배되지 않는다. 하지만 저장소에 대해 복잡한 질의를 만든다면 다른 설계가 필요할 수도 있다. get_most_popular_products나 find_products_by_order_id와 같은 메서드는 분명 우리의 스파이더 센스(스파이더맨이 위험할 때 느끼는 감각)를 자극한다. 11장과 14장에서 복잡한 질의를 다루는 몇 가지 방법을 알려준다.

9.4.2 도메인 모델의 새 메서드

모델에 새 메서드를 추가한다. 이 메서드는 수량을 변경하자마자 인라인으로 할당을 해제하고 새 이벤트를 발행한다. 그리고 기존 할당 함수를 이벤트가 발생하도록 변경한다.

모델을 새 요구 사항에 맞춰 변화시킨다(src/allocation/domain/model.py)

```python
class Product:
    ...
    def change_batch_quantity(self, ref: str, qty: int):
        batch = next(b for b in self.batches if b.reference == ref)
        batch._purchased_quantity = qty
        while batch.available_quantity < 0:
            line = batch.deallocate_one()
```

```
        self.events.append(
            events.AllocationRequired(line.orderid, line.sku, line.qty)
        )
    ...

class Batch:
    ...
    def deallocate_one(self) -> OrderLine:
        return self._allocations.pop()
```

새 핸들러를 이벤트와 연결한다.

메시지 버스가 커진다(src/allocation/service_layer/messagebus.py)

```
HANDLERS = {
    events.BatchCreated: [handlers.add_batch],
    events.BatchQuantityChanged: [handlers.change_batch_quantity],
    events.AllocationRequired: [handlers.allocate],
    events.OutOfStock: [handlers.send_out_of_stock_notification],
} # type: Dict[Type[events.Event], List[Callable]]
```

이제 새 요구 사항을 완전히 구현했다.

9.5 선택: 가짜 메시지 버스와 독립적으로 이벤트 핸들러 단위 테스트하기

재할당 워크플로에 대한 주 테스트는 에지투에지 테스트다(9.4절 참조). 테스트는 실제 메시지 버스를 사용하고 전체 워크플로를 테스트한다. 이 워크플로에서는 BatchQuantityChanged 핸들러가 할당 해제를 일으키고, 새 AllocationRequired 이벤트가 발생한다. 이이벤트에 대한 핸들러가 다시 호출된다. 이 테스트는 여러 이벤트와 핸들러의 연쇄를 테스트한다.

이벤트 연쇄의 복잡도에 따라 다른 핸들러와 독립적으로 일부 핸들러를 테스트하고 싶을 수도 있다. '가짜' 메시지 버스를 사용하면 이런 테스트를 할 수 있다.

다음 예제에서 FakeUnitOfWork의 publish_events() 메서드를 변경해 실제 메시지 버스와 분리할 수 있다. 이때 메시지 버스에 이벤트를 넣는 대신 발생시킨 이벤트를 리스트에 저장한다.

```python
class FakeUnitOfWorkWithFakeMessageBus(FakeUnitOfWork):

    def __init__(self):
        super().__init__()
        self.events_published = []  # type: List[events.Event]

    def publish_events(self):
        for product in self.products.seen:
            while product.events:
                self.events_published.append(product.events.pop(0))
```

이제 FakeUnitOfWorkWithFakeMessageBus를 사용해 messagebus.handle()를 호출하면
이벤트의 핸들러만 실행된다. 따라서 서로 더 격리된 단위 테스트를 작성할 수 있다. 모든 부수
효과를 검사하는 대신 이미 할당된 수량이 수량 이하로 내려갈 경우 BatchQuantityChanged
가 AllocationRequired 이벤트를 발생시키는지만 검사할 수 있다.

격리시켜서 재할당 테스트(tests/unit/test_handlers.py)

```python
def test_reallocates_if_necessary_isolated():
    uow = FakeUnitOfWorkWithFakeMessageBus()

    # 예전처럼 설정
    event_history = [
        events.BatchCreated("batch1", "INDIFFERENT-TABLE", 50, None),
        events.BatchCreated("batch2", "INDIFFERENT-TABLE", 50, date.today()),
        events.AllocationRequired("order1", "INDIFFERENT-TABLE", 20),
        events.AllocationRequired("order2", "INDIFFERENT-TABLE", 20),
    ]
    for e in event_history:
        messagebus.handle(e, uow)
    [batch1, batch2] = uow.products.get(sku="INDIFFERENT-TABLE").batches
    assert batch1.available_quantity == 10
    assert batch2.available_quantity == 50

    messagebus.handle(events.BatchQuantityChanged("batch1", 25), uow)

    # 부수 효과로 이벤트 방출 대신 발생한 새 이벤트에 대해 어서션으로 조건 검사
    [reallocation_event] = uow.events_published
    assert isinstance(reallocation_event, events.AllocationRequired)
```

```
        assert reallocation_event.orderid in {'order1', 'order2'}
        assert reallocation_event.sku == 'INDIFFERENT-TABLE'
```

이런 식으로 테스트를 할지 말지는 이벤트 연쇄의 복잡도에 달려 있다. 처음에는 에지투에지 테스트를 만들고 꼭 필요할 때만 독립적인 테스트를 작성하는 걸 권한다.

연습 문제

여러분이 어떤 코드를 정확히 이해하려면 해당 코드를 리팩터링해보면 된다. 핸들러를 독립적으로 테스트하는 방법에 대해 이야기할 때 FakeUnitOfWorkWithFakeMessageBus를 언급했다. 이 클래스는 불필요할 정도로 너무 복잡하고 SRP에 위배된다.

메시지 버스를 클래스[3]로 만들면 FakeMessageBus를 더 쉽게 만들 수 있다.

추상 메시지 버스와 이 추상 버스의 실제 버전과 가까운 버전

```
class AbstractMessageBus:
    HANDLERS: Dict[Type[events.Event], List[Callable]]

    def handle(self, event: events.Event):
        for handler in self.HANDLERS[type(event)]:
            handler(event)

class MessageBus(AbstractMessageBus):
    HANDLERS = {
        events.OutOfStock: [send_out_of_stock_notification],
    }

class FakeMessageBus(messagebus.AbstractMessageBus):
    def __init__(self):
        self.events_published = [] # type: List[events.Event]
        self.handlers = {
            events.OutOfStock: [lambda e: self.events_published.
append(e)]
        }
```

---

3 이번 장에서 만든 '간단한' 구현은 원래 messagebus.py 모듈 자체를 사용해 싱글턴 패턴(singleton pattern)을 구현한다.

깃허브(*https://github.com/cosmicpython/code/tree/chapter_09_all_messagebus*)에서 클래스 기반 버전이 작동하게 만들 수 있는지 시도해보길 바란다. 그다음 앞에서 살펴본 `test_reallocates_if_necessary_isolated()`에 해당하는 테스트의 새 버전을 작성해보자.

더 많은 영감을 얻고자 13장에서는 클래스 기반 메시지 버스를 사용한다.

9.6 마치며

이제 성공적으로 실행한 내용을 다시 살펴보며 왜 그렇게 생각했는지에 대해 알아보자.

9.6.1 시스템을 어떻게 변경했는가?

이벤트는 시스템 안의 내부 메시지와 입력에 대한 데이터 구조를 정의하는 간단한 데이터 클래스다. 이벤트는 비즈니스 언어로 아주 잘 번역되기 때문에 DDD 관점에서 이벤트는 상당히 강력한 개념이다(**이벤트 스토밍**^{event storming}이라는 용어를 찾아보지 않은 독자는 한번 찾아보길 바란다).

핸들러는 이벤트에 반응하는 방법이다. 핸들러는 모델을 호출하거나 외부 서비스를 호출할 수 있다. 원한다면 한 이벤트에 여러 핸들러를 정의할 수도 있다. 또한 핸들러는 다른 이벤트를 만들어낼 수도 있다. 이를 통해 핸들러가 수행하는 일의 크기를 세밀하게 조절해서 SRP를 유지할 수도 있다.

9.6.2 왜 이렇게 시스템을 변경했는가?

이런 아키텍처 패턴을 채택한 목적은 애플리케이션의 크기가 커지는 속도보다 복잡도가 증가하는 속도를 느리게 만들기 위해서이다. 메시지 버스에 모든 것을 실으면 아키텍처의 복잡도 측면에서는 비용을 지불하지만([표 9-1] 참조), 필요한 작업을 수행하기 위해 더 이상 개념적으로나 아키텍처적으로 코드를 변경할 필요 없이 복잡한 요구 사항 대부분을 거의 다 처리할 수 있는 패턴을 얻게 된다.

여기서는 꽤 복잡한 유스 케이스(수량 변경, 할당 해제, 새로운 트랜잭션 시작, 재할당, 외부에 통지)를 추가했지만, 아키텍처 측면에서 보면 이런 내용을 추가해도 아무 복잡도 추가가 없다. 새로운 이벤트와 새로운 핸들러를 추가하고 외부 어댑터(이메일)를 새로 붙였지만, 이 모두는 이미 우리가 이해하고 어떻게 추론해야 할지 잘 아는 아키텍처에 속한 **물건**object의 범주에 들어간다. 따라서 이를 새로운 개발자에게 설명하기도 쉽다. 이 아키텍처에서 움직이는 부품은 모두 한 가지 작업만 담당하고, 서로 잘 정의된 방식으로 연결되며 예상할 수 없는 부작용도 없다.

표 9-1 전체 앱이 메시지 버스인 경우의 트레이드오프

장점	단점
• 핸들러와 서비스가 똑같은 물건이라서 더 단순하다. • 시스템 입력을 처리하기 좋은 데이터 구조가 있다.	• 웹이라는 관점에서 메시지 버스를 보면 여전히 예측하기 어려운 처리 방법이다. 작업이 언제 끝나는지 예측하기가 어렵다. • 모델 객체와 이벤트 사이에 필드와 구조 중복이 있고, 이에 대한 유지보수가 필요하다. 한쪽에 필드를 추가한다면 다른 쪽에 속한 객체에 두 개 이상 필드를 추가해야 한다.

이제 BatchQuantityChanged 같은 이벤트가 어디서 비롯되어야 하는지 궁금할 것이다. 이 책의 후반부에서 이에 대한 답을 찾아볼 것이다. 그전에 먼저 이벤트와 커맨드의 차이에 대해 살펴보자.

## CHAPTER 10

커맨드와 커맨드 핸들러

이전 장에서는 시스템 입력을 표현하기 위해 이벤트를 사용하는 방법에 대해 이야기하고, 애플리케이션을 메시지 처리 기계로 변환했다.

이를 달성하기 위해 모든 유스 케이스 함수를 이벤트 핸들러로 변경했다. API는 새 배치를 만드는 POST를 받으면 새로운 BatchCreated 이벤트를 만들어서 내부 이벤트처럼 처리한다. 이런 처리 방식은 직관에 어긋나는 것처럼 보인다. 무엇보다 배치는 아직 생성되지도 않아서 API를 호출한다. 이벤트와 같은 메시지 버스를 다루지만 약간 다른 규칙으로 처리하는 커맨드를 도입해 개념상 이상한 부분을 수정한다.

> TIP_ 이번 장의 코드는 깃허브의 chapter_10_commands 브랜치에 있다(*https://oreil.ly/U_VGa*).
>
> ```
> git clone https://github.com/cosmicpython/code.git
> cd code
> git checkout chapter_10_commands
> # 또는 10장을 따라 하고 싶다면 9장을 확인하길 바란다.
> git checkout chapter_09_all_messagebus
> ```

10.1 커맨드와 이벤트

이벤트와 마찬가지로 **커맨드**^{command}도 메시지의 일종이다. 시스템의 한 부분에서 다른 부분으로 전달되는 명령이 커맨드다. 보통은 커맨드를 아무 메서드도 들어있지 않은 데이터 구조^{dumb} ^{data structure}로 표현하고 이벤트와 거의 같은 방식으로 처리한다.

하지만 커맨드와 이벤트의 차이는 중요하다.

커맨드는 한 행위자로부터 다른 구체적인 행위자에게 전달된다. 보내는 행위자는 받는 행위자가 커맨드를 받고 구체적인 작업을 수행하길 바란다. API 핸들러에 폼을 전달하는 행위는 커맨드를 전달하는 행위와 같다. 그래서 커맨드의 이름을 붙일 때는 'allocate stock(재고를 할당하라)', 'delay shipment(선적을 지연하라)'와 같은 명령형 동사구를 사용한다.

커맨드는 **의도**^{intent}를 잡아낸다. 커맨드는 시스템이 어떤 일을 수행하길 바라는 의도를 드러낸다. 그 결과, 커맨드를 보내는 행위자는 커맨드 수신자가 커맨드 처리에 실패했을 때 오류 정보를 돌려받기를 바란다.

이벤트^{event}는 행위자가 관심있는 모든 리스너에게 보내는 메시지다. `BatchQuantityChanged` 라는 이벤트를 발행해도 발행하는 행위자는 누가 이 이벤트를 받는지에 대해 모른다. 이벤트를 보내는 쪽은 받는 쪽의 성공이나 실패에 관심 없다. [표 10-1]은 커맨드와 이벤트의 차이를 정리했다.

표 **10-1** 이벤트와 커맨드 비교

	이벤트	커맨드
이름	과거형	명령형
오류 처리	(송신하는 쪽과) 독립적으로 실패함	(송신하는 쪽에 오류를 돌려주면서) 시끄럽게 실패함
받는 행위자	모든 리스너	정해진 수신자

현재 시스템에는 어떤 커맨드가 있는가?

```
class Command:
    pass

@dataclass
class Allocate(Command):    # ①
    orderid: str
    sku: str
    qty: int

@dataclass
class CreateBatch(Command): # ②
    ref: str
    sku: str
    qty: int
    eta: Optional[date] = None

@dataclass
class ChangeBatchQuantity(Command):  # ③
    ref: str
    qty: int
```

① commands.Allocate는 events.AllocationRequired를 대신한다.

② commands.CreateBatch는 events.BatchCreated를 대신한다.

③ commands.ChangeBatchQuantity는 events.BatchQuantityChanged를 대신한다.

10.2 예외 처리 방식의 차이점

이름과 동사를 변경하는 것은 아무 문제가 없다. 그렇게 해도 시스템의 동작이 바뀌지 않는다. 이제 이벤트와 커맨드를 비슷하게 처리하지만 완전히 똑같이 취급하지는 않을 것이다. 메시지 버스를 어떻게 바꿔야 하는지 살펴보자.

이벤트와 커맨드 전달(src/allocation/service_layer/messagebus.py)

```python
Message = Union[commands.Command, events.Event]

def handle(message: Message, uow: unit_of_work.AbstractUnitOfWork):  # ①
    results = []
    queue = [message]
    while queue:
        message = queue.pop(0)
        if isinstance(message, events.Event):
            handle_event(message, queue, uow)          # ②
        elif isinstance(message, commands.Command):
            cmd_result = handle_command(message, queue, uow)     # ②
            results.append(cmd_result)
        else:
            raise Exception(f'{message} was not an Event or Command')
    return results
```

① 여전히 message를 입력으로 받는 주 handle() 진입점이 있다. message는 이벤트일 수도, 커맨드일 수도 있다.

② 두 가지 도우미 함수를 사용해 이벤트와 커맨드를 전달한다. 잠시 후 이 둘에 대해 설명한다.

다음 코드는 이벤트 처리 방법을 보여준다.

이벤트는 흐름을 방해할 수 없다(src/allocation/service_layer/messagebus.py)

```python
def handle_event(
    event: events.Event,
    queue: List[Message],
    uow: unit_of_work.AbstractUnitOfWork
):
    for handler in EVENT_HANDLERS[type(event)]:    # ①
        try:
            logger.debug('handling event %s with handler %s', event, handler)
            handler(event, uow=uow)
            queue.extend(uow.collect_new_events())
        except Exception:
            logger.exception('Exception handling event %s', event)
            continue    # ②
```

① 한 이벤트를 여러 핸들러가 처리하도록 위임할 수 있는 디스패처로 이벤트가 처리된다.

② 오류가 발생하면 오류를 찾아서 로그에 남기지만, 오류가 메시지 처리를 방해하지는 못하게 한다.

다음은 커맨드 처리 방법이다.

커맨드는 예외를 다시 발생시킨다(src/allocation/service_layer/messagebus.py)

```python
def handle_command(
    command: commands.Command,
    queue: List[Message],
    uow: unit_of_work.AbstractUnitOfWork
):
    logger.debug('handling command %s', command)
    try:
        handler = COMMAND_HANDLERS[type(command)]  # ①
        result = handler(command, uow=uow)
        queue.extend(uow.collect_new_events())
        return result   # ③
    except Exception:
        logger.exception('Exception handling command %s', command)
        raise   # ②
```

① 커맨드 디스패처는 커맨드 한 개에 핸들러 한 개만 허용한다.

② 오류가 발생하면 빠르게 실패하면서 오류를 위로 전파한다.

③ return result는 임시 방편에 불과하다. 9.2.3절에서 언급했듯이 이 방법은 API가 사용하기 위한 배치에 대한 참조를 돌려주기 위해 채택한 임시방편일 뿐이다. 12장에서 이 문제를 수정한다.

HANDLERS 사전을 커맨드에 대한 사전과 이벤트에 대한 사전으로 나눠야 한다. 우리가 정한 관습에 따르면, 한 커맨드에는 핸들러가 하나밖에 없다.

새로운 핸들러 딕셔너리(src/allocation/service_layer/messagebus.py)

```python
EVENT_HANDLERS = {
    events.OutOfStock: [handlers.send_out_of_stock_notification],
}  # type: Dict[Type[events.Event], List[Callable]]

COMMAND_HANDLERS = {
    commands.Allocate: handlers.allocate,
    commands.CreateBatch: handlers.add_batch,
```

```
        commands.ChangeBatchQuantity: handlers.change_batch_quantity,
    } # type: Dict[Type[commands.Command], Callable]
```

10.3 논의: 이벤트, 커맨드, 오류 처리

이 지점에서 불편함을 느낀 여러 개발자는 다음과 같은 질문을 던질 것이다. "이벤트 처리에 실패하면 어떻게 되는가?", "시스템이 일관성 있는 상태를 유지한다고 어떻게 확신할 수 있는가?", "messagebus.handle에서 이벤트 절반밖에 처리하지 못했는데 메모리 부족 오류로 프로세스가 죽어서 사라진 메시지로 생긴 문제는 어떻게 해결할 수 있을까?"

최악의 경우부터 생각해보자. 이벤트를 처리하는 데 실패했고 시스템은 일관성 없는 상태로 남아 있다. 이로 인해 어떤 오류가 생길 수 있는지에 대해 생각해볼 수 있다. 연산 중 일부만 완료된 경우 시스템이 일관성 없는 상태가 될 수 있다.

예를 들어 DESIRABLE_BEANBAG을 3단위 고객 주문에 할당했지만 남은 재고를 감소시키는 데 실패했다고 가정하자. 이런 경우 일관성이 없는 상태가 생긴다. 여러분이 보는 관점에 따라 3단위 재고가 할당일 수도 있고 가용재고일 수도 있다. 나중에 같은 빈백(녹두알이 든 주머니)을 다른 고객의 주문에 할당해서 고객 지원팀에게 두통을 선사할 수도 있다.

하지만 할당 서비스에서는 이런 일이 발생하지 않도록 조치를 취했다. **애그리게이트**를 일관성 경계로 동작하게 했고, 애그리게이트에 대한 업데이트 성공이나 실패를 원자적으로 처리하기 위해 UoW를 설계했다.

예를 들어 주문에 재고를 할당하면 일관성 경계는 **Product** 애그리게이트다. 즉 실수로도 과할당을 할 수 없다는 뜻이다. 특정 주문 라인이 제품에 할당하거나 그렇지 않으면 아예 할당되지 않는다. 따라서 어떠한 이유로도 일관성 없는 상태에 들어갈 수 없다.

정의에 따르면 두 애그리게이트는 즉각적으로 일관성 있을 필요가 없다. 어떤 이벤트를 처리하다 실패해서 애그리게이트 한 개만 업데이트한다고 해도, 시스템은 결국에는 일관성이 있게 된다. 시스템의 제약조건을 위배하면 안 된다.

이런 예제를 통해 메시지를 커맨드와 이벤트로 분리하는 이유를 더 잘 이해할 수 있다. 사용자가 시스템이 어떤 일을 하기를 원한다면 이 요청을 **커맨드**로 표현한다. 커맨드는 한 **애그리게이트**를 변경해야 하고, 전체적으로 성공하거나 전체적으로 실패해야 한다. 시스템이 수행하는 다른 북키핑, 정리, 통지는 **이벤트**를 통해 발생한다. 커맨드가 성공하기 위해 이벤트 핸들러가 성공할 필요는 없다.

커맨드가 성공하기 위해 이벤트가 성공하지 않아도 되는 이유를 이해하기 위해 다른 예제(다른 가상의 프로젝트)를 살펴보자.

비싼 명품을 파는 전자상거래 사이트를 만든다고 가정해보자. 마케팅팀에서 단골 고객을 확대하기 위해 3번 방문한 고객을 VIP로 표시한 다음 다른 고객보다 우선 대우해주며 특별한 혜택을 부여한다. VIP 고객 선정 기준을 다음과 같이 정리할 수 있다.

주문 이력이 2개 있는
고객이 3번째 주문을 넣을 때
이 고객을 VIP로 설정한다.
처음 VIP로 변경된 고객에게는
축하 이메일을 보낸다.

이 책에서 이미 논의한 기법을 사용하면 새로운 History 애그리게이트를 만들 수 있다. History 애그리게이트는 주문을 기록하고, 규칙을 만족할 때 도메인 이벤트를 발생시킬 수 있다. 코드를 다음과 같이 구성한다.

VIP 고객(다른 프로젝트의 예제 코드)

```python
class History: # 애그리게이트
    def __init__(self, customer_id: int):
        self.orders = set() # Set[HistoryEntry]
        self.customer_id = customer_id

    def record_order(self, order_id: str, order_amount: int):    # ①
        entry = HistoryEntry(order_id, order_amount)

        if entry in self.orders:
            return

        self.orders.add(entry)

        if len(self.orders) == 3:
```

```
        self.events.append(
            CustomerBecameVIP(self.customer_id)
        )

    def create_order_from_basket(uow, cmd: CreateOrder):    # ②
        with uow:
            order = Order.from_basket(cmd.customer_id, cmd.basket_items)
            uow.orders.add(order)
            uow.commit() # raises OrderCreated

    def update_customer_history(uow, event: OrderCreated):    # ③
        with uow:
            history = uow.order_history.get(event.customer_id)
            history.record_order(event.order_id, event.order_amount)
            uow.commit() # raises CustomerBecameVIP

    def congratulate_vip_customer(uow, event: CustomerBecameVip):    # ④
        with uow:
            customer = uow.customers.get(event.customer_id)
            email.send(
                customer.email_address,
                f'Congratulations {customer.first_name}!'
            )
```

① History 애그리게이트는 평범한 고객이 VIP가 되는 시점을 정하는 규칙을 잡아낸다. History는 미래에 규칙이 좀 더 유연해졌을 때도 규칙을 처리할 수 있는 좋은 장소가 된다.

② 첫 번째 핸들러는 고객 주문을 생성하고 OrderCreated라는 도메인 이벤트를 발생시킨다.

③ 두 번째 핸들러는 만들어진 주문을 기록하기 위해 History를 업데이트한다.

④ 마지막으로 고객에게 VIP가 됐음을 알리는 이메일을 보낸다.

이 코드를 보면 이벤트 기반 시스템에서 오류를 어떻게 처리하는지에 대한 직관을 얻을 수 있다.

현재 구현에서 애그리게이트는 상태를 데이터베이스에 영속화한 **다음에**^{after} 이벤트를 발생시킨다. 상태를 영속화하기 **전에**^{before} 이벤트를 발생시키고 동시에 모든 변화를 커밋하면 어떤 일이 발생할까? 이렇게 하면 모든 작업이 완료됐다고 확신할 수 있을 것 같은데 이 방식이 더 안전하지 않을까?

하지만 이메일 서버가 약간 과부하 상태라면 어떻게 될까? 모든 작업이 동시에 완료되어야 한다면 바쁜 이메일 서버가 주문을 결제하는 과정을 방해할 수도 있다.

History 애그리게이트 구현에 버그가 있다면 어떨까? 고객을 VIP로 인식하지 못했다고 고객의 결제를 처리하지 않아야 할까?

이런 관심사를 분리하면 실패할 수 있는 요소들이 서로 격리되어 실패하게 할 수 있다. 이렇게 하면 시스템 전체의 신뢰성이 높아진다. 이 코드에서 성공해야 하는 부분은 주문을 만드는 커맨드 핸들러뿐이다. 이 부분은 고객이 신경 쓰는 유일한 부분이고 비즈니스 관계자들이 중요하게 여기는 부분이다.

어떻게 트랜잭션 경계를 의도적으로 비즈니스 프로세스 시작과 끝을 일치시켰는지 살펴보자. 코드에서 사용하는 이름은 비즈니스 관계자들이 사용하는 언어와 일치하며 핸들러는 자연어로 작성한 판별 기준과 일치한다. 이런 식으로 이름과 구조가 일치하면 시스템이 더 커지고 복잡해질 때 시스템에 대해 추론하는 과정에서 도움이 된다.

10.4 동기적으로 오류 복구하기

이제 이벤트가 이벤트를 발생시킨 커맨드와 독립적으로 실패해도 좋다는 사실을 이해했길 바란다. 그렇다면 불가피하게 오류가 발생한 경우 오류를 복구시킬 수 있다고 확신하려면 어떻게 해야 할까?

제일 먼저 알아야 할 것은 **언제**^{when} 오류가 일어났는지 확인하는 것이다. 보통은 오류가 일어난 시점을 찾을 때 로그를 사용한다.

메시지 버스의 handle_event 메서드를 다시 살펴보자.

현재의 이벤트 처리 함수(src/allocation/service_layer/messagebus.py)

```
def handle_event(
    event: events.Event,
    queue: List[Message],
    uow: unit_of_work.AbstractUnitOfWork
):
```

```
for handler in EVENT_HANDLERS[type(event)]:
    try:
        logger.debug('handling event %s with handler %s', event, handler)
        handler(event, uow=uow)
        queue.extend(uow.collect_new_events())
    except Exception:
        logger.exception('Exception handling event %s', event)
        continue
```

시스템에서 메시지를 처리할 때 가장 먼저 하는 일은 무슨 일을 할지에 대한 로그를 기록하는 것이다. CustomerBecameVIP 유스 케이스의 경우 로그는 다음과 같다.

```
Handling event CustomerBecameVIP(customer_id=12345)
with handler <function congratulate_vip_customer at 0x10ebc9a60>
```

메시지 타입으로 데이터클래스를 선택했기 때문에 들어오는 데이터의 요약을 깔끔하게 출력할 수 있고, 객체를 다시 만들기 위해 이 출력을 복사해 파이썬 셀에 붙여 넣을 수 있다.

오류가 발생하면 로그에 저장된 데이터를 사용해 문제를 단위 테스트로 재현하거나 시스템에서 메시지를 다시 실행할 수 있다.

이벤트를 다시 처리하기 전에 버그를 수정해야 한다면 수동 재실행이 잘 작동한다. 하지만 시스템은 **언제나**always 백그라운드에서 일시적인 실패가 일정 수준 존재할 것이다. 이런 실패에는 네트워크의 일시적인 문제, 데이터베이스 테이블의 교착상태, 배치로 인해 잠깐 발생하는 서비스 중단 등이 있다.

이런 경우 재시도를 통해 시스템 상태를 우아하게 복구할 수 있다. '우아하게'라는 부사가 의미하는 것은 '처음에는 성공하지 못했지만 지수적으로 증가되는 백오프back-off 시간 이후에 연산을 재시도'한다는 뜻이다.

재시도가 있는 이벤트 처리 함수(src/allocation/service_layer/messagebus.py)

```
from tenacity import Retrying, RetryError, stop_after_attempt, wait_exponential  # ①

...

def handle_event(
```

```
    event: events.Event,
    queue: List[Message],
    uow: unit_of_work.AbstractUnitOfWork
):

    for handler in EVENT_HANDLERS[type(event)]:
        try:
            for attempt in Retrying(                # ②
                stop=stop_after_attempt(3),
                wait=wait_exponential()
            ):

                with attempt:
                    logger.debug('handling event %s with handler %s', event,
handler)
                    handler(event, uow=uow)
                    queue.extend(uow.collect_new_events())
        except RetryError as retry_failure:
            logger.error(
                'Failed to handle event %s times, giving up!,
                retry_failure.last_attempt.attempt_number
            )
            continue
```

① 파이썬 라이브러리의 tenacity는 재시도와 관련된 일반 패턴을 구현한다.

② 여기서 메시지 버스가 연산을 세 번 재시도하도록 설정한다. 지수적으로 대기 시간을 늘리면서 재시도
한다.

실패할 수도 있는 연산을 재시도하는 것은 아마 시스템의 회복 탄력성을 향상시키는 최선의 방
식일 것이다. 여기서도 작업 단위와 명령 핸들러 패턴이 각 재시도가 일관성 있는 시스템 상태
를 보장하고, 시스템이 작업이 반쯤 끝난 상태로 남지 않게 해준다.

> CAUTION_ tenacity와 관계없이 어느 시점에는 메시지를 처리하려는 시도를 포기해야 한다. 분산 메시
> 지를 사용해 신뢰할 수 있는 시스템을 만드는 것은 어려운 일이고, 이 책에서는 일부 어려운 부분을 대충 설
> 명하고 넘어가야 한다. 더 자세한 내용은 14장을 참고하길 바란다.

10.5 마치며

이 책에서는 커맨드 개념을 소개하기 전에 이벤트 개념을 소개했다. 하지만 다른 책에서는 반대 순서로 개념을 소개하기도 한다. 시스템이 응답할 수 있는 요청에 이름을 붙이고 자체적인 데이터 구조를 제공해 명시하는 일은 근본적인 일이다. 여기서 보여준 이벤트, 커맨드, 메시지 버스로 처리하는 과정을 **커맨드 핸들러**^{command handler}라는 이름으로 묘사하는 경우도 있다.

[표 10-2]는 커맨드와 이벤트 분리를 적용하기 전에 여러분이 고려해야 하는 요소다.

표 10-2 커맨드와 이벤트 분리의 트레이드오프

장점	단점
• 커맨드와 이벤트를 다른 방식으로 처리하면 어떤 부분이 꼭 성공해야 하는지, 어떤 부분은 나중에 정리해도 되는지를 구분하는 데 도움이 된다. • CreateBatch는 BatchCreated라는 이름보다 분명히 덜 혼란스러운 이름이다. 사용자에게 의도를 명시적으로 보여줄 수 있다. 명시성은 암시성보다 더 낫다. 그렇지 않은가?	• 커맨드와 이벤트의 의미적인 차이가 미묘하다. 이로 인해 둘 사이의 차이에 대해 고민하는 데 시간을 낭비할 수 있다. • 실패를 명확히 구분한다. 때로는 프로그램이 깨질 수 있다는 사실을 알고, 실패를 더 작게 만들고 격리시키는 방식으로 처리하기로 결정한다. 이로 인해 시스템에 대해 추론하기가 더 어려워질 수 있고 모니터링을 더 잘 해야 할 필요가 생긴다.

11장에서는 이벤트를 통합 패턴으로 사용하는 방법에 대해 살펴본다.

## CHAPTER 11

이벤트 기반 아키텍처: 이벤트를 사용한 마이크로서비스 통합

이전 장에서는 실제로 '배치 수량이 변경됨'이라는 이벤트를 **어떻게**^{how} 받을 수 있는지, 재할당에 대해 외부 세계에 어떻게 통지할 수 있을지에 대해 이야기하지 않았다.

현재 우리에게는 웹 API가 있는 마이크로서비스가 있다. 하지만 다른 시스템과 이야기하는 다른 방법은 없을까? 선적이 지연되거나 수량이 변경되면 시스템이 어떻게 이 사실을 알 수 있을까? 시스템이 창고 시스템에게 주문이 할당됐고 다른 고객에게 운송되어야 한다고 어떻게 이야기할 수 있을까?

이번 장에서는 이벤트 비유를 확장해 시스템으로 들어오거나 시스템에서 나가는 메시지까지 포용하는 방법을 살펴본다. 내부적으로 이제 애플리케이션의 핵심은 메시지 처리기다. 이런 구성을 계속 따라서 메시지 처리기가 외부로도^{externally} 메시지를 처리하도록 하자. [그림 11-1]처럼 우리 애플리케이션은 외부에서 들어오는 이벤트를 외부 메시지 버스를 통해 받고(레디스 발행/구독 대기열을 예제로 사용한다) 출력을 이벤트 형태로 외부 메시지 버스에 발행한다.

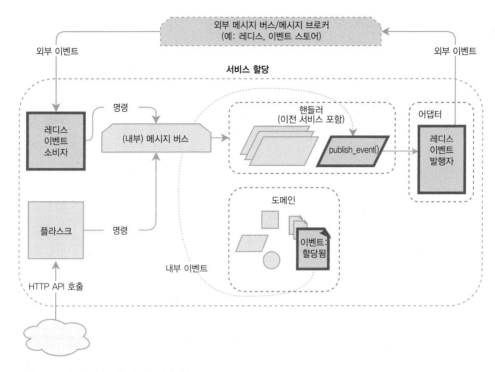

그림 11-1 애플리케이션은 메시지 처리기다

TIP_ 이번 장의 코드는 깃허브의 chapter_11_external_events 브랜치에 있다(*https://oreil.ly/ UiwRS*).

```
git clone https://github.com/cosmicpython/code.git
cd code
git checkout chapter_11_external_events
# 또는 11장을 따라 하고 싶다면 10장을 확인하길 바란다.
git checkout chapter_10_commands
```

11.1 분산된 진흙 공, 명사로 생각하기

자세히 들어가기 전에, 다른 대안에 대해 생각해보자. 필자는 마이크로서비스 아키텍처를 구축하는 엔지니어들과 정기적으로 이야기한다. 이들이 기존 애플리케이션을 마이그레이션하는 경우가 자주 있다. 그리고 마이그레이션할 때 엔지니어들이 본능적으로 하는 첫 번째 일은 시스템을 **명사**[noun]로 나누는 것이다.

지금까지 시스템에 도입된 명사에는 무엇이 있을까? 재고 배치, 주문, 상품, 고객 등이 있다. 단순하게 시스템을 나누면 [그림 11-2]처럼 나눌 수 있다(여기서 시스템 이름을 동작 대신 명사를 기준으로 붙였음에 유의하라. 예를 들어 '할당'이라는 동작 대신 '배치'라는 명사를 기준으로 이름을 붙였다).

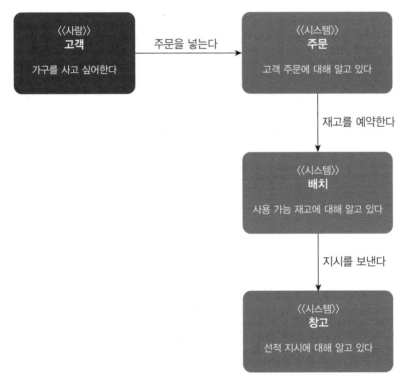

그림 11-2 명사 기반 서비스의 콘텍스트 다이어그램

이 시스템의 '물건'마다 연관된 서비스가 있고 서비스는 HTTP API를 노출한다.

[그림 11-3]에서 예제로 정상 경로^{happy path}를 진행해보자. 사용자가 웹사이트에 방문해 재고가 있는 상품을 선택한다. 상품을 장바구니에 담고 재고를 예약한다. 주문이 완료되면 예약을 확정하고 창고에 출고를 지시한다. 그리고 3번째 주문일 경우 고객 레코드를 변경해 일반 고객을 VIP로 승격시킨다.

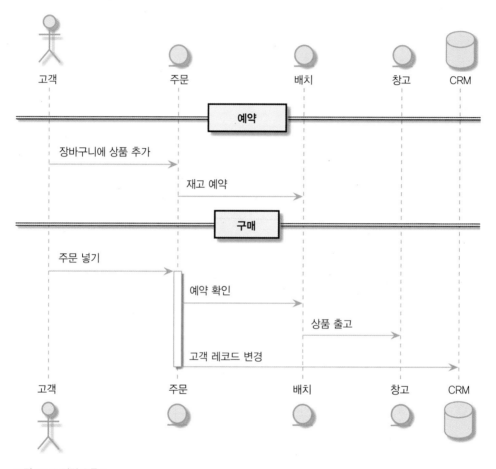

그림 11-3 명령 흐름 1

각 단계를 우리 시스템에서는 ReserveStock, ConfirmReservation, DispatchGoods, MakeCustomerVIP 등의 명령으로 생각할 수 있다.

이런 스타일의 아키텍처에서는 데이터베이스 테이블 단위로 마이크로서비스를 만들고 HTTP API를 빈약한(비즈니스 로직이 없는) 모델에 대한 CRUD 인터페이스로 취급하며, 서비스 중심의 설계를 처음 하는 사람들이 가장 일반적으로 취하는 방식이다.

간단한 시스템의 경우 이런 구조가 **잘**ine 작동하지만 곧 분산된 진흙공으로 악화되기 쉽다.

왜 그런지 알아보기 위해 다른 경우를 생각해보자. 창고에 새로운 재고가 도착하면 상품이 운송 중에 물로 인해 손상된 경우가 있다. 물로 손상된 소파를 팔 수 없으므로 이를 폐기하고 파트너사에 더 많은 재고를 요청해야 한다. 재고 모델을 업데이트해야 할 수도 있고 그로 인해 고객의 주문을 재할당해야 할 수도 있다.

어디에 이런 로직이 들어갈 수 있을까?

흠, 창고 시스템은 재고가 손상됐음을 안다. 따라서 [그림 11-4]처럼 창고 시스템이 이런 처리 과정을 담당해야 한다.

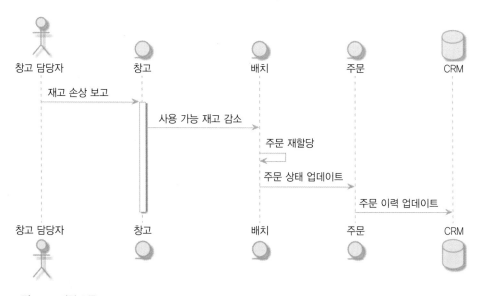

그림 11-4 명령 흐름 2

이런 구현 방식도 잘 작동한다. 하지만 의존성 그래프가 지저분해진다. 재고를 할당하려면 주문 서비스가 배치 시스템을 제어해야 한다. 배치 시스템은 다시 창고 시스템을 제어한다. 하지만 창고에 생긴 문제를 해결하려면 창고 시스템은 배치 시스템을 제어하고, 배치 시스템은 주문을 제어한다.

이 경우 시스템이 제공해야 하는 다른 워크플로의 숫자만큼 곱한다. 얼마나 빠르게 엉망진창이 되는지 쉽게 알 수 있다.

11.2 분산 시스템에서 오류 처리하기

'모든 것은 망가진다'는 소프트웨어 엔지니어링에서 일반적인 규칙이다. 어떤 요청이 실패하면 시스템에 어떤 일이 생길까? [그림 11-5]처럼 사용자의 MISBEGOTTEN-RUG 3단위 주문을 받은 직후 네트워크 오류가 발생했다고 가정하자.

두 가지 처리 방법이 있다. 어쨌든 주문을 넣되 할당은 하지 않거나 할당을 보장할 수 없으므로 주문을 거부할 수 있다. 배치 서비스의 실패 상태는 위로 전달돼서 주문 서비스의 신뢰성에 영향을 끼칠 것이다.

두 가지를 함께 바꿔야 하는 경우를 서로 **결합됐다**^{coupled}고 말한다. 앞 단락에서 본 연쇄적인 실패를 **시간적 결합**^{temporal coupling}이라고 부른다. 시스템의 모든 부분이 동시에 제대로 작동할 때만 정상으로 작동하는 경우를 시간적 결합이라고 한다. 시스템이 커지면 시스템 부품 중 일부의 성능이 나빠질 확률이 지수적으로 높아진다.

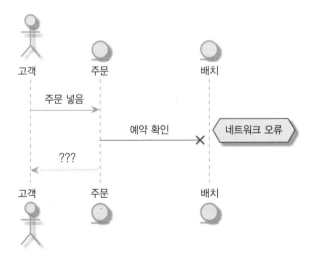

그림 11-5 오류가 발생한 명령 흐름

> ## 동시생산
>
> 여기서는 **결합**coupling이라는 용어를 쓰지만 시스템상 이런 관계를 묘사하는 다른 방법도 있다. **동시생산**connascene이라는 말은 필자가 다른 유형의 결합을 묘사할 때 쓰는 용어다.
>
> 동시생산은 **나쁘지**bad 않다. 하지만 어떤 유형의 동시생산은 다른 유형의 동시생산보다 더 **강하다**strong. 두 클래스가 서로 밀접하게 연관되어 있을 때는 강력한 동시생산을 지역적으로 한정시키고, 밀접하게 연관되지 않은 경우에는 약한 생산으로 멀리 떨어뜨려 놓고 싶다.
>
> 첫 번째 분산 진흙 공 예제에서는 실행의 동시생산을 볼 수 있다. 이때 연산을 성공하려면 여러 구성 요소의 정확한 작업 순서를 알고 있어야 한다.
>
> 여기서는 오류가 발생하는 경우를 살펴본다. 따라서 타이밍의 동시생산을 이야기하고 있다. 전체 연산이 성공하려면 여러 가지 일이 차례로 일어나야 한다. 즉 한 가지 일이 일어난 다음에 다음 일이 일어나야 한다.
>
> RPC 스타일의 시스템을 이벤트로 대체한 경우 이 두 가지 유형의 동시생산을 모두 더 **약한**weak 유형의 동시생산인 이름의 동시생산으로 바꾼 것이다. 이름의 동시생산은 여러 구성 요소가 이벤트의 이름과 이벤트가 실어 나르는 필드의 이름에만 동의하면 된다는 뜻이다.
>
> 소프트웨어가 다른 소프트웨어와 대화하지 않게 하지 않으면 결합을 완전히 피할 수는 없다. 원하는 것은 **부적절한**inappropriate 결합이다. 동시생산은 여러 다른 아키텍처 스타일에 내재되어 있는 결합의 강도와 유형에 대해 이해할 수 있는 멘탈 모델mental model을 제공한다. 동시생산에 대해서는 *https://connascence.io*를 참고하길 바란다.

11.3 대안: 비동기 메시징을 사용한 시간적 결합

어떻게 하면 적절한 결합을 얻을 수 있을까? 이미 해답의 일부, 즉 명사가 아니라 동사로 생각해야 한다는 점에 대해 살펴봤다. 도메인 모델은 비즈니스 프로세스를 모델링하기 위함이다. 도메인 모델은 어떤 물건에 대한 정적인 데이터 모델이 아닌 동사에 대한 모델이다.

따라서 주문에 대한 시스템과 배치에 대한 시스템을 생각하는 대신 **주문 행위**ordering에 대한 시스템과 **할당 행위**allocating에 대한 시스템 등을 생각한다.

이런 방식으로 사물을 구분하면 어떤 시스템이 어떤 일을 하는지에 대해 생각하기가 쉽다. 주문 행위에 대해 생각해보면 우리가 정말 원하는 일은 주문을 넣었을 때 주문이 들어가는 것이다. 다른 모든 일은 언젠가 발생한다는 것만 보장할 수 있다면 **나중에** 발생할 수 있다.

> NOTE_ 본문 내용이 익숙할지도 모른다. 여러분은 이 내용에 익숙해야 한다. 애그리게이트와 커맨드를 설계할 때 수행했던 책임의 분리가 바로 이와 같은 과정이다.

애그리게이트와 비슷하게 마이크로서비스도 **일관성 경계**여야 한다. 두 서비스 사이에는 최종 일관성을 받아들일 수 있고, 이는 동기화된 호출에 의존하지 않아도 된다는 뜻이다. 각 서비스는 외부 세계에서 커맨드를 받고 결과를 저장하기 위해 이벤트를 발생시킨다. 이런 이벤트를 리슨하는 다른 서비스는 워크플로의 다음 단계를 촉발한다.

분산 진흙 공 안티 패턴을 방지하기 위해 시간적으로 결합된 HTTP API 호출하는 대신 비동기 메시지로 시스템을 통합한다. `BatchQuantityChanged` 메시지가 업스트림 시스템으로부터 외부 메시지로 도착하길 바란다. 시스템은 이벤트를 리슨하는 다운스트림 시스템을 위해 `Allocated` 이벤트를 발행한다.

왜 이런 구조가 더 좋은 구조일까? 첫째, 각 부분이 서로 독립적으로 실패할 수 있어서 잘못된 동작이 발생했을 때 처리하기가 더 쉽다. 할당 시스템이 안 좋은 날이라도 여전히 주문을 받을 수 있다.

둘째, 시스템 사이의 결합 강도를 감소시킬 수 있다. 처리 과정을 이루는 연산 순서를 바꾸거나 새로운 단계를 도입하고 싶을 때 이를 지역적으로 할 수 있다.

11.4 레디스 발행/구독 채널을 통합에 사용하기

이 모든 것이 어떻게 구체적으로 작동하는지 살펴보자. 이벤트를 시스템 밖으로 보내고 다른 시스템 안으로 넣는 서비스를 위한 메시지 버스 같은 것이 필요하다. 이런 인프라를 종종 **메시지 브로커**(message broker)라고 부른다. 메시지 브로커의 역할은 발행자로부터 메시지를 받아서 구독자에게 배달하는 것이다.

메이드닷컴에서는 이벤트 스토어(*https://eventstore.org*)를 사용한다. 카프카나 Rabbit MQ를 사용할 수도 있다. 레디스 발행/구독 채널(*https://redis.io/topics/pubsub*)을 바탕으로 한 경량 해법도 잘 작동한다. 이 책에서는 많은 사람에게 익숙한 레디스를 사용한다.

> NOTE_ 올바른 메시징 플랫폼을 선택하는 어려움에 대해 다루지 않고 넘어갔다. 메시지 순서, 실패 처리, 멱등성*idempotency* 등은 메시징 시스템을 고를 때 곰곰이 생각해야 하는 부분이다. 더 자세한 내용은 14.8절에서 확인할 수 있다.

새로운 흐름은 [그림 11-6]과 같다. 레디스는 전체 프로세스를 시작하는 BatchQuantity Changed를 제공하고 마지막에는 Allocated 이벤트를 다시 레디스에 발행한다.

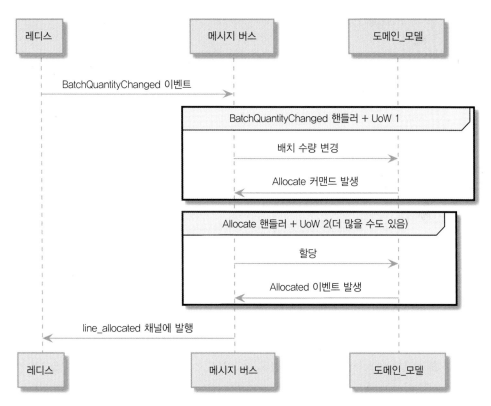

그림 11-6 재할당 흐름의 시퀀스 다이어그램

11.5 엔드투엔드 테스트를 사용해 모든 기능 시범운영하기

여기서는 엔드투엔드 테스트를 시작하는 방법을 보여준다. 기존 API를 사용해 배치를 만들 수 있고, 그 후 들어오고 나가는 메시지를 모두 테스트할 수 있다.

발행/구독 모델을 위한 엔드투엔드 테스트(tests/e2e/test_external_events.py)

```python
def test_change_batch_quantity_leading_to_reallocation():
    # ① 두 배치와 두 배치 중 한쪽에 할당하는 주문으로 시작한다.
    orderid, sku = random_orderid(), random_sku()
    earlier_batch, later_batch = random_batchref('old'), random_batchref('newer')
    api_client.post_to_add_batch(earlier_batch, sku, qty=10, eta='2011-01-02') # ②
    api_client.post_to_add_batch(later_batch, sku, qty=10, eta='2011-01-02')
    response = api_client.post_to_allocate(orderid, sku, 10)                    # ②
    assert response.json()['batchref'] == earlier_batch

    subscription = redis_client.subscribe_to('line_allocated')              # ③

    # ① 할당된 배치의 수량을 변경해서 주문 수량보다 작게 만든다.
    redis_client.publish_message('change_batch_quantity', {         # ③
        'batchref': earlier_batch, 'qty': 5
    })

    # ① 주문이 재할당됐다는 메시지를 받을 때까지 기다린다.
    messages = []
    for attempt in Retrying(stop=stop_after_delay(3), reraise=True):    # ④
        with attempt:
            message = subscription.get_message(timeout=1)
            if message:
                messages.append(message)
                print(messages)
            data = json.loads(messages[-1]['data'])
            assert data['orderid'] == orderid
            assert data['batchref'] == later_batch
```

① 주석을 보면 테스트의 해당 부분이 어떤 일을 하고 있는지 알 수 있다. 주문 라인의 재할당을 불러일으키는 이벤트를 시스템에 보내려고 한다. 그다음 레디스에서 이벤트로 재할당이 발생하는지 살펴본다.

② api_client는 두 유형의 테스트 사이에 공유하기 위해 리팩터링한 도우미 함수다. 이 함수는 request.post 호출을 감싼다.

③ redis_client도 다른 테스트 도우미 함수다. 이 함수의 세부 사항은 문제가 되지 않는다. redis_ client가 하는 일은 여러 레디스 채널에 메시지를 보내거나 여러 채널에서 메시지를 받는 것이다. change_batch_quantity라는 채널을 사용해 배치 수량 변경 요청을 보내고 line_allocated라는 채널을 리슨해 재할당 이벤트가 도착하는지 살펴본다.

④ 테스트 대상 시스템이 비동기적이므로 tenacity 라이브러리를 재사용해 다시 시도 루프를 추가해야 한다. 이 라이브러리를 사용하는 첫 번째 이유는 line_allocated 메시지가 도착하는 데 시간이 걸리기 때문이다. 두 번째 이유는 line_allocated 메시지가 채널을 통해 전달된 유일한 메시지가 아니기 때문이다.

11.5.1 레디스는 메시지 버스를 감싸는 다른 얇은 어댑터

우리가 사용하는 레디스 발행/구독 리스너(또는 **이벤트 소비자**[event consumer])는 플라스크와 아주 비슷하다. 이벤트 리스너는 외부 세계를 변환해 이벤트로 만든다.

간단한 레디스 메시지 리스너(src/allocation/entrypoints/redis_eventconsumer.py)

```
r = redis.Redis(**config.get_redis_host_and_port())

def main():
    orm.start_mappers()
    pubsub = r.pubsub(ignore_subscribe_messages=True)
    pubsub.subscribe('change_batch_quantity')     # ①

    for m in pubsub.listen():
        handle_change_batch_quantity(m)

def handle_change_batch_quantity(m):
    logging.debug('handling %s', m)
    data = json.loads(m['data'])                   # ②
    cmd = commands.ChangeBatchQuantity(ref=data['batchref'], qty=data['qty'])# ①
    messagebus.handle(cmd, uow=unit_of_work.SqlAlchemyUnitOfWork())
```

① main()은 시작 시 change_batch_quantity 채널을 구독한다.

② 시스템 진입점에서 해야 할 일은 JSON을 역직렬화하고 역직렬화한 객체를 Command로 변환해서 서비스 계층으로 넘기는 것이다. 이 처리 과정은 플라스크 어댑터가 하는 일과 같다.

반대 방향의 변환(도메인 이벤트를 공개 이벤트로 변환)을 처리하는 다운스트림 어댑터를 만든다.

간단한 레디스 메시지 발행자(src/allocation/adapters/redis_eventpublisher.py)

```python
r = redis.Redis(**config.get_redis_host_and_port())


def publish(channel, event: events.Event):      # ①
    logging.debug('publishing: channel=%s, event=%s', channel, event)
    r.publish(channel, json.dumps(asdict(event)))
```

① 여기서는 하드코딩한 채널을 사용하지만, 이벤트 클래스/이름과 적절한 채널을 매핑하는 정보를 저장할
  수도 있다. 이렇게 하면 메시지 유형 중 일부에 대해 다른 채널을 사용할 수도 있다.

11.5.2 외부로 나가는 새 이벤트

다음은 Allocated 이벤트의 모양을 보여준다.

새 이벤트(src/allocation/domain/events.py)

```python
@dataclass
class Allocated(Event):
    orderid: str
    sku: str
    qty: int
    batchref: str
```

이 이벤트는 주문 라인 상세정보, 어떤 배치에 주문 라인이 할당됐는지 등 할당에 대해 알아야
할 필요가 있는 모든 내용을 저장한다.

이를 모델의 allocate() 메서드에 추가한다(당연히 첫 번째 테스트를 추가한 다음에 이 부분
을 추가해야 한다).

Product.allocate()는 발생한 일을 저장하기 위해 새 이벤트를 발생시킨다(src/allocation/domain/model.py)

```python
class Product:
    ...
    def allocate(self, line: OrderLine) -> str:
        ...
            batch.allocate(line)
            self.version_number += 1
```

```
        self.events.append(events.Allocated(
            orderid=line.orderid, sku=line.sku, qty=line.qty,
            batchref=batch.reference,
        ))
        return batch.reference
```

ChangeBatchQuantity 핸들러가 이미 존재하므로 밖으로 나가는 이벤트를 발행하는 핸들러
만 추가하면 된다.

메시지 버스가 자라난다(src/allocation/service_layer/messagebus.py)

```
HANDLERS = {
    events.Allocated: [handlers.publish_allocated_event],
    events.OutOfStock: [handlers.send_out_of_stock_notification],
} # type: Dict[Type[events.Event], List[Callable]]
```

이벤트를 발행할 때는 레디스 레퍼가 제공하는 도우미 함수를 사용한다.

```
def publish_allocated_event(
        event: events.Allocated, uow: unit_of_work.AbstractUnitOfWork,
):
    redis_eventpublisher.publish('line_allocated', event)
```

11.6 내부 이벤트와 외부 이벤트 비교

내부와 외부 이벤트의 구분을 명확히 하면 좋다. 일부 이벤트는 밖에서 들어오지만 일부 이벤
트는 승격되면서 외부에 이벤트를 발행할 수 있다. 하지만 모든 이벤트가 다 외부에 이벤트를
내보내지는 않는다. 이벤트 소싱(https://oreil.ly/FXVil)을 사용할 경우 이런 특징이 특
히 중요하다(그렇지만 이벤트 소싱만 다루는 책을 집필해도 될 정도로 중요한 주제다).

> **TIP_** 외부로 나가는 이벤트는 검증을 적용하는 것이 중요한 부분에 속한다. 부록 E에서 몇 가지 검증 철학과
> 예제를 볼 수 있다.

11.7 마치며

이벤트는 외부에서 들어올 수 있다. 하지만 이벤트를 외부로 발행할 수도 있다. 우리가 만든
publish 핸들러는 이벤트를 레디스 메시지 채널의 메시지로 변환한다. 우리는 이벤트를 사용
해 외부 세계와 이야기한다. 이런 종류의 시간적인 결합을 사용하면 애플리케이션 통합 시 상
당한 유연성을 얻을 수 있다. 하지만 언제나 그렇듯이 다른 대가를 치르게 될 것이다.

> 이벤트 통지는 낮은 수준의 결합을 암시하기 때문에 멋지고, 설정하기도 상당히 쉽다. 하지만 여러
> 가지 이벤트 통지에 대해 실행되는 논리적인 흐름이 정말 존재한다면 (…) 프로그램 본문에서는
> 이런 흐름이 명시적이지 않기 때문에 이런 흐름을 알아보기가 어렵다. (…) 이로 인해 이벤트 통지
> 를 사용한 시스템의 디버깅이나 변경이 어려워질 수 있다.
>
> 마틴 파울러, '이벤트 기반이 무슨 뜻인가?'(*https://oreil.ly/uaPNt*)

[표 11-1]은 트레이드오프를 보여준다.

표 11-1 이벤트 기반 마이크로서비스 통합: 트레이드오프

장점	단점
• 분산된 큰 진흙 공을 피할 수 있다	• 전체 정보 흐름을 알아보기 어렵다.
• 서비스가 서로 결합되지 않는다. 개별 서비스를 변경하거나 새로운 서비스를 추가하기가 쉽다.	• 결국엔 일관성은 처리할 필요가 있는 새로운 개념이다.
	• 메시지 신뢰성과 최대 한 번과 최소 한 번 배달의 선택에 대해 곰곰이 생각해봐야 한다.

더 일반적으로 동기적 메시지 모델에서 비동기 모델로 전환할 때는 메시지 신뢰성과 결국에 일관성과 관련한 여러 가지 문제를 다시 보게 된다. 더 자세한 내용은 14.8절을 참고하길 바란다.

## CHAPTER 12

명령–질의 책임 분리(CQRS)

논란의 여지가 없는 통찰이 하나 있다. 읽기(질의)와 쓰기(명령)는 다르다. 따라서 서로 다르게 취급해야 한다(또는 각각의 책임을 분리해야 한다고 표현할 수도 있다). 우리가 지닌 통찰력을 가능한 한 최대로 높여볼 것이다.

이런 방식을 처음 접하는 해리와 비슷한 독자에게는 극단적인 것처럼 느껴질 수 있다. 하지만 이런 접근이 **완전히**^{totally} 비합리적이지만은 않다.

[그림 12–1]은 이번 장이 끝나면 만들어질 시스템의 모습이다.

> **TIP_** 이번 장의 코드는 깃허브의 chapter_12_cqrs 브랜치에 있다(*https://oreil.ly/YbWGT*).
>
> ```
> git clone https://github.com/cosmicpython/code.git
> cd code
> git checkout chapter_12_cqrs
> # 또는 12장을 따라 하고 싶다면 11장을 확인하길 바란다.
> git checkout chapter_11_external_events
> ```

군이 왜 이런 짓을 해야 할까?

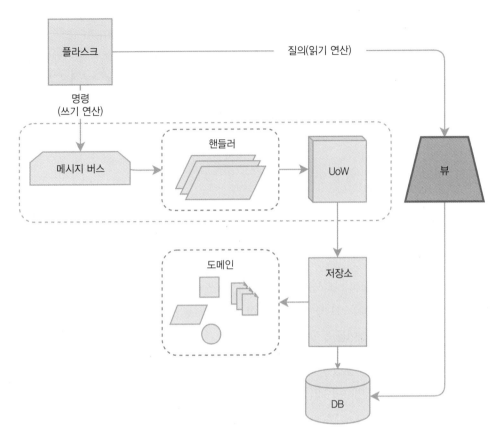

그림 12-1 읽기와 쓰기 분리

12.1 쓰기 위해 존재하는 도메인 모델

이 책에서는 도메인 규칙을 강화하는 소프트웨어를 만드는 방법에 대해 설명하기 위해 많은 시간과 노력을 들였다. 이런 규칙이나 제약은 애플리케이션마다 다르며 시스템에서는 매우 흥미로운 부분이다.

이 책에서는 '현재 사용 가능한 재고보다 더 많은 재고를 할당할 수 없다'와 같은 명시적인 제약을 설정하거나 '각 주문 라인은 한 배치에만 할당된다'와 같은 암시적인 제약을 설정했다.

이 책의 앞부분에서 이런 규칙을 단위 테스트로 작성했다.

```python
def test_allocating_to_a_batch_reduces_the_available_quantity():
    batch = Batch("batch-001", "SMALL-TABLE", qty=20, eta=date.today())
    line = OrderLine('order-ref', "SMALL-TABLE", 2)

    batch.allocate(line)

    assert batch.available_quantity == 18

...

def test_cannot_allocate_if_available_smaller_than_required():
    small_batch, large_line = make_batch_and_line("ELEGANT-LAMP", 2, 20)
    assert small_batch.can_allocate(large_line) is False
```

이런 규칙을 제대로 적용하려면 연산의 일관성이 보장되어야 했다. 이를 위해 작은 작업 덩어리를 커밋할 때 도움이 되는 **작업 단위**나 **애그리게이트**와 같은 패턴을 도입했다.

이런 작은 작업 덩어리 사이에서 변경된 내용을 통신하기 위해 도메인 이벤트 패턴을 도입해 '재고가 손상되거나 분실될 경우 배치의 사용 가능한 수량을 조정하고 필요하다면 주문을 재할당하라'와 같은 규칙을 작성할 수 있다.

이 모든 복잡도는 시스템 상태를 변경할 때 규칙 적용을 강화하기 위해 존재한다. 즉 데이터를 유연하게 쓰기 위한 도구를 만든 것이다.

그렇다면 읽기는 어떨까?

12.2 가구를 구매하지 않는 사용자

메이드닷컴에는 할당 서비스와 같은 시스템이 있다. 정말 바쁜 날에는 한 시간에 백 건이 넘는 주문을 처리해야 한다. 다행히도 물밀 듯이 들어오는 주문에 재고를 할당해주는 큰 시스템이 있다.

하지만 같은 날에 제품 뷰 건 수가 **초**^{second}당 백 건에 달할 수도 있다. 상품 재고가 아직 있는지 확인하거나, 배송이 얼마나 오래 걸리는지를 예측하기 위해 누군가가 상품 목록 페이지나 상품

페이지에 계속 방문할 수도 있다.

도메인은 똑같다. 재고 배치, 배치의 도착 날짜, 사용 가능한 수량에 관심이 있다. 하지만 접근 패턴은 아주 많이 다르다. 예를 들어 고객은 질의가 몇 초 지난 상태인지 알 수 없다. 하지만 할당 서비스가 일관성이 없다면 고객 주문이 뒤엉켜 정신이 없어질 것이다. 이런 차이를 활용해 읽기를 **최종 일관성** 있게 유지하여 성능을 향상할 수 있다.

읽기 일관성을 정말로 달성할 수 있을까?

일관성과 성능을 서로 교환한다는 생각은 처음에는 많은 개발자를 불안하게 만들었다. 그러니, 이에 대해 빨리 살펴보자.

밥이라는 고객이 ASYMMETRICAL-DRESSER 페이지를 방문했을 때 봤던 '사용 가능한 재고' 정보가 30초 정도 늦은 정보라고 가정한다. 이미 마지막 상품은 해리가 구매했다. 밥의 주문을 할당하려고 시도하면 실패할 것이다. 따라서 밥의 주문이 취소되거나 더 많은 재고를 주문하여 밥이 주문한 상품의 배송을 늦춰야 한다.

관계형 데이터 저장소만 다룬 사람들은 이런 문제에 **매우** 불안해한다. 다른 관점을 얻기 위해 두 가지 시나리오를 고려해볼 필요가 있다.

밥과 해리가 **동시에** 페이지에 방문했다고 가정한다. 해리가 커피를 마시려고 잠시 자리를 비웠다. 해리가 다시 자리로 돌아왔을 때는 이미 밥이 마지막 상품을 구매한 후였다. 해리가 주문을 넣으면 주문이 할당 서비스로 전달된다. 하지만 충분한 재고가 없어서 밥의 주문을 취소하거나 더 많은 재고를 공급처에 발주하여 밥이 주문한 상품의 배송을 늦춘다.

상품 페이지를 표시한 그 순간부터 이미 표시된 데이터는 최신 정보가 아니다. 이런 통찰력은 읽기 일관성을 안전하게 달성할 수 없는 이유를 이해하는 데 핵심이다. 모든 분산 시스템은 일관성이 없어서 재고를 할당하려면 반드시 시스템의 현재 상태를 검사해야 한다. 웹 서버와 고객이 2명 이상있다면 항상 웹 페이지에 보이는 데이터 중 일부가 잘못된 데이터일 가능성이 높다.

좋다. 이제 이런 문제를 어떻게든 해결했다고 가정한다. 마술을 써서 모든 사람이 결코 오래된 잘못된 데이터를 볼 수 없는 완전한 일관성을 보장하는 웹 애플리케이션을 만들었다고 예를 들어보자. 이번에는 해리가 해당 페이지에 먼저 들어와서 상품을 구매했다.

안타깝게도, 창고 담당자가 해리에게 가구를 배송하려고 했는데 지게차에서 가구가 떨어져 수억 조각으로 가구가 부서졌다고 말했다. 어떻게 해야 할까?

유일한 방법은 해리에게 연락해 환불해주거나 더 많은 재고를 주문하여 상품의 배송을 늦추는 것이다.

무엇을 하든, 현실은 소프트웨어 시스템과 일관성이 없다. 따라서 비즈니스 프로세스는 이런 이상한 경우를 모두 처리할 수 있어야 한다. 일관성이 없는 데이터를 근본적으로 피할 수 없으므로 읽기 측면에서 성능과 일관성을 바꿔도 좋다.

이런 요구 사항은 [표 12-1]처럼 '읽기'와 '쓰기' 두 시스템으로 분할할 수 있다.

쓰기 쪽에서 채택한 멋진 도메인 아키텍처 패턴은 시스템을 시간에 따라 진화하는 데 도움이 된다. 하지만 지금까지 쌓아온 복잡도는 데이터를 읽는 데 아무 역할도 하지 않는다. 서비스 계층, 작업 단위, 영리한 도메인 모델은 모두 다 너무 과하다.

표 12-1 읽기와 쓰기 비교

	읽기	쓰기
동작	간단한 읽기	복잡한 비즈니스 로직
캐시 가능성	높음	캐시 불가능
일관성	오래된 값 제공 가능	트랜잭션 일관성이 있어야 함

12.3 Post/리디렉션/Get과 CQS

웹 개발을 하는 사람에게는 Post/리디렉션/Get 패턴이 익숙할 것이다. 이 기법에서 웹 엔드포인트는 HTTP POST 요청을 받고, 처리한 결과를 보여주기 위해 리디렉션으로 응답한다. 예를 들어 /batches에 POST를 해서 새로운 배치를 만들면 사용자를 /batches/123으로 리디렉션해서 새로 만들어진 배치를 보여줄 수 있다.

이런 접근 방법은 사용자가 브라우저에서 결과를 보기 위해 POST 요청 페이지를 다시 읽거나 POST 결과를 북마크할 때 발생할 수 있는 문제를 해결해준다. 다시 읽기를 하면 데이터를 한 번 더 POST로 제출해 소파를 하나만 구입해야 되는데 2개를 구입하게 될 수도 있다. 북마크의 경우 불쌍한 고객이 POST 엔드포인트에 GET을 보내서 오류 페이지를 보게 될 수도 있다.

두 가지 문제 모두 쓰기 연산에 대한 응답으로 데이터를 보내서 발생하는 문제다. Post/리디렉션/Get은 연산의 쓰기와 읽기 단계를 분리해서 이런 문제를 피할 수 있다.

이 기법은 명령-질의 분리$^{\text{command-query separation}}$(CQS)의 간단한 예다. CQS에서는 한 가지 간단한 규칙을 따른다. 함수는 상태를 변경하거나 질문에 답하는 일 중에 한 가지만 해야 한다. 두 가지 일을 모두 다 해서는 안 된다. 그래야지 소프트웨어를 더 쉽게 추론할 수 있다. 전등을 껐다 켜지 않고도 "전등이 켜져 있는가?"라는 질문에 항상 답할 수 있어야 한다.

> NOTE_ API를 만들 때도 Location 헤더가 새로운 자원의 URI를 포함하면 201 Created나 202 Accepted를 반환함으로써 같은 설계 기법을 사용한다. 여기서 사용하는 상태 코드의 값이 아니라 작업을 논리적으로 읽기와 쓰기 단계로 나눈다는 점이 중요하다.

보다시피 CQS 원칙을 사용해 시스템을 더 빠르고 확장성 있도록 만들 수 있다. 기존 코드의 CQS 위반을 먼저 해결하자. 오래 전에 주문을 받아 서비스 계층을 호출해 재고를 할당하는 allocate 엔드포인트를 만들었다. 호출이 끝나면 200 OK와 배치 ID를 반환했다. 이로 인해 설계 시 생긴 단점 때문에 필요한 데이터를 얻게 됐다. 간단하게 OK 메시지만 반환하고 새로운 읽기 전용 엔드포인트를 제공해서 이 엔드포인트를 통해 할당 상태를 가져오도록 만들어 보자.

POST 다음에 GET을 하는 API 테스트(tests/e2e/test_api.py)

```python
@pytest.mark.usefixtures('postgres_db')
@pytest.mark.usefixtures('restart_api')
def test_happy_path_returns_202_and_batch_is_allocated():
    orderid = random_orderid()
    sku, othersku = random_sku(), random_sku('other')
    earlybatch = random_batchref(1)
    laterbatch = random_batchref(2)
    otherbatch = random_batchref(3)
    api_client.post_to_add_batch(laterbatch, sku, 100, '2011-01-02')
    api_client.post_to_add_batch(earlybatch, sku, 100, '2011-01-01')
    api_client.post_to_add_batch(otherbatch, othersku, 100, None)

    r = api_client.post_to_allocate(orderid, sku, qty=3)
    assert r.status_code == 202

    r = api_client.get_allocation(orderid)
```

```
    assert r.ok
    assert r.json() == [
        {'sku': sku, 'batchref': earlybatch},
    ]
@pytest.mark.usefixtures('postgres_db')
@pytest.mark.usefixtures('restart_api')
def test_unhappy_path_returns_400_and_error_message():
    unknown_sku, orderid = random_sku(), random_orderid()
    r = api_client.post_to_allocate(
        orderid, unknown_sku, qty=20, expect_success=False,
    )
    assert r.status_code == 400
    assert r.json()['message'] == f'Invalid sku {unknown_sku}'

    r = api_client.get_allocation(orderid)
    assert r.status_code == 404
```

그렇다면 플라스크 앱은 어떻게 생겼을까?

할당을 보기 위한 엔드포인트(src/allocation/entrypoints/flask_app.py)

```
from allocation import views
...
@app.route("/allocations/<orderid>", methods=['GET'])
def allocations_view_endpoint(orderid):
    uow = unit_of_work.SqlAlchemyUnitOfWork()
    result = views.allocations(orderid, uow)  # ①
    if not result:
        return 'not found', 404
    return jsonify(result), 200
```

① 그렇다. views.py도 좋다. 여기서 읽기 전용 요소를 유지할 수 있어서 장고의 views.py와 다르게 데이
   터에 대한 읽기 전용 뷰를 만드는 방법만 아는 진짜 views.py가 된다.

12.4 점심을 잠깐 미뤄라

흠, 아마도 기존 저장소 객체에서 목록을 돌려주는 메서드를 추가할 수 있다.

뷰는 SQL을 그냥 사용하는가(src/allocation/views.py)

```python
from allocation.service_layer import unit_of_work


def allocations(orderid: str, uow: unit_of_work.SqlAlchemyUnitOfWork):
    with uow:
        results = list(uow.session.execute(
            'SELECT ol.sku, b.reference'
            ' FROM allocations AS a'
            ' JOIN batches AS b ON a.batch_id = b.id'
            ' JOIN order_lines AS ol ON a.orderline_id = ol.id'
            ' WHERE ol.orderid = :orderid',
            dict(orderid=orderid)
        ))
    return [{'sku': sku, 'batchref': batchref} for sku, batchref in results]
```

잠깐, 그냥 SQL?

해리가 이 패턴을 처음 봤을 때의 반응과 비슷한 반응을 보인다면, 아마 밥이 대체 왜 이런 짓을 하는지 궁금할 것이다. 우리는 SQL을 수동으로 작성하고, 데이터베이스행을 사전으로 변환했다. "멋진 도메인 객체를 만드는 데 그렇게 많은 노력을 들여놓고, 왜 이제 와서야?", "저장소 패턴은 어떻게 하고?", "왜 도메인 객체나 저장소를 재사용하지 않지?" 등의 많은 질문이 생길 것이다.

음, 더 간단해 보이는 (저장소와 도메인 객체 등을 활용한) 대안을 먼저 살펴보고 실무에서 어떤 식으로 작동하는지에 대해 생각해보자.

계속 뷰를 별도의 views.py 모듈에 유지하자. 애플리케이션에서 읽기와 쓰기를 명확히 분리하는 것은 여전히 좋은 생각이다. 명령-질의 분리를 적용하면 상태를 변경하는 코드(이벤트 핸들러)와 읽기 전용 상태를 가져오는 코드(뷰)를 쉽게 구분할 수 있다.

> **TIP_** 완전한 CQRS를 채택하는 것을 원하지 않더라도, 상태를 변경하는 커맨드와 이벤트 핸들러에서 읽기 전용 뷰를 분리하는 것이 좋다.

12.5 CQRS 뷰 테스트하기

여러 대안을 살펴보기 전에 테스트에 대해 살펴보자. 어떤 접근 방식을 택하든 통합 테스트가 두 개 이상 필요하다. 테스트는 다음 코드와 비슷하다.

뷰 통합 테스트(tests/integration/test_views.py)

```python
def test_allocations_view(sqlite_session_factory):
    uow = unit_of_work.SqlAlchemyUnitOfWork(sqlite_session_factory)
    messagebus.handle(commands.CreateBatch('sku1batch', 'sku1', 50, None), uow) # ①
    messagebus.handle(commands.CreateBatch('sku2batch', 'sku2', 50, today), uow)
    messagebus.handle(commands.Allocate('order1', 'sku1', 20), uow)
    messagebus.handle(commands.Allocate('order1', 'sku2', 20), uow)

    # 제대로 데이터를 얻는지 보기 위해 여러 배치와 주문을 추가
    messagebus.handle(commands.CreateBatch('sku1batch-later', 'sku1', 50, today),
uow)
    messagebus.handle(commands.Allocate('otherorder', 'sku1', 30), uow)
    messagebus.handle(commands.Allocate('otherorder', 'sku2', 10), uow)

    assert views.allocations('order1', uow) == [
        {'sku': 'sku1', 'batchref': 'sku1batch'},
        {'sku': 'sku2', 'batchref': 'sku2batch'},
    ]
```

① 애플리케이션에 공개된 엔드포인트를 추가해 통합 테스트를 설정한다. 그러면 모든 것을 저장하는 구현/인프라 세부 사항과 테스트를 분리할 수 있다.

12.6 '명확한' 대안 1: 기존 저장소 사용하기

도우미 메서드를 products 저장소에 추가하면 어떻게 될까?

저장소를 사용하는 간단한 뷰(src/allocation/views.py)

```python
from allocation import unit_of_work

def allocations(orderid: str, uow: unit_of_work.AbstractUnitOfWork):
```

```
with uow:
    products = uow.products.for_order(orderid=orderid)  # ①
    batches = [b for p in products for b in p.batches]  # ②
    return [
        {'sku': b.sku, 'batchref': b.reference}
        for b in batches
        if orderid in b.orderids  # ③
    ]
```

① 저장소는 Product 객체를 반환하며 주어진 주문에서 SKU에 해당하는 모든 상품을 찾아야 한다. 저장소에 .for_order()라는 도우미 메서드를 만든다.

② 이 시점에서는 상품이 있지만 실제로 바라는 것은 배치에 대한 참조다. 따라서 리스트 컴프리헨션을 사용해 모든 배치를 가져온다.

③ 원하는 주문에 대한 배치만 찾기 위해 **다시** 배치를 걸러낸다. 이 과정은 다시 Batch 객체가 자신이 어떤 주문에 할당됐는지 알려준다는 사실에 의존한다.

마지막 요소(Batch가 자신이 할당된 주문을 알려줌)는 .orderid 프로퍼티를 통해 구현할 수 있다.

Batch 모델에서 거의 불필요한 프로퍼티(src/allocation/domain/model.py)

```
class Batch:
    ...

    @property
    def orderids(self):
        return {l.orderid for l in self._allocations}
```

처음에 생각했던 것보다 기존 저장소와 도메인 모델 클래스를 재사용하는 방법이 그렇게 쉽지 않다는 점을 알 수 있다. 새로운 도우미 메서드를 양쪽에 다 추가하고 파이썬 수준에서 루프와 걸러내는 작업을 여러 번 수행해야 한다. 데이터베이스를 사용하면 이 모든 작업을 훨씬 더 효율적으로 수행할 수 있다.

그렇다. 이런 방식은 기존 추상화를 재사용한다는 장점이 있지만, 반대로 구현이 꽤 투박하게 느껴진다는 단점이 있다.

12.7 읽기 연산에 최적화되지 않은 도메인 모델

여기서 도메인 모델을 만드는 데 든 노력은 주로 쓰기 연산을 위한 것임을 알 수 있다. 읽기를 위한 요구 사항은 개념적으로 도메인 모델에 대한 요구 사항과 상당히 다르다.

이는 아키텍트가 심사숙고 끝에 결정한 CQRS의 정당화다. 앞서 언급했듯이, 도메인 모델은 데이터 모델이 아니다. 워크플로, 상태 변경을 둘러싼 규칙, 메시지 교환 등 비즈니스의 작업을 잡아내려고 시도 중이다. 이는 시스템이 외부 이벤트와 입력에 대해 어떻게 반응하는지에 대해 주로 관련되어 있다. **이런 요소 중 대부분은 읽기 전용 연산과는 전혀 관계가 없다.**

> TIP_ 이렇게 CQRS에 대해 정당화하는 것은 도메인 모델 패턴에 대한 정당화와 연관되어 있다. 간단한 CRUD 앱을 만든다면 읽기와 쓰기가 밀접하게 연관되므로 도메인 모델이나 CQRS가 필요 없다. 하지만 도메인이 복잡하면 복잡할수록 도메인 모델과 CQRS 모두가 더 많이 필요해진다.

접근 편의를 위해 도메인 클래스는 상태를 변경하는 메서드를 여러 가지 제공한다. 하지만 읽기 전용 연산에서는 이런 방법이 모두 필요하지 않다.

도메인 모델의 복잡도가 커질수록 모델을 구성하는 방법에 대한 선택의 폭이 넓어진다. 따라서 읽기 연산에 도메인 모델을 사용하는 게 더 어려워진다.

12.8 '명확한' 대안 2: ORM 사용하기

'좋다'라고 생각할 것이다. 또는 '저장소와 Products 모델을 통한 작업이 투박하다면 ORM을 사용해서 Batches에 대해 작업할 수는 있지 않을까, ORM이 하는 일이 그런 일 아닌가!'라고 생각할 수도 있다.

ORM을 사용하는 간단한 뷰(src/allocation/views.py)

```python
from allocation import unit_of_work, model


def allocations(orderid: str, uow: unit_of_work.AbstractUnitOfWork):
    with uow:
        batches = uow.session.query(model.Batch).join(
```

```
        model.OrderLine, model.Batch._allocations
    ).filter(
        model.OrderLine.orderid == orderid
    )
    return [
        {'sku': b.sku, 'batchref': b.batchref}
        for b in batches
    ]
```

하지만 이 코드가 12.4절에서 살펴봤던 SQL을 그냥 사용하는 코드보다 **실제로** 더 쉽게 이해하고 작성할 수 있을까? 처음에는 그렇게 나빠 보이지 않겠지만, ORM을 사용하려면 몇 번의 시도가 필요하고 SQLAlchemy 문서를 엄청 많이 살펴봐야 한다는 사실을 여러분에게 알려주고 싶다. SQL은 그냥 SQL일 뿐이다.

게다가 ORM은 몇 가지 성능상의 문제를 야기한다.

12.9 SELECT N+1과 다른 고려 사항

SELECT N+1(*https://oreil.ly/0kBOS*)은 ORM에서 일반적인 성능 문제다. 객체 리스트를 가져올 때 ORM은 보통 필요한 모든 객체의 ID를 가져오는 질의를 먼저 수행한다. 그 후 각 객체의 애트리뷰트를 얻기 위한 개별 질의를 수행한다. 특히 객체에 외래키 관계가 많은 경우 이런 일이 더 자주 발생한다.

> NOTE_ 엄밀히 말하자면 SQLAlchemy가 SELECT N+1 문제를 피하는 데 꽤 능숙하다. SQLAlchemy 는 앞의 예제에서 N+1 문제를 일으키지 않고, 조인된 객체를 다룰 때는 즉시 로딩(*https://oreil.ly/XKDDm*)을 요청해 N+1 문제를 방지할 수 있다.

SELECT N+1 문제 외에도, 상태를 영속화하는 방법과 현재 상태를 불러오는 방법을 서로 분리해야 하는 이유가 있다. 완전히 정규화된 테이블은 쓰기 연산이 데이터 오염을 발생하지 않도록 보장하는 좋은 방법이다. 하지만 데이터를 읽어올 때 수많은 조인 연산을 사용하면 읽기 연산이 느려질 수도 있다. 이때 몇 가지 정규화되지 않은 뷰를 추가하거나, 읽기 전용 복사본을 만들거나, 캐시 계층을 추가하면 좋다.

12.10 이제는 상어를 완전히 뛰어 넘을 때이다

지금까지 설명한 내용을 바탕으로 살펴볼 것이다. 처음에 생각했던 것보다 SQL을 그냥 사용하는 것이 그렇게 이상하지 않다는 점에 동의하는가? SQL 효과를 너무 과장해서 이야기하지 않았는가? 잠깐 기다려라.

타당하든, 그렇지 않든 하드코딩한 SQL은 너무 못생겨 보인다. 그렇지 않은가? 다음과 같이 더 멋지게 만들어볼 수 있다.

훨씬 더 멋져진 질의(src/allocation/views.py)

```
def allocations(orderid: str, uow: unit_of_work.SqlAlchemyUnitOfWork):
    with uow:
        results = list(uow.session.execute(
            'SELECT sku, batchref FROM allocations_view WHERE orderid = :orderid',
            dict(orderid=orderid)
        ))
        ...
```

이 뷰 모델을 위해 정규화하지 않은 데이터를 별도로 보관하면서 말이다.

외래키는 없고 문자열뿐, YOLO!(src/allocation/adapters/orm.py)

```
allocations_view = Table(
    'allocations_view', metadata,
    Column('orderid', String(255)),
    Column('sku', String(255)),
    Column('batchref', String(255)),
)
```

좋다. 더 좋아 보이는 SQL은 실제로는 아무것도 정당화해주지 못한다. 하지만 읽기 연산을 위해 최적화된, 데이터의 정규화되지 않은 복사본을 만드는 것은 드물지 않다. 특히 인덱스를 사용해 처리할 수 있는 일의 한계를 맛보고 나면 이런 복사본을 만들게 된다.

잘 튜닝한 인덱스가 있어도, 관계형 데이터베이스는 조인을 위해 CPU를 아주 많이 사용한다. 가장 빠른 질의는 항상 `SELECT * from mytable WHERE key = :value`일 것이다.

이런 접근 방식은 질의의 실행 속도가 빨라진다는 점 외에도 규모를 확장할 수 있다는 장점이 있다. 관계형 데이터베이스에 데이터를 쓸 때는 변경할 행에 락을 걸어서 일관성에 문제가 생기지 않도록 한다.

여러 클라이언트가 동시에 데이터를 변경하면 이상한 경합 조건이 생긴다. 데이터를 **읽을**[reading] 때는 동시에 연산을 실행하는 클라이언트 수에 제한이 없다. 따라서 읽기 전용 저장소는 수평 규모 확장이 가능하다.

> **TIP_** 읽기용 복사본이 일관성이 없을 수도 있어서 사용할 수 있는 복사본 수에는 한계가 있다. 복잡한 데이터 저장소가 있는 시스템의 규모를 확장하는 데 어려움이 있다면 더 간단한 읽기 모델을 만들 수 없는지 살펴봐야 한다.

읽기 모델을 최신 상태로 유지하는 일도 어려운 일이다! 데이터베이스 뷰(실체화[meterialized]하거나 그렇지 않거나)나 트리거가 일반적인 해법이다. 하지만 이런 해법은 사용하는 데이터베이스에 따라 한계가 정해진다. 지금부터 데이터베이스의 기능을 활용하는 대신 이벤트 기반 아키텍처를 재사용하는 방법을 살펴볼 것이다.

12.10.1 이벤트 핸들러를 사용해 읽기 모델 테이블 업데이트하기

Allocated 이벤트에 대한 두 번째 핸들러를 추가한다.

Allocated 이벤트에 새 핸들러 추가(src/allocation/service_layer/messagebus.py)

```
EVENT_HANDLERS = {
    events.Allocated: [
        handlers.publish_allocated_event,
        handlers.add_allocation_to_read_model
    ],
```

다음은 업데이트 뷰 모델[update-view model] 코드의 모습이다.

할당 시 업데이트(src/allocation/service_layer/handlers.py)

```python
def add_allocation_to_read_model(
        event: events.Allocated, uow: unit_of_work.SqlAlchemyUnitOfWork,
):
    with uow:
        uow.session.execute(
            'INSERT INTO allocations_view (orderid, sku, batchref)'
            ' VALUES (:orderid, :sku, :batchref)',
            dict(orderid=event.orderid, sku=event.sku, batchref=event.batchref)
        )
        uow.commit()
```

믿거나 말거나, 이 코드는 잘 동작한다! **그리고 다른 대안들과 마찬가지로 통합 테스트를 잘 통과한다.**

좋다. 이제는 **Deallocated**도 처리해야 한다.

읽기용 모델을 업데이트하는 두 번째 리스너

```python
events.Deallocated: [
    handlers.remove_allocation_from_read_model,
    handlers.reallocate
],

...

def remove_allocation_from_read_model(
        event: events.Deallocated, uow: unit_of_work.SqlAlchemyUnitOfWork,
):
    with uow:
        uow.session.execute(
            'DELETE FROM allocations_view '
            ' WHERE orderid = :orderid AND sku = :sku',
```

[그림 12-2]는 두 요청에 걸친 흐름을 보여준다.

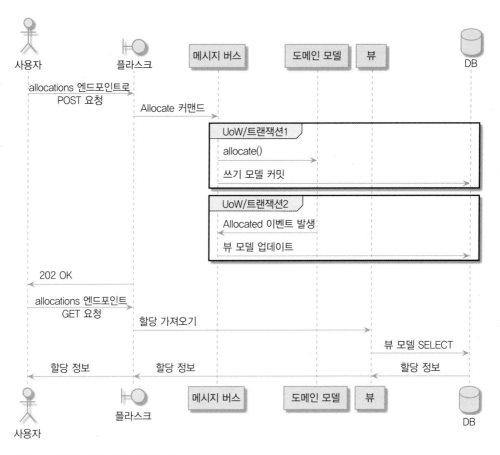

그림 12-2 읽기 모델의 시퀀스 다이어그램

[그림 12-2]에서는 **POST/쓰기** 연산의 두 트랜잭션을 볼 수 있다. 하나는 쓰기 모델을 업데이트하고, 다른 하나는 읽기 모델을 업데이트한다. **GET/읽기** 연산은 이 읽기 모델을 사용한다.

처음부터 다시 만들기

"프로그램이 깨지면 어떤 일이 발생하는가?"라는 질문은 엔지니어에게 가장 먼저 던져야 하는 첫 번째 질문이어야 한다.

버그나 일시적인 서비스 중단으로 업데이트가 되지 않은 뷰 모델을 어떻게 처리해야 할까? 이는 이벤트나 커맨드가 독립적으로 실패할 수 있는 경우다.

뷰 모델을 **절대** 변경하지 않았고 ASYMMETRICAL-DRESSER가 영원히 재고에 남아 있다면 재고가 있는 것으로 표시되어 이를 본 고객들은 주문을 하지만 계속 실패해 화가 날 것이다. `allocate` 서비스는 실패하고 결국엔 이 문제를 해결하기 위한 조치를 취할 것이다.

뷰 모델을 다시 만드는 것은 쉽다. 서비스 계층을 사용해 뷰 모델을 업데이트하므로 다음과 같은 작업을 수행하는 도구를 작성할 수 있다.

- 쓰기 쪽의 현재 상태를 질의해서 현재 할당된 내용을 찾는다.
- 할당된 원소마다 add_allocate_to_read_model 핸들러(할당을 읽기 모델에 추가)를 호출한다.

이 기법을 사용해 데이터 이력으로부터 완전히 새로운 읽기 모델을 만들 수 있다.

12.11 읽기 모델 구현을 변경하기 쉽다

완전히 다른 저장소 엔진인 레디스를 사용해 읽기 모델을 구축하기로 결정하면 어떤 일이 발생할지에 대해 살펴보면 이벤트 기반 모델이 실제 얼마나 유연한지 알 수 있다.

다음 코드를 살펴보자.

레디스 읽기 모델을 업데이트하는 핸들러(src/allocation/service_layer/handlers.py)

```
def add_allocation_to_read_model(event: events.Allocated, _):
    redis_eventpublisher.update_readmodel(event.orderid, event.sku, event.
batchref)

def remove_allocation_from_read_model(event: events.Deallocated, _):
    redis_eventpublisher.update_readmodel(event.orderid, event.sku, None)
```

레디스 모듈의 도우미 함수들은 한 줄짜리 함수들이다.

레디스의 읽기 모델 읽기와 업데이트 함수(src/allocation/adapters/redis_eventpublisher.py)

```
def update_readmodel(orderid, sku, batchref):
    r.hset(orderid, sku, batchref)


def get_readmodel(orderid):
    return r.hgetall(orderid)
```

어쩌면 현재 redis_eventpublisher.py라는 파일명은 부정확한 이름일 것이다. 하지만 어떤 생각으로 이를 만들었는지는 이해할 수 있다.

뷰 자체를 새로운 백앤드에 맞춰 약간 변경해야 한다.

레디스에 맞춰 변경한 뷰(src/allocation/views.py)

```
def allocations(orderid):
    batches = redis_eventpublisher.get_readmodel(orderid)
    return [
        {'batchref': b.decode(), 'sku': s.decode()}
        for s, b in batches.items()
    ]
```

이미 있던 통합 테스트와 **완전히 같은**exact same 통합 테스트도 여전히 성공한다. 이 통합 테스트는 구현과 분리된 추상화 수준에서 작성됐기 때문이다. 테스트의 설정 단계는 메시지를 메시지 버스에 넣고, 어서션은 뷰를 검증한다.

> **TIP_** 읽기 모델 업데이트를 관리하는 기능이 필요하다고 결정했다면 이벤트 핸들러가 좋은 방법이다. 이벤트 핸들러를 사용해 읽기 모델을 업데이트하면 나중에 해당 읽기 모델의 구현을 변경하기도 쉬워진다.

연습 문제

이번에는 한 주문 라인에 할당된 할당을 보여주는 뷰를 만들어보자.

여기서 하드코딩한 SQL을 사용하는 방법과 저장소를 통하는 방법 사이의 트레이드오프가 훨씬 더 흐릿해진다. 몇 가지 버전(레디스를 포함)을 만들고 어떤 방식이 가장 맘에 드는지 정해보길 바란다.

12.12 마치며

[표 12-2]는 다양한 방법의 장단점을 보여준다.

한편 메이드닷컴의 할당 서비스는 '완전한' CQRS를 사용한다. 읽기 모델은 레디스에 저장되고, 바니시Varnish로 제공되는 두 번째 캐시 계층도 있다. 하지만 메이드닷컴의 CQRS 용례는 이 장에서 살펴본 내용과는 약간 다르다. 할당 서비스에서는 별도로 읽기 모델을 사용하고 읽기 모델을 업데이트하기 위한 이벤트 핸들러가 필요하지 않다.

하지만 도메인 모델이 더 풍부해지고 더 복잡해질수록 더 간소화한 읽기 모델이 훨씬 더 매력적으로 다가올 것이다.

표 12-2 다양한 뷰 모델의 트레이드오프

방법	장점	단점
저장소를 그냥 사용한다.	간단하고 일관성 있는 접근 가능	복잡한 패턴의 질의의 경우 성능 문제 발생
ORM과 커스텀 질의를 사용한다.	DB 설정과 모델 정의 재사용 가능	자체 문법이 있고 나름대로의 문제점이 있는 다른 질의 언어를 한 가지 더 도입해야 한다.
수기로 작성한 SQL을 사용한다	표준 질의 문법을 사용해 성능을 세밀하게 제어 가능	DB 스키마 변경 시 수기로 작성한 질의와 ORM을 함께 바꿔야 한다. 정규화가 잘 된 스키마는 여전히 성능상 한계가 있을 수 있다.
이벤트를 사용해 별도로 읽기 저장소 만들기	읽기 전용 복사본은 규모를 키우기 쉽다. 데이터가 바뀔 때 뷰를 구축해 질의를 가능한 한 간단하게 만들 수 있다.	복잡한 기법이다. 해리는 여러분의 동기와 취향을 영원히 못 미더워할 것이다

종종 읽기 연산이 쓰기 모델과 똑같은 개념적인 객체로 작용할 수도 있다. 따라서 ORM을 사용하거나 저장소에 읽기 메서드를 추가하거나 읽기 연산에 도메인 모델 클래스를 사용하는 것도 괜찮다.

이 책의 예제에서 읽기 연산은 도메인 모델과 상당히 다른 개념으로 엔터티에 대해 연산을 수행한다. 할당 서비스는 한 SKU에 대한 **Batches**를 기준으로 생각한다. 하지만 사용자는 여러 SUK에 걸친 전체 주문의 할당에 신경을 쓴다. 따라서 ORM을 사용하면 약간 이상해진다. 이번 장의 앞부분에서 살펴봤던 날raw SQL 뷰를 사용을 권하는 유혹도 있었다.

이제 마지막 장으로 넘어가자.

## CHAPTER 13

의존성 주입(그리고 부트스트래핑)

의존성 주입^{dependency injection}(DI)은 파이썬 세계에서는 미심쩍은 기술로 여겨진다. 이 책의 예제 코드는 지금까지 의존성 주입 없이도 **그냥 잘** 작동했다.

이번 장에서는 DI를 고려하게 된 몇 가지 불만 사항과 DI를 수행하는 방법을 살펴본다. 가장 파이썬다운 방법을 고르는 것은 여러분의 몫이다.

bootstrap.py라는 새로운 컴포넌트를 추가한다. 이 컴포넌트는 의존성 주입과 필요하다면 종종 다른 초기화도 담당한다. 왜 이런 종류의 요소가 OO 언어에서 **구성 루트**^{composition root}라고 불리는지 설명한다. 그리고 **부트스트랩 스크립트**^{bootstrap script}만으로 충분한지에 대해서도 다룬다.

[그림 13-1]은 부트스트래퍼가 없다면 앱이 어떻게 생겼을지에 대해 보여준다. 진입점에서 수많은 초기화를 수행하고 주 의존성인 UoW를 여기저기 전달해야 한다.

> **TIP_** 3장을 읽지 않은 독자라면 이번 장을 읽기 전에 3장을 읽고 오길 바란다. 특히 함수형 프로그래밍과 객체 지향 프로그래밍의 의존성 관리 차이를 살펴보길 권한다.

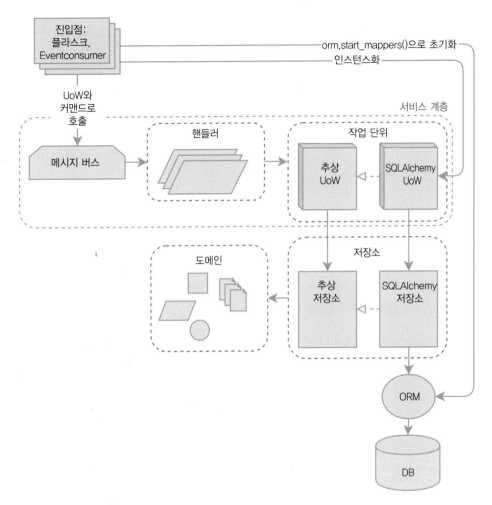

그림 13-1 부트스트랩이 없는 경우: 진입점에서 많은 일을 해야 한다

TIP_ 이번 장의 코드는 깃허브의 chapter_13_dependency_injection 브랜치에 있다(*https://oreil.ly/-B7e6*).

```
git clone https://github.com/cosmicpython/code.git
cd code
git checkout chapter_13_dependency_injection
# 또는 13장을 따라 하고 싶다면 12장을 확인하길 바란다.
git checkout chapter_12_cqrs
```

[그림 13-2]는 이런 책임을 부트스트래퍼가 맡은 모습을 보여준다.

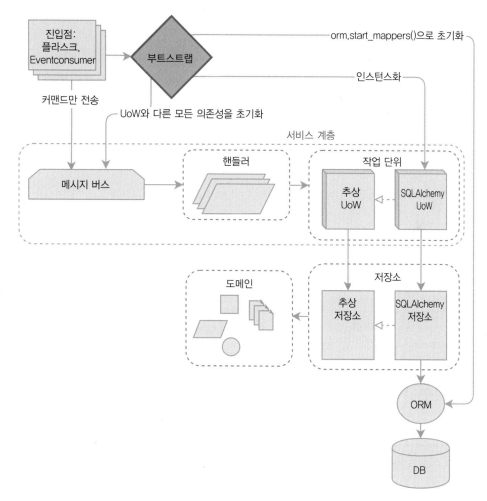

그림 13-2 부트스트랩은 여러 가지를 처리한다

13.1 암시적 의존성과 명시적 의존성

두뇌 유형에 따라 이 시점에서 약간 불편함을 느끼는 독자가 있을 것이다. 이런 불편한 마음을 밖으로 꺼내보자. 여러분에게 의존성을 관리하고 테스트하는 방법을 두 가지 보여줬다.

데이터베이스 의존성의 경우 명시적 의존성을 사용하는 프레임워크를 주의 깊게 만들고 테스트를 위해 쉽게 오버라이드할 수 있는 옵션을 만들었다. 주 핸들러 함수는 UoW에 대해 명시적 의존성을 선언한다.

핸들러는 UoW에 대한 명시적인 의존성을 가진다(src/allocation/service_layer/handlers.py)

```
def allocate(
        cmd: commands.Allocate, uow: unit_of_work.AbstractUnitOfWork
):
```

서비스 계층 테스트에서 가짜 UoW를 쉽게 바꿔 쓸 수 있다.

가짜 UoW를 쓴 서비스 계층 테스트(tests/unit/test_services.py)

```
uow = FakeUnitOfWork()
messagebus.handle([...], uow)
```

UoW 자체는 세션 팩토리에 대해 명시적으로 의존성을 선언한다.

UoW는 세션 팩토리에 의존(src/allocation/service_layer/unit_of_work.py)

```
class SqlAlchemyUnitOfWork(AbstractUnitOfWork):

    def __init__(self, session_factory=DEFAULT_SESSION_FACTORY):
        self.session_factory = session_factory
        ...
```

통합 테스트에서 이런 편리함을 사용해 Postgres 대신 SQLite를 사용할 수도 있다.

다른 DB를 사용하는 통합 테스트(tests/integration/test_uow.py)

```
def test_rolls_back_uncommitted_work_by_default(sqlite_session_factory):
    uow = unit_of_work.SqlAlchemyUnitOfWork(sqlite_session_factory) # ①
```

① 통합 테스트의 디폴트 Postgres session_factory를 SQLite로 대신한다.

13.2 명시적 의존성은 완전히 이상하고 자바스러운가?

파이썬 처리 방식에 익숙하다면 이전 절에서 본 모든 코드가 약간 이상하다고 생각할 수도 있다. 파이썬에서 이런 의존성을 처리하는 표준 방법은 임포트를 통해 모든 의존성을 암시적으로 선언한다. 테스트를 위해 무언가를 바꿔야 한다면 동적 언어인 파이썬에서는 멍키 패치^{monkey patch}를 할 수 있다.

일반적인 임포트 기반 의존성을 사용해 이메일 전송(src/allocation/service_layer/handlers.py)

```
from allocation.adapters import email, redis_eventpublisher # ①
...

def send_out_of_stock_notification(
        event: events.OutOfStock, uow: unit_of_work.AbstractUnitOfWork,
):
    email.send( # ②
        'stock@made.com',
        f'Out of stock for {event.sku}',
)
```

① 하드코딩한 임포트다.

② 특정 이메일 송신기를 직접 호출한다.

단지 테스트를 위해 불필요한 인수를 추가해서 애플리케이션 코드를 오염시킬 이유가 무엇이 겠는가? mock.patch를 사용하면 쉽고 멋지게 멍키 패치를 할 수 있다.

마이클 포드(Michael Foord) 덕분에 mock.patch를 쓸 수 있다(tests/unit/test_handlers.py)

```
with mock.patch("allocation.adapters.email.send") as mock_send_mail:
    ...
```

여기서 문제는 이 장난 같은 예제가 실제 이메일을 보내지 않아서(email.send_mail은 그냥 print를 한다) 쉬워 보인다는 점이다. 하지만 실세계에서는 품절 통지를 야기할 수 있는 **모든 테스트마다**^{every single test} mock.patch를 호출해야 한다. 원치 않는 부작용을 방지하기 위해 수많은 목을 사용하는 코드 기반을 다룬다면 이런 목 준비 작업이 얼마나 귀찮은지 알 수 있다.

목은 구현과 우리를 밀접하게 묶어준다. email.send_mail을 멍키 패치하기로 결정함으로써 우리는 import email에 묶이게 된다. 나중에 간단한 리팩터링으로 from email import send_mail을 하기로 결정하면 모든 목을 수정해야 한다.

따라서 이 또한 트레이드오프다. 그렇다. 엄밀히 말하자면 명시적으로 의존성을 선언하는 것은 불필요하고, 명시적 의존성을 사용하면 애플리케이션이 더 복잡해질 것이다. 하지만 그 대가로 테스트를 더 쉽게 작성하고 관리할 수 있다.

게다가 명시적 의존성 정의는 의존성 역전 원칙의 예이다. **구체적인**^{specific} 세부 사항에 대한 (암시적인) 의존성을 사용하는 대신 **추상화**에 대한 (명시적인) 의존성을 사용하는 것이 의존성이다.

> 명시적인 것이 암시적인 것보다 낫다.
>
> – 파이썬의 선

명시적 의존성은 더 추상적이다(src/allocation/service_layer/handlers.py)

```
def send_out_of_stock_notification(
        event: events.OutOfStock, send_mail: Callable,
):
    send_mail(
        'stock@made.com',
        f'Out of stock for {event.sku}',
    )
```

하지만 이 모든 의존성 선언을 명시적으로 바꾼다면 누가 이 의존성을 주입할 것이며, 어떻게 주입할 것인가? 지금까지는 단지 UoW를 여기저기 전달하는 것에만 신경을 썼다. 테스트는 FakeUnitOfWork를 사용하지만 플라스크와 레디스 eventconsumer 진입점은 실제 UoW를 사용하고 메시지 버스는 이 UoW를 커맨드 핸들러에게 전달한다. 실제와 가짜 이메일 클래스를 추가하면 누가 이 클래스를 생성하고 전달할까?

이 부분은 플라스크, 레디스, 테스트에서 좋지 않은 결과물이다. 더 나아가 의존성을 올바른 핸들러에게 전달하는 모든 책임을 메시지 버스에 전가하는 것은 SRP에 위배되는 것처럼 보인다.

대신에 **구성 루트**라는 패턴에 도달한다(여기서 구성 루트는 그냥 부트스트랩 스크립트일 뿐이다).[1] 그리고 '수동 DI'(프레임워크를 사용하지 않고 의존성을 직접 주입)를 수행한다. [그림 13-3][2]을 보라.

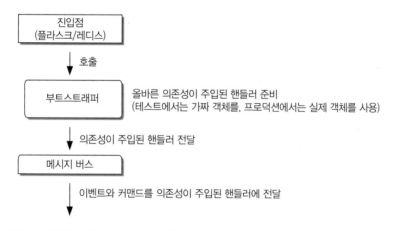

그림 13-3 진입점과 메시지 버스 사이에 있는 부트스트래퍼

---

1 파이썬이 '순수' OO 언어가 아니므로 파이썬 개발자는 꼭 객체 집합을 구성(compose)해서 동작하는 애플리케이션을 만들 필요가 없다. 우린 단지 진입점을 선택하고, 그 진입점의 맨 위에서 아래로 코드를 실행하면 된다.
2 마크 시먼(Mark Seemann)은 이를 순수(pure) DI라고 불렀다(*https://oreil.ly/iGpDL*). 이를 바닐라 DI라고 부르는 사람도 있다.

13.3 핸들러 준비: 클로저와 부분함수를 사용한 수동 DI

의존성이 있는 함수를 의존성이 **이미 주입된**already injected 나중에 호출될 수 있는 함수로 변환하는 한 가지 방법으로, 클로저closure나 부분함수partial function를 사용해 함수와 의존성을 합성하는 방법이 있다.

클로저나 부분함수를 사용한 DI 예제

```
# 추상적인 UoW 의존성이 있는 기존 할당 함수
def allocate(
        cmd: commands.Allocate, uow: unit_of_work.AbstractUnitOfWork
):
    line = OrderLine(cmd.orderid, cmd.sku, cmd.qty)
    with uow:
        ...

# 실제 UoW를 준비하는 부트스트랩 스크립트

def bootstrap(..):
    uow = unit_of_work.SqlAlchemyUnitOfWork()

    # UoW 의존성이 클로저에 포획되어 있는 allocate 함수 버전을 준비한다.
    allocate_composed = lambda cmd: allocate(cmd, uow)

    # 위 코드와 같은 역할을 하는 다른 방식의 코드(스택 트레이스가 잘 드러남)
    def allocate_composed(cmd):
        return allocate(cmd, uow)

    # partial 사용법
    import functools
    allocate_composed = functools.partial(allocate, uow=uow)    # (1)

# 나중에 실행 시점에서 부분함수 호출 시 이 부분함수는 이미 특정 UoW와 연결되어 있다.
allocate_composed(cmd)
```

① 클로저(람다나 이름이 붙은 함수)는 functools.partial과 차이가 있다. 클로저는 변수를 나중에 바인딩(*https://docs.python-guide.org/writing/gotchas/#late-binding-closures*)하므로 의존성이 변경 가능한 변수인 경우 혼동을 야기할 수 있다.

다음은 같은 패턴을 다른 의존성이 있는 send_out_of_stock_notification() 핸들러에 적용한 모습을 보여준다.

다른 클로저와 부분함수 예제

```python
def send_out_of_stock_notification(
        event: events.OutOfStock, send_mail: Callable,
):
    send_mail(
        'stock@made.com',
        ...


# 의존성을 지정한 send_out_of_stock_notification 버전 준비
sosn_composed = lambda event: send_out_of_stock_notification(event, email.send_
mail)


...


# 나중에 실행 시점에 다음 코드 실행
sosn_composed(event) # 이미 주입된 email.send_mail 사용
```

13.4 클래스를 사용한 대안

함수형 프로그래밍을 다뤄본 사람은 클로저와 부분함수가 익숙할 것이다. 여기서는 다른 사람이 더 이해하기 쉽게, 클래스를 사용하는 다른 방법을 보여준다. 하지만 이런 방식을 사용하려면 모든 핸들러 함수를 클래스로 다시 작성해야 한다.

클래스를 사용한 DI

```python
# 예전에 'def allocate(cmd, uow)'였던 핸들러를 다음과 같이 바꾼다.

class AllocateHandler:

    def __init__(self, uow: unit_of_work.AbstractUnitOfWork): # ②
        self.uow = uow
```

```
    def __call__(self, cmd: commands.Allocate): # ①
        line = OrderLine(cmd.orderid, cmd.sku, cmd.qty)
        with self.uow:
            # 이전과 같은 나머지 핸들러 메서드
            ...

# 실제 UoW를 준비하는 부트스트랩 스크립트
uow = unit_of_work.SqlAlchemyUnitOfWork()

# 이미 의존성이 주입된 allocate 함수 버전을 준비한다.
allocate = AllocateHandler(uow)
...

# 나중에 실행 시점에 다음 코드를 실행하면 이미 주입된 UoW가 사용된다.
allocate(cmd)
```

① 클래스는 호출 가능한 함수를 만들어야 한다. 따라서 __call__ 마법 메서드를 제공해야 한다.

② init을 사용해 필요한 의존성을 선언한다. 클래스 기반 지시자[descriptor]나 인수를 취하는 클래스 기반 컨텍스트 관리자를 만든 독자라면 이런 방식에 익숙할 것이다.

여러분이나 여러분의 팀이 더 편하게 느끼는 방식을 사용한다.

13.5 부트스트랩 스크립트

부트스트랩 스크립트는 다음과 같은 일을 한다.

1. 디폴트 의존성을 선언하지만 원하는 경우 이를 오버라이드할 수 있어야 한다.

2. 앱을 시작하는 데 필요한 '초기화'를 수행한다.

3. 모든 의존성을 핸들러에 주입한다.

4. 앱의 핵심 객체인 메시지 버스를 반환한다.

다음은 첫 번째 예제 코드다.

```
def bootstrap(
    start_orm: bool = True,  # ①
    uow: unit_of_work.AbstractUnitOfWork = unit_of_work.SqlAlchemyUnitOfWork(), # ②
    send_mail: Callable = email.send,
    publish: Callable = redis_eventpublisher.publish,
) -> messagebus.MessageBus:

    if start_orm:
        orm.start_mappers()  #  ①

    dependencies = {'uow': uow, 'send_mail': send_mail, 'publish': publish}
    injected_event_handlers = {  # ③
        event_type: [
            inject_dependencies(handler, dependencies)
            for handler in event_handlers
        ]
        for event_type, event_handlers in handlers.EVENT_HANDLERS.items()
    }
    injected_command_handlers = {        # ③
        command_type: inject_dependencies(handler, dependencies)
        for command_type, handler in handlers.COMMAND_HANDLERS.items()
    }

    return messagebus.MessageBus(        # ④
        uow=uow,
        event_handlers=injected_event_handlers,
        command_handlers=injected_command_handlers,
    )
```

① orm.start_mappers()는 앱을 시작할 때 수행해야 하는 초기화 작업의 예다. 이와 더불어 logging 모듈 설정 등의 작업을 수행하는 모습을 부트스트랩 코드에서 자주 볼 수 있다.

② 인수의 디폴트 값을 사용해 일반적이거나 프로덕션 상황의 디폴트 값을 지정한다. 한곳에 디폴트 값을 모으는 것도 좋지만, 의존성 생성 시점에 부작용이 있는 경우도 있다. 이런 경우에는 디폴트를 None으로 지정해야 할지 검토해봐야 한다.

③ inject_dependencies()라는 함수를 통해 의존성이 주입된 핸들러 매핑을 만든다. 이 함수에 대해서는 나중에 설명한다.

④ 사용할 준비가 된, 의존성이 설정된 메시지 버스를 반환한다.

다음은 핸들러 함수를 인스펙션해서 의존성을 핸들러에 주입하는 방법을 보여준다.

함수 시그니처를 인스펙션해서 DI하기(src/allocation/bootstrap.py)

```python
def inject_dependencies(handler, dependencies):
    params = inspect.signature(handler).parameters    # ①
    deps = {
        name: dependency
        for name, dependency in dependencies.items()  # ②
        if name in params
    }
    return lambda message: handler(message, **deps)   # ③
```

① 커맨드/이벤트 핸들러의 인수를 인스팩션한다.

② 의존성에서 이름이 일치하는 값을 찾는다.

③ kwargs(키워드 인수)로 주입해서 부분함수를 만든다.

마법을 덜 사용하는 좀 더 수동인 UI

앞의 inspect 코드에 공감하기 어려운 독자라면, 더 간단한 버전이 취향에 맞을 수도 있다.

해리는 처음에 '수동' 의존성 주입을 어떻게 하는지 보여주기 위해 inject_dependencies()를 작성했다. 밥은 해리가 작성한 코드를 보고 너무 과잉설계[overengineering]라며 자신만의 DI 프레임워크를 작성했다.

솔직히 말해, 해리는 이보다 더 평범한 방식으로 DI를 작성할 수는 없다고 생각했지만, 실제로는 다음과 같이 할 수 있다.

수동으로 인라인 부분함수 만들기(src/allocation/bootstrap.py)

```python
injected_event_handlers = {
    events.Allocated: [
        lambda e: handlers.publish_allocated_event(e, publish),
        lambda e: handlers.add_allocation_to_read_model(e, uow),
    ],
```

```
        events.Deallocated: [
            lambda e: handlers.remove_allocation_from_read_model(e, uow),
            lambda e: handlers.reallocate(e, uow),
        ],
        events.OutOfStock: [
            lambda e: handlers.send_out_of_stock_notification(e, send_
mail)
        ]
    }
    injected_command_handlers = {
        commands.Allocate: lambda c: handlers.allocate(c, uow),
        commands.CreateBatch: \
            lambda c: handlers.add_batch(c, uow),
        commands.ChangeBatchQuantity: \
            lambda c: handlers.change_batch_quantity(c, uow),
    }
```

해리는 이렇게 많은 줄의 코드를 작성하고 함수 인수를 수동으로 찾아봐야 한다는 것을 상상조차 할 수 없다고 말한다. 하지만 이 방법은 완벽히 동작하는 해법이다. 추가해야 하는 코드는 핸들러당 한 줄 정도이며 핸들러가 10여개라고 해도 유지보수 비용이 많이 발생하지 않는다.

앱의 구조는 의존성 주입을 한 곳, 즉 핸들러 함수에 하고 싶어지는 방식으로 만들어졌다. 따라서 이런 식의 엄청난 수동식 해법과 해리의 **inspect()** 기반 해법이 모두 다 잘 작동한다.

DI를 여러 곳에서 여러 시점에 하고 싶어지거나 (의존성이 자체적인 의존성이 있어서 DI를 해야 하고, 또 다시 그 의존성이 다른 의존성을 갖는 방식으로 연쇄적인 의존성이 있는) **의존성 사슬**dependency chain이 필요하다면 '실제' DI 프레임워크를 사용해서 더 빠르고 편하게 DI를 할 수도 있다.

메이드닷컴은 Inject(*https://pypi.org/project/Inject/*)를 몇 군데에서 사용했고 여전히 쓰고 있다(다만 Pylint가 약간 오류를 표시한다). 밥이 작성한 Punq(*https://pypi.org/project/punq*)나 proofit404의 Dependencies(*https://github.com/proofit404/dependencies*)도 살펴보길 바란다.

13.6 실행 도중 핸들러가 제공된 메시지 버스

이제 메시지 버스는 더 이상 정적인 존재가 아니다. DI가 끝난 핸들러가 메시지 버스로 전달되어야 한다. 따라서 모듈에서 설정 가능한 클래스로 메시지 버스를 변경해야 한다.

클래스로 정의한 메시지 버스(src/allocation/service_layer/messagebus.py)

```
class MessageBus:      # ①

    def __init__(
        self,
        uow: unit_of_work.AbstractUnitOfWork,
        event_handlers: Dict[Type[events.Event], List[Callable]],    # ②
        command_handlers: Dict[Type[commands.Command], Callable],    # ②
    ):
        self.uow = uow
        self.event_handlers = event_handlers
        self.command_handlers = command_handlers

    def handle(self, message: Message):             # ③
        self.queue = [message]                      # ④
        while self.queue:
            message = self.queue.pop(0)
            if isinstance(message, events.Event):
                self.handle_event(message)
            elif isinstance(message, commands.Command):
                self.handle_command(message)
            else:
                raise Exception(f'{message} was not an Event or Command')
```

① 메시지 버스는 클래스가 된다.

② 이미 DI가 끝난 핸들러를 받는다.

③ 주 handle() 함수는 거의 동일하다. 다만 몇몇 애트리뷰트와 메서드를 self 안에 넣는다.

④ 이런 식으로 self.queue를 쓰면 스레드는 안전하지 않다. 버스 인스턴스가 플라스크 앱 콘텍스트 안에서 전역 인스턴스이므로 스레드를 사용하면 문제가 될 수 있다. 이런 점에 유의하길 바란다.

버스에서 추가로 변경해야 하는 부분이 어디일까?

이벤트와 커맨드 핸들러 로직은 그대로다(src/allocation/service_layer/messagebus.py)

```python
def handle_event(self, event: events.Event):
    for handler in self.event_handlers[type(event)]:      # ①
        try:
            logger.debug('handling event %s with handler %s', event, handler)
            handler(event)       # ②
            self.queue.extend(self.uow.collect_new_events())
        except Exception:
            logger.exception('Exception handling event %s', event)
            continue

def handle_command(self, command: commands.Command):
    logger.debug('handling command %s', command)
    try:
        handler = self.command_handlers[type(command)]      # ①
        handler(command)     # ②
        self.queue.extend(self.uow.collect_new_events())
    except Exception:
        logger.exception('Exception handling command %s', command)
        raise
```

① handle_event와 handle_command는 거의 그대로다. 다만 정적인 EVENT_HANDLERS나 COMMAND_ HANDLERS 사전을 사용하는 대신 self에 있는 사전을 사용한다.

② UoW를 핸들러에 넘기지 않고 핸들러에 이미 의존성이 있다고 가정한다. 따라서 핸들러 인수는 구체적 인 이벤트나 커멘드에 따라 정해지는 인수 하나뿐이다.

13.7 진입점에서 부트스트랩 사용하기

애플리케이션의 진입점에서는 UoW를 설정하고 다른 설정 작업을 수행하는 대신 단순히 bootstrap.bootstrap()를 호출하고 즉시 사용할 수 있는 메시지 버스를 확보한다.

플라스크는 부트스트랩을 호출한다(src/allocation/entrypoints/flask_app.py)

```python
-from allocation import views
+from allocation import bootstrap, views

app = Flask(__name__)
```

```
-orm.start_mappers()    # ①
+bus = bootstrap.bootstrap()

 @app.route("/add_batch", methods=['POST'])
@@ -19,8 +16,7 @@ def add_batch():
     cmd = commands.CreateBatch(
         request.json['ref'], request.json['sku'], request.json['qty'], eta,
     )
-    uow = unit_of_work.SqlAlchemyUnitOfWork()    # ②
-    messagebus.handle(cmd, uow)
+    bus.handle(cmd)    # ③
     return 'OK', 201
```

① 더 이상 start_orm()을 호출하지 않아도 된다. 부트스트랩의 초기화 단계에서 이 함수를 호출한다.

② 더 이상 명시적으로 특정 유형의 UoW를 만들 필요가 없다. 부트스트랩 스크립트의 디폴트 값이 이를 처리한다.

③ 이제 메시지 버스는 전역 모듈이 아니라 구체적인 인스턴스가 된다.[3]

13.8 테스트에서 DI 초기화하기

테스트에서는 bootstrap.bootstrap()을 호출하면서 디폴트 값을 오버라이드해서 테스트용 커스텀 메시지 버스를 얻을 수 있다. 다음은 통합 테스트 예제다.

부트스트랩 디폴트 값 오버라이드하기(tests/integration/test_views.py)

```
@pytest.fixture
def sqlite_bus(sqlite_session_factory):
    bus = bootstrap.bootstrap(
        start_orm=True,    # ①
        uow=unit_of_work.SqlAlchemyUnitOfWork(sqlite_session_factory),    # ②
        send_mail=lambda *args: None,    # ③
        publish=lambda *args: None,    # ③
    )
```

----

3 하지만 여전히 메시지 버스가 flask_app 모듈 영역에서 전역 변수다. 이 책처럼 도커에서 플라스크 앱을 테스트하지 않고 플라스크 앱이 제공하는 프로세스 내 테스트를 사용하면 이런 성질(메시지 버스는 전역 변수)이 문제가 될 수 있다. 이런 문제를 해결하고 싶은 독자는 플라스크 앱 팩토리(*https://oreil.ly/_a6Kl*)를 참고하길 바란다.

```
        yield bus
        clear_mappers()

def test_allocations_view(sqlite_bus):
    sqlite_bus.handle(commands.CreateBatch('sku1batch', 'sku1', 50, None))
    sqlite_bus.handle(commands.CreateBatch('sku2batch', 'sku2', 50, date.today()))
    ...
    assert views.allocations('order1', sqlite_bus.uow) == [
        {'sku': 'sku1', 'batchref': 'sku1batch'},
        {'sku': 'sku2', 'batchref': 'sku2batch'},
    ]
```

① 여전히 ORM을 시작하고 싶다.

② 인메모리 데이터베이스 대신 실제 UoW를 사용하고 싶기 때문이다.

③ 하지만 이메일을 보내거나 publish를 사용할 필요가 없다.

반면 단위 테스트에서는 **FakeUnitOfWork**를 재사용할 수 있다.

단위 테스트의 부트스트랩(tests/unit/test_handlers.py)

```
def bootstrap_test_app():
    return bootstrap.bootstrap(
        start_orm=False,              # ①
        uow=FakeUnitOfWork(),         # ②
        send_mail=lambda *args: None, # ③
        publish=lambda *args: None,   # ③
    )
```

① ORM을 시작할 필요가 없다.

② 가짜 UoW는 ORM을 사용하지 않는다.

③ 이메일이나 레디스 어댑터도 가짜 함수를 사용한다.

이렇게 하면 중복을 약간 제거하고 여러 설정과 타당한 디폴트 값을 한곳에 넣을 수 있다.

13.9 어댑터 '적절히' 구축하기: 실제 사례

이렇게 변경한 시스템이 어떻게 작동하는지 실제로 느껴보기 위해 어댑터를 '적절히' 구축하고 있는지, 어댑터에 의존성을 어떻게 주입할 수 있는지를 예제로 살펴보자.

현재는 두 가지 유형의 의존성이 있다.

두 가지 유형의 의존성(src/allocation/service_layer/messagebus.py)

```
uow: unit_of_work.AbstractUnitOfWork,    # ①
send_mail: Callable,                      # ②
publish: Callable,                        # ②
```

① UoW에 대한 추상 기반 클래스가 있다. 이 방식은 외부 의존성을 선언하고 관리하는 가장 무거운 방법이다. 의존성이 상대적으로 복잡한 경우 이 방식을 사용한다.

② 이메일 송신기나 발행/구독 발행자는 함수로 정의되어 있다. 간단한 의존성이라면 이렇게만 해도 문제가 없다.

다음은 실제 일할 때 주입하는 몇 가지 방법이다.

- S3 파일시스템 클라이언트
- 키/값 저장소 클라이언트
- requests 세션 객체

대부분은 읽기, 쓰기, GET, POST 등의 더 복잡한 API를 제공하므로 간단한 함수로 이 모든 API를 찾는 것은 어렵다.

간단한 의존성이지만, send_mail을 예로 들어 더 복잡한 의존성을 어떻게 정의할 수 있는지 이야기해보자.

13.9.1 추상적이고 구체적인 구현 정의하기

더 일반적인 통지 API를 상상해보자. 통지 방법에는 이메일, SMS, 슬랙 포스트 등이 있다.

ABC와 구체적인 구현(src/allocation/adapters/notifications.py)

```python
class AbstractNotifications(abc.ABC):

    @abc.abstractmethod
    def send(self, destination, message):
        raise NotImplementedError

...

class EmailNotifications(AbstractNotifications):

    def __init__(self, smtp_host=DEFAULT_HOST, port=DEFAULT_PORT):
        self.server = smtplib.SMTP(smtp_host, port=port)
        self.server.noop()
    def send(self, destination, message):
        msg = f'Subject: allocation service notification\n{message}'
        self.server.sendmail(
            from_addr='allocations@example.com',
            to_addrs=[destination],
            msg=msg
        )
```

부트스트랩 스크립트에서 이와 관련된 의존성을 바꾼다.

메시지 버스에 통지 추가하기(src/allocation/bootstrap.py)

```python
  def bootstrap(
      start_orm: bool = True,
      uow: unit_of_work.AbstractUnitOfWork = unit_of_work.SqlAlchemyUnitOfWork(),
-     send_mail: Callable = email.send,
+     notifications: AbstractNotifications = EmailNotifications(),
```

```
    publish: Callable = redis_eventpublisher.publish,
) -> messagebus.MessageBus:
```

13.9.2 테스트를 위한 가짜 버전 만들기

더 나아가 단위 테스트를 위한 가짜 버전을 정의해본다.

가짜 통지(tests/unit/test_handlers.py)

```
class FakeNotifications(notifications.AbstractNotifications):

    def __init__(self):
        self.sent = defaultdict(list)  # type: Dict[str, List[str]]

    def send(self, destination, message):
        self.sent[destination].append(message)
    ...
```

테스트 시 사용한다.

테스트를 약간 바꿔야 한다(tests/unit/test_handlers.py)

```
def test_sends_email_on_out_of_stock_error(self):
    fake_notifs = FakeNotifications()
    bus = bootstrap.bootstrap(
        start_orm=False,
        uow=FakeUnitOfWork(),
        notifications=fake_notifs,
        publish=lambda *args: None,
    )
    bus.handle(commands.CreateBatch("b1", "POPULAR-CURTAINS", 9, None))
    bus.handle(commands.Allocate("o1", "POPULAR-CURTAINS", 10))
    assert fake_notifs.sent['stock@made.com'] == [
        f"Out of stock for POPULAR-CURTAINS",
    ]
```

13.9.3 실제 통지를 사용한 통합 테스트 방법 찾기

이제 실제 통지 기능을 사용해 테스트해보자. 보통은 엔드투엔드나 통합 테스트를 사용해 실제 기능을 테스트한다. 여기서는 도커 개발 환경에서 MailHog(*https://github.com/mailhog/MailHog*)를 실제와 비슷한 이메일 서버로 사용한다.

docker-compose 설정에 실제 가짜 이메일 서버 추가하기(docker-compose.yml)

```
version: "3"

services:

  redis_pubsub:
    build:
      context: .
      dockerfile: Dockerfile
    image: allocation-image
    ...

  api:
    image: allocation-image
    ...

  postgres:
    image: postgres:9.6
    ...

  redis:
    image: redis:alpine
    ...

  mailhog:
    image: mailhog/mailhog
    ports:
      - "11025:1025"
      - "18025:8025"
```

통합 테스트에서는 실제 `EmailNotifications` 클래스를 사용해 도커 클러스터의 MailHog 서버와 통신한다.

```python
@pytest.fixture
def bus(sqlite_session_factory):
    bus = bootstrap.bootstrap(
        start_orm=True,
        uow=unit_of_work.SqlAlchemyUnitOfWork(sqlite_session_factory),
        notifications=notifications.EmailNotifications(),    # ①
        publish=lambda *args: None,
    )
    yield bus
    clear_mappers()

def get_email_from_mailhog(sku):    # ②
    host, port = map(config.get_email_host_and_port().get, ['host', 'http_port'])
    all_emails = requests.get(f'http://{host}:{port}/api/v2/messages').json()
    return next(m for m in all_emails['items'] if sku in str(m))

def test_out_of_stock_email(bus):
    sku = random_sku()
    bus.handle(commands.CreateBatch('batch1', sku, 9, None))    # ③
    bus.handle(commands.Allocate('order1', sku, 10))
    email = get_email_from_mailhog(sku)
    assert email['Raw']['From'] == 'allocations@example.com'    # ④
    assert email['Raw']['To'] == ['stock@made.com']
    assert f'Out of stock for {sku}' in email['Raw']['Data']
```

① 부트스트래퍼를 통해 실제 통지 클래스와 대화하는 메시지 버스를 만든다.

② '실제' 이메일 서버에서 이메일을 가져오는 방법을 찾는다.

③ 테스트용 메시지 버스인 bus를 사용해 테스트를 설정한다.

④ 어려움에도 불구하고 이 코드는 실제로 작동한다. 그것도 첫 번째 시도에!

이런 방법의 DI 실제로도 잘 작동한다.

13.10 마치며

어댑터가 하나 이상 존재하면 직접 여기저기 의존성을 전달하는 과정이 고통스럽게 느껴지기 시작한다. 이때 **의존성 주입**을 사용하면 편해진다.

의존성 주입을 설정하는 것은 앱을 시작할 때 한 번만 수행하면 되는 전형적인 설정/초기화 활동의 일부이다. 이 모두를 **부트스트랩 스크립트**에 넣는 것이 좋다.

부트스트랩 스크립트는 어댑터에 대해 타당한 디폴트 설정을 제공하기 좋은 장소다. 그리고 테스트를 위해 어댑터를 오버라이드할 때 수정해야 하는 유일한 장소이기도 한다.

DI를 여러 수준에서 진행해야 한다면 의존성 주입 프레임워크가 유용하다. 예를 들어 의존성이 필요한 컴포넌트들의 의존성이 연쇄적인 경우 DI 프레임워크가 필요하다.

이번 장에서는 암시적/간단한 의존성을 ABC로 분리하고, 분리한 ABC의 실제와 가짜 구현을 정의하고, 단위 테스트와 통합 테스트를 거쳐서 '적절한' 어댑터로 바꾸는 실제 사례도 살펴봤다.

## CHAPTER 14

맺음말

14.1 왜 지금인가?

휴! 이 책에서 상당히 많은 기초 지식을 다뤘다. 대부분 독자에게는 이런 내용이 다소 생소할 것이다. 이런 점을 고려해보면 이 책만으로 전문가가 되는 건 어렵다는 것을 알 수 있다. 필자가 진정 원했던 목표는 개괄적인 지식을 제공하고, 여러분에게 딱 적당한 정도의 코드를 제공하여 여러분 스스로 밑바닥부터 무언가를 작성할 수 있게 하는 것이었다.

이 책에서 보여준 코드는 전투로 강하게 단련된 프로덕션 코드가 아니다. 오히려 여러분이 최초의 집, 우주선, 마천루를 만들 때 사용할 수 있는 레고 블록 모음과 비슷하다.

이로 인해 필자에게 두 가지 큰 과제가 남았다. 기존 시스템에 이런 아이디어를 어떻게 적용하는지에 대해 살펴본다. 그리고 앞에서 다루지 않고 건너뛸 수밖에 없었던 몇 가지 요소에 대해 경고한다. 여러분에게 새로운 무기를 쥐여 줬을 때 여러분의 발을 쏘지 않고 이 무기를 올바르게 사용할 수 있도록 몇 가지 기본 총기 안전관리 지침과 같은 내용을 살펴본다.

14.2 여기서 거기까지 어떻게 갈 수 있을까?

여러분 중 상당수는 다음과 같은 생각을 할 것이다.

'그래, 책 내용이 좋아서 이제 완전히 새로운 서비스를 개발할 때 어떻게 해야 하는지에 대해 이해했어. 하지만 지금 당장 내 앞에는 장고로 만든 큰 진흙 공이 있고, 이 진흙 공을 저자가 이야기하는 멋지고, 깔끔하고, 완벽하고, 오염되지 않은 간단한 모델로 바꾸는 방법을 모르겠어. 이 프로젝트의 현재 상태를 보니 불가능할 것 같아.'

여러분의 생각에 공감한다. 여러분이 이미 큰 진흙 공을 **만든**built 상태라면 상황을 개선하는 것은 어려울 수 있다. 실제로는 한번에 하나씩 대상을 개선해야 한다.

중요한 일부터 먼저 처리해보자. 여러분은 '여러분이 해결해야 하는 문제가 무엇인가', '여러분이 만든 소프트웨어가 변경하기 어렵지는 않은가', '성능이 받아들일 수 없을 정도인가', '이해할 수 없을 정도로 이상한 버그가 있는가' 등과 같은 질문을 던져볼 수 있다.

마음 속에 명확한 목표가 있어야지 수행해야 하는 작업의 우선순위를 정할 수 있다. 더 중요한 것은 목표가 있어야 다른 팀원들에게 수행하는 이유를 명확히 설명할 수 있다는 점이다.

엔지니어들은 사물을 고칠 때 이성적인 논의를 할 수 있는 반면, 비즈니스는 기술 부채와 리팩터링에 실용적으로 접근한다.

> **TIP_** 시스템에 복잡한 변경을 가하는 것과 추가로 특징을 엮으면 종종 더 쉽게 변경을 인정받을 수 있다. 여러분이 새로운 제품을 발매하거나 새로운 시장을 대상으로 서비스를 열었을 수도 있다. 이런 시점이 바로 기초를 고치기 위해 엔지니어링 자원을 투입할 만한 좋은 시점이다. 6개월이 걸리는 프로젝트가 있다면 3주짜리 정리 작업을 정당화하기가 훨씬 쉽다. 밥은 이를 **아키텍처 세금**architecture tax이라고 부른다.

14.3 뒤엉킨 책임 분리

이 책의 앞부분에서 큰 진흙 공의 주요 특성으로 균일성에 대해 설명했다. 각 컴포넌트의 책임이 명확하지 않아서 시스템의 모든 부분이 똑같아 보인다. 이런 문제를 해결하려면 책임을 분리하고 명확한 경계를 그어야 한다. 가장 먼저 서비스 계층을 만드는 일을 할 수 있다(그림 E-1).

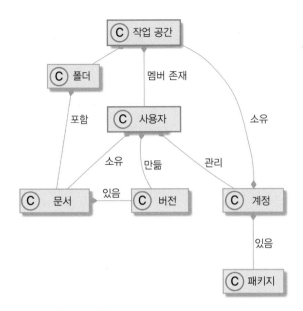

그림 E-1 협업 시스템의 도메인

이는 밥이 처음 진흙 공을 분리하는 법을 배운 시스템으로 아주 특별하다. **모든 곳에** 로직이 있다. 웹 페이지, 관리자 객체, 도우미 객체, 관리자와 도우미 객체를 추상화하기 위해 작성한 풍부한 서비스 클래스, 서비스를 분리하기 위해 작성한 잡다한 기능이 많은 커맨드 객체 모두에 로직이 있다.

여러분이 이 지경에 이른 시스템을 다룬다면 상황이 절망적으로 느껴질 수 있다. 잡초가 무성하게 자란 정원의 잡초를 뽑기 시작하는 것이 결코 늦지 않은 것처럼, 이런 시스템을 통제할 수 있는 전문성이 뛰어난 아키텍트를 고용하여 도움을 받으면 된다.

시스템의 **유스 케이스**use case를 알아내는 것부터 시작해보자. 사용자 인터페이스가 있다면 이 인터페이스는 어떤 일을 수행하는가? 백엔드 처리 컴포넌트가 있다면 각 크론잡cron job이나 셀러리잡Celery job이 단일 유스 케이스일 것이다. 각 유스 케이스는 다음 명령형 이름을 사용해야 한다. 예를 들어 '요금을 부과해야 한다', '버려진 계정을 정리해야 한다', '구매 주문서를 올려야 한다' 등이 있다.

이 책의 대부분 유스 케이스는 관리자 클래스에 속하며 작업 공간 작성과 문서 버전 삭제 등과 같은 이름이 있었다. 웹 프런트엔드가 각 유스 케이스를 호출한다.

이런 식으로 지원되는 각각의 연산에 대한 함수나 클래스를 하나씩 만드는 것을 목표로 한다. 이 함수나 클래스는 수행할 작업을 **오케스트레이팅**orchestrating한다. 각 유스 케이스는 다음과 같은 작업을 한다.

- 필요하면 자체 데이터베이스 트랜잭션을 시작한다.

- 필요한 데이터를 읽어온다.

- 전제조건precondition을 검사한다(부록 E 참조).

- 도메인 모델을 업데이트한다.

- 변경된 내용을 영속화한다.

각 유스 케이스는 원자적 단위로, 실패하거나 성공해야 한다. 한 유스 케이스에서 다른 유스 케이스를 호출할 수도 있다. 그렇게 해도 좋다. 단지 오래 실행되는 데이터베이스 트랜잭션을 피해야 한다는 사실만 기억하길 바란다.

> NOTE_ 우리가 직면한 가장 큰 문제는 관리자 메서드가 다른 관리자 메서드를 호출할 때 데이터 접근이 모델 객체로부터 발생하는 경우였다. 코드 기반 전체를 보물찾기 하듯 샅샅이 들추기 전에는 각 연산이 무슨 일을 하는지 이해하기 어려웠다. 모든 로직을 한 메서드로 뽑고 UoW를 사용해 트랜잭션을 제어하기 시작해 보니 시스템을 이해하기가 더 쉬워졌다.

연구 사례: 과성장 시스템 계층화

몇 년 전에 밥은 애플리케이션 첫 번째 버전을 아웃소싱한 소프트웨어 회사에서 근무했었다. 애플리케이션은 파일을 공유하고 다루기 위한 협업 플랫폼이었다.

애플리케이션 개발이 인하우스로 바뀐 후 많은 개발자가 이 소프트웨어를 수정하면서 코드의 구조를 더 복잡하게 만들었다.

이 시스템의 핵심은 NHibernate ORM로 구축한 ASP.NET 웹 폼 애플리케이션이다. 어떤 사용자가 다른 작업 공간에 있는 사용자를 초대해 자신의 작업을 검토하고, 의견을 남기고, 수정할 수 있도록 작업 공간에 문서를 올린다.

애플리케이션의 복잡도는 대부분 권한 모델 때문이다. 각 파일은 폴더에 포함되어 있고, 폴더는 리눅스 파일 시스템과 비슷하게 읽기, 쓰기, 변경 등의 권한을 허용한다.

추가로 각 작업 공간은 계정에 속했고 계정마다 할당량이 있으며 과금 패키지와 할당량은 연동된다.

결과적으로, 문서에 대해 읽기나 쓰기 연산이 일어날 때마다 데이터베이스에서 엄청나게 많은 객체를 읽어서 할당량과 권한을 확인해야 했다. 새 작업 공간을 만들려면 권한 구조를 설정하고, 사용자를 초대하고, 예제 파일을 만들어서 제공해야 했기에 수백 가지 데이터베이스 질의를 수행했다.

연산 코드 중 일부는 웹 핸들러에 있고, 사용자가 버튼을 클릭하거나 폼을 제출하면 이 핸들러가 실행된다. 또는 작업을 오케스트레이션하는 관리자 객체에 있었으며 또 다른 일부는 도메인 모델에 있었다. 모델 객체도 데이터베이스를 하거나 파일 시스템의 파일을 복사할 수 있으며 테스트 커버리지는 최악이었다.

이 문제를 해결하기 위해 먼저 서비스 계층을 도입하고 문서나 작업 공간을 생성할 때 필요한 모드를 한곳으로 모으자 코드를 이해할 수 있었다. 이를 통해 데이터 접근 코드를 도메인 모델에서 빼서 커맨드 핸들러에 넣었다. 비슷한 방식으로, 관리자와 웹 핸들러에서 오케스트레이션 코드를 빼서 핸들러에 넣었다.

이렇게 해서 만들어진 커맨드 핸들러는 **길고** 지저분했다. 하지만 이런 혼란 속에서도 질서를 도입하기 시작했다.

이 시점이 도메인 모델에서 모든 데이터 접근 코드와 오케스트레이션 코드를 빼서 유스 케이스로 옮길 수 있는 좋은 기회다. I/O를 신경 쓰는 코드(예: 이메일 보내기, 파일 쓰기)도 도메인 모델에서 빼서 유스 케이스 함수에 넣어야 한다. 이 기법을 3장에서 I/O를 수행하는 핸들러도 단위 테스트가 가능하도록 만들기 위한 추상화를 하면서 적용했었다.

이런 유스 케이스 함수는 대부분 로깅, 데이터 접근, 오류 처리에 대한 것이다. 이 단계를 수행하고 나면 프로그램이 실제 어떤 일을 하는지 대략 파악할 수 있고, 각 연산의 시작과 끝이 명확하게 정의됐음을 확신할 수 있다. 이제 순수한 도메인 모델을 만드는 것에 한걸음 더 다가갔다.

레거시 코드를 테스트하고 책임을 분리하는 방법에 대한 도움을 받고 싶다면 『레거시 코드 활용 전략』(에이콘출판사, 2018)을 읽어보길 바란다.

14.4 애그리게이트와 제한된 콘텍스트 식별하기

이 연구 사례 코드 기반에는 객체 그래프에 연결이 너무 많다는 문제가 있다. 계정마다 작업 공간이 많고, 각 작업 공간에는 많은 멤버가 있으며 멤버들에게는 모두 계정이 있다. 각 작업 공간에는 많은 문서가 있고 문서에는 여러 버전이 존재한다.

클래스 다이어그램으로는 이런 경우의 공포를 다 표현할 수 없다. 예를 들어 살펴보자. 이 시스템에서 사용자와 연관된 계정은 실제로 하나가 아니다. 대신 작업 공간을 통해 연결된 사용자와 연관된 계정을 모두 다 열거해서 가장 오래 전에 생성된 계정을 찾아야 한다는 특이한 규칙이 존재한다.

시스템의 각 객체는 SecureObject와 Version을 포함한 상속 계층의 일부분이었다. 이 상속 계층구조는 그대로 데이터베이스 스키마에 반영됐고, 그로 인해 질의를 할 때마다 작업 중인 객체의 종류가 무엇인지 알아내기 위해 10가지 다른 테이블을 조인해서 구분 열을 살펴봐야 했다.

코드 기반은 '마침표(.)'를 사용해 이런 객체들을 다음과 같이 쉽게 할 수 있었다.

```
user.account.workspaces[0].documents.versions[1].owner.account.settings[0];
```

이런 방식의 시스템을 장고 ORM이나 SQLAlchemy로 만드는 것은 쉽지만 되도록이면 피하는 게 좋다. 이런 방식이 **편하지만**, 각 프로퍼티가 데이터베이스 검색을 야기할 수 있어서 성능을 추론하는 게 아주 어려워진다.

> TIP_ 애그리게이트는 **일관성 경계**다. 보통 각 유스 케이스는 한번에 한 애그리게이트만 업데이트한다. 한 핸들러는 한 애그리게이트를 저장소에서 가져와서 상태를 변경한다. 그 결과로 이벤트를 발생시킨다. 시스템의 다른 부분에서 데이터를 가져와야 할 때 읽기 모델을 사용하면 아무 문제가 없지만, 한 트랜잭션 안에서 여러 애그리게이트를 업데이트하는 일은 피하는 게 좋다. 코드를 여러 다른 애그리게이트로 분리하기 위해서 우리는 명시적으로 여러 애그리게이트가 **최종 일관성** 있게 되는 방법을 선택했다.

이런 식으로 객체를 순회하려면 많은 연산이 필요하다. 예를 들면 다음과 같다.

```python
# 미지급 시 사용자의 작업 공간을 잠금
def lock_account(user):
    for workspace in user.account.workspaces:
        workspace.archive()
```

심지어 폴더나 문서 컬렉션을 재귀적으로 순회해야 할 수도 있다.

```python
def lock_documents_in_folder(folder):

    for doc in folder.documents:
        doc.archive()

    for child in folder.children:
        lock_documents_in_folder(child)
```

이런 연산은 성능을 **죽인다**[killed]. 하지만 이를 수정하면 하나로 되어 있는 객체 그래프를 포기하게 된다. (하나로 이어진 객체 그래프를 포기하는) 대신에 애그리게이트를 구별하고 객체 사이의 직접적인 연결을 끊기 시작한다.

> NOTE_ 12장에서 악명 높은 SELECT N+1 문제와 질의로 데이터를 읽는 방법과 커맨드로 데이터를 읽는 방법을 비교하면서 다른 기법을 선택할 수 있다는 사실을 소개했다.

대부분 직접적인 참조를 식별자로 대치하는 방식으로 일을 처리한다.

애그리게이트를 도입하기 전의 객체 그래프는 다음과 같다.

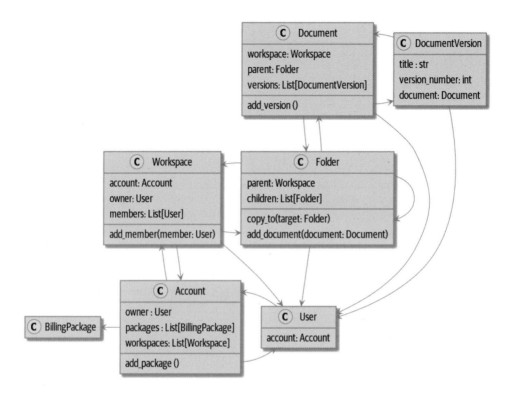

애그리게이트를 도입한 후 모델링한 결과는 다음과 같다.

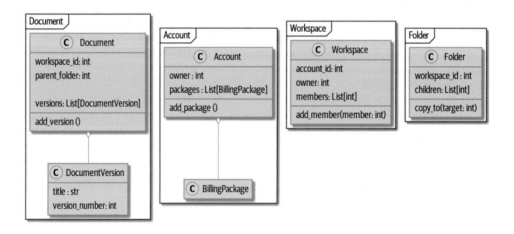

데이터를 **읽어야 한다**면 복잡한 루프와 변환을 쓰는 대신 직접적으로 SQL을 사용하려고 시도한다. 예를 들어 화면에 폴더와 문서로 이루어진 트리 뷰가 있다.

이 화면은 지연 로딩되는 ORM으로 인해 촉발되는 내포된 루프에 의존하므로 데이터베이스상에서 **믿을 수 없을**^{incredibly} 정도로 무겁다.

머리를 긁적이며 한참 고민한 끝에 ORM 코드를 크고 못생긴 저장 프로시저^{stored procedure}로 변경했다. 코드는 끔찍해 보였지만, 훨씬 빠르고 Folder와 Document 사이를 분리하는 데 도움이 된다.

데이터를 **써야**^{write} 할 때는, 한번에 한 애그리게이트만 변경하고 이벤트를 처리하는 메시지 버스를 도입했다. 예를 들어 새 모델에서 계정을 잠글 때는 먼저 SELECT id FROM workspace WHERE account_id = ? 질의를 통해 영향받는 작업 공간을 모두 찾는다.

그 후 각 작업 공간마다 새로운 커맨드를 발생시킬 수 있다.

```
for workspace_id in workspaces:
    bus.handle(LockWorkspace(workspace_id))
```

14.5 스트랭글러 패턴을 통해 마이크로서비스로 전환하는 이벤트 기반 접근 방법

스트랭글러 피그 패턴strangler fig pattern은 예전 시스템을 그대로 사용하면서 예전 시스템의 가장자리에 새 시스템을 만드는 것으로 이루어진다. 예전 시스템이 아무런 동작도 하지 않고 꺼질 때까지 예전 기능 일부를 점진적으로 가로채 새 기능으로 대치하는 과정을 계속 수행한다.

사용 가능한 재고를 찾는 서비스를 만들 때 기능을 한곳에서 다른 곳으로 옮기기 위해 **이벤트 가로채기**event interception라는 기법을 사용했다. 이 기법은 3단계로 구성된 프로세스다.

1. 여러분이 대치하고 싶은 시스템에서 일어나는 변경을 표현하는 이벤트를 발생시킨다.

2. 1단계에서 만든 이벤트를 소비하는 두 번째 시스템을 만들고, 그 안에 자체적인 도메인 모델을 만든다.

3. 예전 시스템을 새 시스템으로 대체한다.

다음은 [그림 E-2]에 있는 시스템이다.

그림 E-2 변경 전: XML-RPC를 통한 강력한 양방향 커플링

[그림 E-2]에서 [그림 E-3]에 있는 시스템으로 옮기기 위해 이벤트 가로채기를 사용했다.

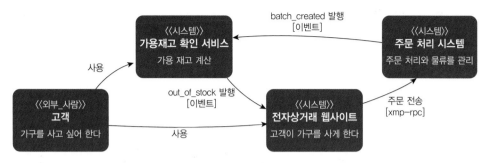

그림 E-3 변경 후: 비동기 이벤트를 통한 느슨한 커플링(고해상도 버전: *cosmicpython.com*)

사실 이는 몇 달 동안 진행한 프로젝트다. 첫 번째 단계는 배치, 선적, 상품을 표현할 수 있는 도메인 모델을 만드는 것이었다. TDD를 사용한 "N단위의 HAZARDOUS_RUG를 주문하면 집까지 배달되는 데 얼마나 걸릴까?"라는 질문에 대답할 수 있는지를 확인하기 위한 장난감 시스템이었다.

> **TIP_** 이벤트 기반 시스템을 만들 때는 '동작하는 골격*walking skeleton*'으로 시작하길 바란다. 입력을 받아 로그에 남기기만 하는 시스템을 배치하면 강제로 인프라와 관련된 의문을 모두 처리해야 하고, 프로덕션에서 작동하는 시스템을 갖고 시작할 수 있다.

연구 사례: 도메인을 대체할 마이크로서비스 만들기

메이드닷컴은 모놀리스 두 개로 시작했다. 하나는 프런트엔드 전자상거래 애플리케이션, 다른 하나는 백엔드 주문 처리 시스템이다.

두 시스템은 XML-RPC를 통해 통신한다. 주기적으로 백엔드 시스템이 깨어나 프런트엔드 시스템에 도착한 새로운 주문이 없는지 확인한다. 새로운 모든 주문을 임포트하면 백엔드는 재고 수준을 업데이트하라는 RPC 명령을 프런트엔드에 보낸다.

시간이 지나면 프로세스는 점점 느려진다. 크리스마스 시즌에는 하루 치 주문을 임포트하는 데 24시간 이상 걸린다. 밥은 이 시스템을 일련의 이벤트 기반 서비스로 나누기 위해 고용됐다.

가장 먼저 프로세스에서 가장 느린 부분이 사용 가능한 재고를 계산하고 동기화하는 부분임을 발견했다. 외부 이벤트를 리슨하면서 얼마나 많은 재고가 사용 가능한지를 계속 유지하는 시스템이 필요했다.

이 정보를 API를 통해 노출했다. 사용자의 브라우저에서 각 상품의 재고가 얼마나 많이 남았는지, 사용자의 주소로 배달되는 데 얼마나 걸리는지를 확인할 수 있었다.

상품 재고가 완전히 소진되면 전자상거래 플랫폼이 해당 상품의 판매를 중단하라는 새로운 이벤트를 발생시킨다. 얼마나 많은 부하를 처리해야 하는지는 알 수 없으므로 시스템을 CQRS 패턴을 사용해 재작성했다. 재고가 변하면 레디스 데이터베이스에 캐시된 뷰 모델을 업데이트했다. 플라스크 API는 이 복잡한 도메인 모델에 질의를 하는 대신 **뷰 모델**^{view model}에 질의를 보냈다.

결과적으로, "얼마나 많은 재고가 있는가?"라는 질문에 2초 만에 답하고, 이제 API는 상당한 기간 동안 초당 수백 건의 요청을 처리할 수 있게 되었다.

이 모든 내용이 친숙하게 느껴진다면 여러분은 이제 이 책의 모든 예제 앱이 어디서 왔는지 이해한 것이다.

작동하는 도메인 모델이 있으면 일부 인프라를 구축하는 쪽으로 방향을 전환한다. 첫 번째 프로덕션 배치는 `batch_created` 이벤트를 받아서 이벤트의 JSON 표현을 로그에 남기는 아주 작은 시스템이었다. 이 시스템은 이벤트 기반 아키텍처의 `Hello, World`다. 이런 시스템을 실행하려면 메시지 버스를 배치하고 발행자와 구독자를 연결해야 하며 배치 파이프라인을 만들고, 간단한 메시지 핸들러를 만들어야만 한다.

배치 파이프라인, 필요한 인프라, 기본적인 도메인 모델이 생기면 이제 본격적으로 프로젝트를 개시한 것이다. 몇 달이 지나면 프로덕션에서 실제 고객에게 서비스를 제공할 수 있다.

14.6 새로운 일을 시작하도록 이해관계자 설득하기

큰 진흙 공으로부터 새로운 시스템을 만들려는 독자라면 아마도 신뢰성, 성능, 유지보수 중 한, 두 가지나 세 가지 모두에서 어려움을 겪고 있을 것이다. 해결하기 어려운 문제는 극적인 해결책이 필요하다.

첫 번째 단계로 **도메인 모델링**을 권한다. 지나치게 시스템이 과성장하면 엔지니어, 제품 소유자, 고객은 더 이상 동일한 언어를 사용하지 않는다. 비즈니스 관련자들은 추상적인 시스템에 대해 프로세스에 초점을 두지만, 개발자들은 물리적으로 거칠고 혼란스러운 상태로 존재하는 시스템에 대해 이야기한다.

연구 사례: 사용자 모델

앞에서 첫 번째 시스템의 계정과 사용자 모델이 '특이한 규칙'으로 결합됐다고 언급했다. 이는 엔지니어와 비즈니스 관련자가 어떻게 다른지 보여주는 완벽한 예이다.

이 시스템에서 **계정**^account 은 **작업 공간**^workspace 을 부모로 하고, 사용자는 작업 공간의 **멤버**^member 였다. 작업 공간은 권한과 할당량을 적용하는 기본 단위다. 사용자가 어떤 작업 공간에 **합류**됐을 때 작업 공간 안에 이 사용자의 **계정**이 없다면 사용자를 해당 작업 공간을 소유한 계정과 연관시킬 수 있다.

이런 과정은 지저분하고 임의적이다. 하지만 제품 소유자가 다음과 같은 새로운 기능을 요청한 날까지는 잘 작동했다.

> 사용자가 회사에 합류하면 이 사용자를 해당 회사의 기본 작업 공간에 추가하고 싶다. 이 때 기본 공간은 HR 작업 공간이나 회사 공지 작업 공간이 될 수 있다.

제품 소유자에게 회사와 **같은 것**은 없고, 사용자가 계정에 합류하는 것은 아무 의미가 없다고 설명해야 했다. 더 나아가 '회사'는 서로 다른 사용자가 소유한 **많은** 계정일 수도 있고, 새로운 사용자가 이런 계정 중 아무 계정에나 초대를 받을 수도 있다.

깨진 모델에 몇 년 동안 해킹하고 우회로를 뚫은 결과가 이제 우리의 발목을 잡았고, 전체 사용자 관리 기능을 완전히 새로운 시스템으로 재작성할 수밖에 없었다.

도메인을 모델링하는 방법을 찾는 일은 복잡한 작업이며 그 자체로 몇 권의 책을 써도 될 만한 주제다. 필자는 이벤트 스토밍이나 CRC 모델링 같은 대화식 기법을 좋아한다. 사람들은 놀면서 협력하는 것을 좋아하기 때문이다. **이벤트 모델링**^event modeling 은 엔지니어와 제품 소유자가 함께 커맨드, 질의, 이벤트의 관점에서 시스템을 이해할 수 있도록 도와주는 기술이다.

> **TIP_** 이벤트가 있는 시스템을 시각화하는 방법에 대한 유용한 가이드는 ***www.eventmodeling.org*** 와 ***www.eventstorming.org*** 를 참고하길 바란다.

같은 유비쿼터스 언어를 사용해 시스템에 대해 대화하는 것이 목표다. 같은 언어로 대화를 해야 시스템의 복잡성이 어디에 있는지 서로 동의할 수 있다.

도메인 문제를 TDD 카타(코드 도장에서 사용하는 코딩 품새)로 풀어보면 가치가 높다는 사실을 발견할 수 있다. 예를 들어 사용 가능한 재고 서비스에서 처음 작성한 코드는 배치와 주문라인 모델이었다. 이를 점심시간 워크숍으로 진행하거나, 프로젝트를 시작할 때 처음 만드는 코드로 할 수도 있다. 모델링의 가치를 보여주고 나면 모델링을 최적화하기 위해 프로젝트 구조를 다듬는 것을 정당화하는 게 더 쉬워진다.

연구 사례: 데이비드 세돈의 작은 발걸음

안녕하세요? 저는 이 책의 기술 리뷰어 데이비드 세돈David Seddon입니다. 몇 가지 복잡한 장고 모놀리스를 다루고 있으며 밥과 해리가 누그러뜨릴 수 있다고 (이 책에서) 약속하는 모든 문제를 겪었습니다.

이 책에 나열된 패턴을 처음 봤을 때 저는 상당히 흥분했습니다. 이런 기법 중 상당수를 이미 작은 프로젝트에 도입해봤지만, 이 책에는 훨씬 더 크고 매일 직장에서 다루는 시스템과 비슷한 데이터베이스를 사용하는 시스템에 대한 청사진이 있었기 때문입니다. 그래서 이 청사진을 우리 회사에 도입할 방법을 고민하기 시작했습니다.

항상 저를 곤란하게 만든 코드 기반의 문제를 해결하기로 했습니다. 이 코드 기반을 유스 케이스로 구현하기 시작했습니다. 하지만 예기치 못한 문제에 부딪혔습니다. 이 책을 읽을 때 생각하지 못했던 것들이 무슨 일을 해야 할지 결정할 때 어려움의 원인이 되었습니다. 제가 만든 유스 케이스가 두 가지 서로 다른 애그리게이트와 상호작용하면 문제가 되지는 않는지, 한 유스 케이스가 다른 유스 케이스를 호출해도 되는지, 다른 아키텍처 원칙을 따르는 시스템 안에 새 유스 케이스가 들어가면 끔찍한 혼란을 야기하지 않는지 등에 대해 생각하게 되었습니다.

'이 놀라운 청사진에 어떤 일이 발생한거지?', '정말로 이 책의 아이디어를 실천으로 옮길 만큼 충분히 이해했던가?', '우리 애플리케이션이 이 책의 청사진에 맞기는 한 걸까?', '이 책의 아이디어가 우리 애플리케이션에 맞는 아이디어라고 해도, 동료들이 이렇게 큰 변경을 동의해줄까?', '그냥 이 책의 멋지기만 한 아이디어로 인해 내가 현실에서 부딪히는 현상에 대해 환상에 빠지게 된 건 아닐까' 등과 같은 고민이 많이 있었습니다.

작은 규모로 시작했어야 한다는 사실을 깨닫기까지 꽤 오랜 시간이 걸렸습니다. 실제로는 제가 순수주의자가 되거나 처음부터 제대로 할 필요가 없었습니다. 실험을 통해 저에게 잘 맞는 게 무엇인지 찾을 수 있었는데, 그러지 못했던 겁니다.

그래서 다시 도전했습니다. 이 책의 아이디어를 여기저기 적용해 새로운 기능을 만들면서 데이터베이스나 목이 없이 테스트할 수 있는 비즈니스 로직으로 만들었습니다. 그리고 팀에서는 시스템이 하는 작업을 정의할 때 도움을 받기 위해 서비스 계층을 도입했습니다.

이 책의 패턴을 여러분의 직장에 도입할 때도 처음에 비슷한 느낌을 받을 겁니다. 책의 멋진 이론이 여러분 코드베이스의 현실과 만나면 사기가 꺾이기 마련입니다.

제가 드릴 충고는 이렇습니다. 특정 문제에 집중하고 그 문제와 관련해 어떤 아이디어를 사용할지 스스로에게 물어보세요. 아마 처음에는 한정적이고 완전하지 못한 방식을 택해야 할 것입니다. 어쩌면 제가 그랬던 것처럼 처음 선택한 문제가 너무 어려워서 이 책의 방법을 적용하지 못할 수도 있습니다. 그런 경우에는 다른 문제를 찾아보세요. 처음부터 바닷물을 모두 다 증발시키려고 노력하지 마세요. 실패를 너무 두려워하지 마세요. 실패한 경험을 통해 배움을 얻고, 이를 통해 다른 사람들이 유용성을 발견한 방향으로 점차 나아가고 있음을 자신할 수 있습니다.

혹시 너무 고통스럽다면 제가 말씀드리는 아이디어를 시도해보세요. 모든 아키텍처를 다시 만들기 위해 허가를 받을 필요가 없습니다. 무엇이든 작은 대상을 골라서 시작하세요. 그리고 무엇보다 구체적인 문제를 해결하기 위해 이 책의 아이디어를 적용하세요. 성공적으로 작은 문제를 해결하고 나면, 뭔가 제대로 일을 했다는 사실을 스스로 알 수 있고, 다른 동료들도 같은 사실을 깨닫게 될 겁니다.

14.7 기술 리뷰어들의 질문

다음은 이 책의 초안을 쓰는 중에 받은 질문이다. 이 책에 마땅히 넣을 만한 곳이 없어서 수록하지 못할 뻔했지만 꽤 중요하고 좋은 질문이라 기술 리뷰어들의 질문을 다음과 같이 정리하고, 그에 대한 답을 추가했다.

이 모든 것을 한번에 적용해야 하는가? 조금씩 조금씩 적용할 수는 없는가?

한꺼번에 할 필요는 없다. 이 책의 기법을 당연히 조금씩 적용해도 된다. 기존 시스템이 있다면, 서비스 계층을 만들어서 오케스트레이션을 한곳에 모으는 걸 권한다. 일단 서비스 계층이 생기면 로직을 모델에 넣고 검증이나 오류 처리 같은 미묘한 관심사를 진입점에 넣기가 쉽다.

여러분이 여전히 크고 혼란스러운 장고 ORM을 사용하더라도 서비스 계층이 있으면 좋다. 서비스 계층은 연산의 경계를 이해할 수 있는 방법이기 때문이다.

유스 케이스를 추출하면 기존 코드 중 상당 부분이 망가진다. 코드가 너무 엉켜있다.

그냥 복사해서 붙여넣는 걸 권한다. 단기적으로는 더 많은 중복이 발생해도 좋다. 이를 여러 단계를 거쳐야 하는 프로세스로 생각해보자. 여러분의 코드가 지금은 상태가 나쁘므로, 새로운 장소로 코드를 복사해서 붙여넣고 깔끔하고 간결한 새 코드로 만드는 것을 권한다.

이렇게 하고 나면, 예전 코드를 사용하는 부분이 새 코드를 호출하도록 바꿀 수 있고 마침내 원래의 지저분한 코드도 지울 수 있다. 큰 코드 기반을 고치는 과정은 지저분하고 고통스러운 프로세스다. 모든 게 순식간에 좋아지리라 기대하지 말고, 애플리케이션의 일부가 더 지저분해지더라도 걱정하지 말라.

CQRS가 꼭 필요한가? CQRS는 이상한 생각인 것 같다. 저장소만 쓰면 안 되는가?

물론 그래도 된다! 이 책에서 보여주는 기법들은 여러분의 삶을 더 **쉽게** 도와주려는 것이다. 여러분이 반드시 강제로 지켜야 하는 어떤 금욕적인 규율이 아니다.

첫 번째 연구 사례의 시스템에서 저장소를 사용해 데이터를 가져와서 어떤 변환을 거쳐 엉뚱한 (로직이 없고 데이터만 있는) 읽기 모델을 돌려주는 **뷰 빌더**^{view builder} 객체가 많이 있었다. 이런 접근 방법은 성능상 문제가 생기면 뷰 빌더를 전용 질의나 그냥 SQL 문으로 쉽게 바꿀 수 있다는 장점이 있다.

큰 시스템에서 유스 케이스가 어떻게 서로 상호작용하는가? 어떤 유스 케이스가 다른 유스 케이스를 호출하면 문제가 생기는가?

이런 방식(유스 케이스가 다른 유스 케이스를 호출)이 잠정적인 단계일 수 있다. 첫 번째 연구 사례에서 다른 핸들러를 호출해야 하는 핸들러가 있었다. 이때 **정말** 코드가 지저분해졌다. 그리고 메시지 버스를 사용해 이런 관심사들을 서로 분리하는 편이 훨씬 더 나았다.

일반적으로 여러분의 시스템에는 메시지 버스 구현이 하나만 있고 어느 한 애그리게이트나 몇몇 애그리게이트를 중심으로 하는 하위 도메인이 여러 가지 있다. 유스 케이스는 끝날 때 이벤트를 발생할 수 있고, 다른 곳에 있는 핸들러가 이 이벤트에 의해 실행될 수 있다.

여러 저장소나 애그리게이트를 사용하는 유스 케이스인가? 그렇다면 왜 그런가?

애그리게이트는 일관성 경계이므로 유스 케이스가 두 애그리게이트를 원자적으로(같은 트랜잭션 안에서) 업데이트해야 한다면 (엄격히 말해) 일관성 경계가 잘못된 것이다. 이상적으로는 여러분이 동시에 변화시키려는 모든 대상을 포함한 새로운 애그리게이트로 옮겨야 하는지에 대해 생각해봐야 한다.

실제로 한번에 한 애그리게이트만 업데이트하고 다른 애그리게이트는 읽기 전용으로만 사용하는 게 좋다. 다만 데이터를 얻을 수 있는 읽기/뷰 모델을 만드는 것을 고려해볼 수 있다. 뷰 모델을 만들면 각 유스 케이스가 한 가지 애그리게이트만 변경한다는 점이 더 명확해진다.

두 애그리게이트를 변경할 필요가 있는데 두 연산이 같은 트랜잭션이나 UoW에 있을 필요가 없다면 작업을 두 가지 다른 핸들러로 분리하고 도메인 이벤트를 사용해 두 핸들러 사이에 정보를 전달하는 것을 고려해봐야 한다. 애그리게이트 설계에서 대한 본 버넌의 논문을 읽어보길 바란다(*https://oreil.ly/sufKE*).

읽기 전용이지만 비즈니스 로직이 많이 있는 시스템이 있으면 어떻게 해야 할까?

뷰모델에 복잡한 로직이 있을 수도 있다. 이 책에서는 읽기와 쓰기 모델의 일관성과 스루풋 요구 사항이 달라서 이 두 모델을 분리하는 걸 권한다. 대부분의 경우 읽을 때는 간단한 로직을 쓰지만 항상 그렇지만은 않다. 특히 권한과 인증 모델이 있으면 읽는 부분에서 복잡도가 증가한다.

우리는 뷰 모델에 엄청난 단위 테스트가 필요했던 시스템을 작성한 적이 있다. 이런 시스템에서는 [그림 E-4]처럼 **뷰 빌더**에서 **뷰 페처**view fetcher를 분리한다.

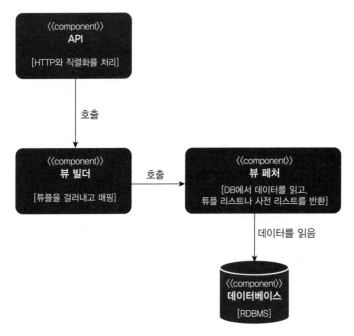

그림 E-4 뷰 빌더와 뷰 페처(고해상도 버전: *cosmicpython.com*)

이렇게 하면 목 데이터(예: 사전으로 이루어진 리스트)를 제공해서 뷰 빌더를 테스트하는 게 쉬워진다. 이벤트 핸들러를 사용한 '멋진 CQRS'는 실제로는 모델을 변경할 때만 복잡한 뷰 로직을 실행하므로 뷰를 읽을 때마다 로직을 실행하는 일을 피하는 방법이다.

이런 일을 하기 위해 마이크로서비스를 만들 필요가 있을까?

으악, 그건 아니다! 우리가 설명한 기법은 마이크로서비스보다 십여 년 이상 더 오래된 방법이다. 애그리게이트, 도메인 이벤트, 의존성 역전은 큰 시스템의 복잡도를 제어하기 위한 방법들이다. 일단 비즈니스 프로세스를 위한 모델과 유스 케이스를 만들고 나면, 자체 서비스로 옮기는 것은 상대적으로 간단한 일이다. 하지만 마이크로서비스화하는 것이 꼭 필요한 일은 아니다.

장고를 사용하고 있다. 계속 장고를 써도 되는가?

이 주제에 대한 내용을 자세히 다루기 위해 부록을 하나 마련했다. 부록 D를 참고하길 바란다.

14.8 풋건

좋다. 여러분이 가지고 놀 수 있는 여러 가지 장난감을 제공했다. 여기에 꽤 괜찮은 주의 사항이 있다. 필자는 여러분이 프로덕션 시스템에 이 책의 코드를 복사해서 붙여넣고 자동화된 거래 시스템을 레디스 발행자/구독자로 다시 구축하라고 권하지 않는다. 간략화와 단순화를 위해 다루기 곤란한 주제는 그냥 넘어갔다. 이 책에서 배운 내용을 실전에 적용하기 전에 알아야 하는 요소를 나열했다.

신뢰성 있는 메시징은 어렵다.

레디스 발행자/구독자는 신뢰할 수 없고, 일반적인 메시징 도구로 사용하면 안 된다. 레디스 발행자/구독자를 선택한 이유는 많은 사람에게 익숙하고 쉽게 실행할 수 있기 때문이다. 메이드닷컴에서는 메시징 도구로 이벤트 저장소를 사용하지만, RabbitMQ와 아마존 EventBridge도 시도해본 경험이 있다.

타일러 트리트^{Tyler Treat}는 *bravenewgeek.com*에 훌륭한 글을 올렸다. 최소한 '정확히 한 번만 배달하는 것은 불가능하다(*https://oreil.ly/pcstD*)'와 '여러분이 원하는 것은 여러분이 원하지 않는 것이다: 분산 메시징의 트레이트오프 이해하기(*https://oreil.ly/j8bmF*)'를 읽어보길 바란다.

서로 독립적으로 실패할 수 있게 작고, 초점이 한정된 트랜잭션을 명시적으로 선택한다.

8장에서 주문 라인 **할당 해제**^{deallocating}와 라인 **재할당**^{reallocating}이 두 가지 서로 다른 UoW에서 발생하도록 프로세스를 업데이트했다. 이벤트를 리플레이할 수 있는 도구를 준비하고, 이 두 트랜잭션이 실패할 경우 어떤 일이 생기는지 모니터링해야 한다. 트랜잭션 로그를 메시지 브로커(예: 카프카나 이벤트 저장소)로 사용하면 이런 일(모니터링과 리플레이)을 쉽게 할 수 있다. 또는 아웃박스^{outbox} 패턴을 살펴볼 수도 있다(*https://oreil.ly/sLfnp*).

멱등성에 대해서는 다루지 않았다.

핸들러를 재시도하면 어떤 일이 발생하는지에 대해서는 필자의 생각을 제공하지 않았다. 실전에서는 핸들러를 멱등적으로 만들어 같은 메시지로 핸들러를 반복 호출해도 상태 변경이 단 한 번만 일어나게 해야 한다. 멱등성이 보장되는 시스템은 실패 시 안전하게 이벤트를 재시도할 수 있어서 멱등성은 신뢰할 수 있는 시스템을 만드는 것이 기본이다.

멱등성 메시지 핸들링에 대한 문서가 많이 있다. '최종 일관성이 있는 DDD/CQRS 애플리케이션에서 멱등성을 보장하는 방법(*https://oreil.ly/yERzR*)'과 '신뢰성이 있는(또는 없는) 메시징(*https://oreil.ly/Ekuhi*)'부터 시작해보자.

시간이 지나면 이벤트의 스키마를 바꿔야 할 수도 있다.
이벤트를 문서화하고, 스키마를 고객과 공유할 방법을 찾을 필요가 있다. 우리는 간단하고 다른 선행 기술이 존재하므로 JSON 스키마와 마크다운을 좋아한다. 그렉 영[Greg Young]은 이벤트 기반 시스템을 관리하는 방법에 대한 책을 집필했다. 『Versioning in an Event Sourced System』(Leanpub, 2017)을 살펴보길 바란다.

14.9 추가 자료

앞으로 더 나아가는 데 도움이 될 만한 책 몇 권을 권한다.

- 『Clean Architectures in Python』(Leanpub, 2019): 파이썬 애플리케이션 아키텍처에 대해 다루는 몇 안 되는 책 중 하나다.
- 『기업 통합 패턴』(에이콘출판사, 2014): 메시징 패턴을 시작하는 책으로 좋다.
- 『마이크로서비스 도입, 이렇게 한다』(책만, 2021), 『마이크로서비스 아키텍처 구축』(한빛미디어, 2017): 여러 가지 패턴을 소개한다. 가장 인기 있는 패턴으로 스트랭글러 피그 패턴을 언급한다. 여러분이 마이크로서비스로 옮기려고 계획 중이라면 이 두 책을 살펴보는 걸 권한다. 통합 패턴이나 비동기 메시징 기반 통합에 대한 책으로도 아주 좋은 책이다.

14.10 마치며

휴, 경고도 많고 추천 도서도 많았다. 여러분이 겁을 먹지 않았길 바란다. 이 책의 목표는 여러분이 직접 이 책에서 설명한 소프트웨어 아키텍처가 적용된 시스템을 시작하기에 딱 좋은 분량의 지식과 통찰력을 제공하는 것이다. 필자는 여러분이 일을 어떻게 진행하고 있는지, 이 책에서 설명한 기술을 여러분의 시스템에 도입할 때 직면한 문제가 무엇인지를 듣고 싶다. *http://www.cosmicpython.com*에 방문해서 필자에게 생각을 공유해주길 바란다.

Part III

부록

정리 다이어그램과 표

다음은 이 책이 끝난 시점의 아키텍처 모습을 보여준다.

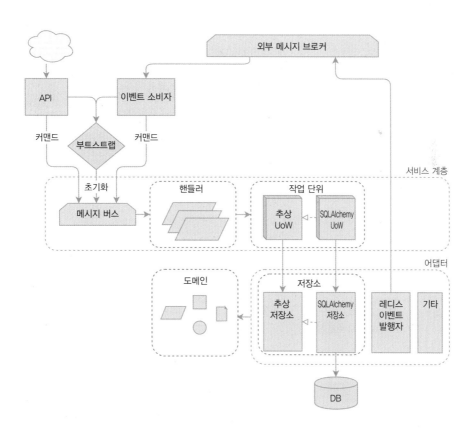

[표 A-1]은 각 패턴과 패턴이 하는 일을 재정리했다.

표 A-1 이 책에서 소개한 아키텍처의 구성 요소와 하는 일

계층	구성 요소	설명
도메인 : 비즈니스 로직을 정의한다.	엔티티	애트리뷰트는 변할 수 있는 도메인 객체지만, 시간이 지나도 인식할 수 있는 정체성이 있다.
	값 객체	불변 도메인 객체로 애트리뷰트의 조합이 전체 객체를 결정한다. 모든 애트리뷰트는 다른 동일한 값 객체로 대체할 수 있다.
	애그리게이트	데이터 변경의 목적으로 한 단위로 취급하는 연관 객체들의 모임이다. 일관성 경계를 정의하고 강제한다.
	이벤트	무언가 발생할 수 있는 일을 표현한다.
	커맨드	시스템이 수행해야 하는 작업을 표현한다.
서비스 계층 : 시스템이 수행해야 하는 작업을 정의하고 다른 구성 요소를 오케스트레이션한다.	핸들러	커맨드나 이벤트를 받고 그에 따라 일어나야 하는 일을 수행한다.
	작업 단위	데이터 통합에 대한 추상화다. 각 작업 단위는 원자적 업데이트를 표현한다. 작업 단위가 있어서 저장소를 사용할 수 있다. 검색된 애그리게이트의 새로운 이벤트를 추적한다.
	메시지 버스(내부)	적절한 핸들러에게 보내(라우팅) 커맨드와 이벤트를 처리한다.
어댑터(2차) : 시스템에서 외부세계로 이어지는 인터페이스(I/O)의 구체적인 구현	저장소	영속적인 저장소에 대한 추상화다. 애그리게이트마다 자신만의 저장소가 있다.
	이벤트 발행자	이벤트를 외부 메시지 버스에 넣는다.
진입점(1차 어댑터) : 외부 입력을 서비스 계층 호출로 변환한다.	웹	웹 요청을 받아서 커맨드로 변환하고 변환한 커맨드를 내부 메시지 버스에 넣는다.
	이벤트 소비자	외부 메시지 버스의 이벤트를 읽어서 커맨드로 변환한다. 변환한 커맨드를 내부 메시지 버스에 넣는다.
해당 사항 없음	외부 메시지 버스 (메시지 브로커)	다른 서비스들이 이벤트를 통해 서로 통신하기 위한 인프라다.

프로젝트 구조 틀

4장에서 프로젝트의 모든 구성 요소를 한 폴더에 넣는 방식에서 더 구조화된 트리로 나누는 방법을 채택했다. 이때 움직인 부분을 대략적으로 보여주면 흥미로울 것이다.

> **TIP_** 이 부록의 코드는 깃허브의 **appendix_project_structure** 브랜치에 있다(*https://oreil.ly/1rDRC*).

```
git clone https://github.com/cosmicpython/code.git
cd code
git checkout appendix_project_structure
```

기본적인 폴더 구조는 다음과 같다.

프로젝트 트리

```
.
├── Dockerfile          # ①
├── Makefile            # ②
├── README.md
├── docker-compose.yml  # ①
├── license.txt
├── mypy.ini
├── requirements.txt
├── src                 # ③
│   ├── allocation
```

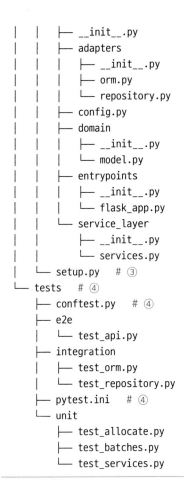

```
|   |   ├── __init__.py
|   |   ├── adapters
|   |   |   ├── __init__.py
|   |   |   ├── orm.py
|   |   |   └── repository.py
|   |   ├── config.py
|   |   ├── domain
|   |   |   ├── __init__.py
|   |   |   └── model.py
|   |   ├── entrypoints
|   |   |   ├── __init__.py
|   |   |   └── flask_app.py
|   |   └── service_layer
|   |       ├── __init__.py
|   |       └── services.py
|   └── setup.py      # ③
└── tests    # ④
    ├── conftest.py    # ④
    ├── e2e
    |   └── test_api.py
    ├── integration
    |   ├── test_orm.py
    |   └── test_repository.py
    ├── pytest.ini    # ④
    └── unit
        ├── test_allocate.py
        ├── test_batches.py
        └── test_services.py
```

① docker-compose.yml과 Dockerfile은 앱을 실행하는 컨테이너 설정의 핵심 부분이다. 이들은 (CI를 위한) 테스트를 실행할 수 있다. 더 복잡한 프로젝트는 Dockerfile을 다양하게 제공할 수도 있다. 하지만 필자는 이미지 개수를 최소화하는 게 좋다는 사실을 경험을 통해 알게 됐다.[1]

② Makefile은 개발자(또는 CI 서버)가 일반적인 작업 흐름에서 실행할 전형적인 명령 진입점이다. make build, make test 등의 방식으로 명령을 호출한다.[2] 이 파일은 선택적이다. 그냥 docker-compose와 pytest를 직접 사용해도 된다. 하지만 어딘가에 '공통 명령'을 리스트로 보관해두면 좋은데 그런 파일이 없다면 Makefile도 좋다. 게다가 Makefile은 (빌드할 때나 CI를 할 때 항상 실행해야 하는) 코드이

---

1 이미지를 프로덕션과 테스트로 분리하는 게 유리한 경우도 있다. 하지만 애플리케이션의 유형(예: 웹 API와 발행/구독 클라이언트 등)에 따라 이미지를 다르게 나누려는 시도는 이익보다 손해가 더 큰 경향이 있다. 복잡도와 재빌드/CI 시간이라는 비용이 너무 크다. 여러분의 경우 결과가 다를 수도 있다.

2 Makefile에 대한 순수 파이썬 대안은 Invoke(*http://www.pyinvoke.org*)다. 여러분의 팀원 모두가 파이썬을 안다면(적어도 Bash 보다 파이썬을 더 잘 안다면!) Invoke를 살펴보길 바란다.

므로 문서와 달리 항상 최신 상태를 반영할 가능성이 높다.

③ 도메인 모델, 플라스크 앱, 인프라 코드 등 앱의 모든 소스 코드는 src[3]라는 파이썬 패키지 안에 들어간다. 이 패키지는 pip install -e와 setup.py를 통해 설치가 가능하다. 이렇게 하면 임포트가 더 쉬워진다. 현재 이 모듈 내부의 구조는 완전히 평평하지만, 더 복잡한 프로젝트에서는 domain_model/, infrastructure/, services/, api/ 등이 있는 폴더 계층구조로 커질 수 있다.

④ 테스트를 별도 폴더에 넣는다. 하위 폴더는 여러 테스트 유형을 구분하며 각각을 별도로 실행할 수 있다. 공유 픽스처(conftest.py)를 주 테스트 폴더에 넣고 원하면 더 구체적인 픽스처를 내포시킬 수 있다. 주 테스트 폴더 안에 pytest.init도 넣는다.

> TIP_ pytest 문서(*https://oreil.ly/QVb9Q*)는 테스트의 레이아웃을 정하고 임포트를 쉽게 하는 데 도움이 된다.

이 중에서 파일 몇 개와 그 개념을 좀 더 자세히 살펴보자.

B.1 환경 변수, 12팩터, 설정, 컨테이너 내부와 외부

다음과 같이 실행 방법에 따라 서로 다른 설정이 필요한 기본 문제를 여기서 해결하려고 한다.

- 실행 코드나 테스트를 개발용 기계에서 직접 실행한다. 아마 도커 컨테이너 포트를 매핑한 포트와 통신을 해야 할 것이다.
- '실제' 포트와 호스트 이름으로 컨테이너에서 실행한다.
- (개발, 스테이징, 프로덕션 등) 다른 컨테이너 환경에서 실행한다.

12팩터 선언[12-factor manifesto] (*https://12factor.net/config*)은 환경 변수를 통해 설정하면 이런 문제를 해결할 수 있다고 제안한다. 구체적으로 필자 코드나 컨테이너에서 어떻게 환경 변수에 의한 설정을 구현할 수 있을까?

---

3 하이넥 슬라왁의 '테스팅과 패키징(Testing & Packaging)'(*https://hynek.me/articles/testing-packaging*)이 src 폴더에 대해 더 많은 정보를 제공한다.

B.2 config.py

애플리케이션이 어떤 설정 정보를 읽어야 하는 경우에는 config.py라는 파일에서 관련 정보를 가져온다. 다음 몇 가지 예제로 살펴보자.

예제 설정 함수(*src/allocation/config.py*)

```python
import os

def get_postgres_uri():  # ①
    host = os.environ.get('DB_HOST', 'localhost')   # ②
    port = 54321 if host == 'localhost' else 5432
    password = os.environ.get('DB_PASSWORD', 'abc123')
    user, db_name = 'allocation', 'allocation'
    return f"postgresql://{user}:{password}@{host}:{port}/{db_name}"

def get_api_url():
    host = os.environ.get('API_HOST', 'localhost')
    port = 5005 if host == 'localhost' else 80
    return f"http://{host}:{port}"
```

① 현재 설정을 얻기 위해 임포트 시점에 얻을 수 있는 상수가 아닌 함수를 사용한다. 이렇게 하면 필요에 따라 os.environ을 변경할 수 있다.

② config.py에는 몇 가지 디폴트 설정을 정의한다. 이 디폴트 설정은 개발자의 로컬 기계에서 코드를 실행할 때 사용할 설정이다.[4]

여러분이 환경에 따른 설정 함수를 일일이 작성하는 데 지쳤다면, environ-config(*https://github.com/hynek/environ-config*)라는 우아한 파이썬 패키지를 참고하길 바란다.

> **TIP_** 이 설정 모듈은 설정과 무관하게 여기저기서 임포트하는 내용을 담는 폐기장이 되면 안 된다. 내용을 불변성으로 만들고 환경 변수를 통해서만 그 값을 변경하라. 부트스트랩 스크립트를 사용하기로 결정했다면 부트스트랩 스크립트만이 설정을 임포트하는 유일한 장소가 되어야 한다(테스트에서도 설정을 임포트할 수 있다).

---

4 이렇게 하면 '그냥 작동하는' 로컬 개발 설정을 (가능한 한 많이) 제공할 수 있다. 대신에 환경 변수가 없을 경우 프로그램이 아예 실패하는 쪽을 선호할 수도 있다(특히 디폴트 값이 프로덕션의 안전에 위협이 되는 경우엔 더 그렇다).

B.3 docker-compose와 컨테이너 설정

docker-compose라는 경량 도커 컨테이너 오케스트레이션 도구를 사용한다. 주 설정은 YAML 파일(에휴[5])을 통해 이루어진다.

docker-compose 설정 파일(docker-compose.yml)

```yaml
version: "3"

services:

  app:       # ①
    build:
      context: .
      dockerfile: Dockerfile
    depends_on:
      - postgres
    environment:       # ③
      - DB_HOST=postgres       # ④
      - DB_PASSWORD=abc123
      - API_HOST=app
      - PYTHONDONTWRITEBYTECODE=1       # ⑤
    volumes:       # ⑥
      - ./src:/src
      - ./tests:/tests
    ports:
      - "5005:80"       # ⑦

  postgres:
    image: postgres:9.6       # ②
    environment:
      - POSTGRES_USER=allocation
      - POSTGRES_PASSWORD=abc123
    ports:
      - "54321:5432"
```

① docker-compose 파일에서는 앱에 필요한 여러 다른 **서비스**(컨테이너)를 정의한다. 보통 한 주 이미지 컨테이너가 모든 코드를 담고 있고, 이를 사용해 API, 테스트, 도메인 모델에 접근할 필요가 있는 다른 서

---

5 해리는 약간 YAML에 지쳤다. YAML은 어디에나(everywhere) 존재하지만 해리는 결코 YAML 문법이나 어떻게 들여써야 하는지 전혀 기억하지 못한다.

비스 등을 실행한다.

② 다른 인프라 서비스가 필요할 수도 있다. 이런 인프라에는 데이터베이스도 포함된다. 프로덕션에는 이를 위해 컨테이너를 사용하지 않고, 클라우드 프로바이더를 사용할 것이다. 하지만 docker-compose는 개발이나 CI에 비슷한 서비스를 만들어낼 수 있는 방법을 제공한다.

③ environment 부분은 컨테이너의 환경 변수를 설정한다. 호스트 이름과 포트는 도커 클러스터 내부에서 보이는 이름과 포트를 지정한다. 컨테이너가 많으면 이 부분에서 이름이 겹칠 수 있다. 이럴 때는 environment_file을 대신 사용할 수 있다. 보통은 container.env를 호출한다.

④ 클러스터 안에서 docker-compose는 네트워크를 설정한다. 클러스터 안에서는 서비스 이름에 따라 정해진 호스트 이름을 통해 각 컨테이너에 접근할 수 있다.

⑤ 유용한 팁이다. 여러분이 로컬 개발 기계와 컨테이너 사이에 소스 폴더를 공유하기 위해 볼륨을 마운팅할 때, PYTHONDONTWRITEBYTECODE 환경 변수를 지정하면 파이썬 컴파일러가 .pyc 파일을 쓰지 못하게 막는다. 이렇게 하면 수많은 루트 권한의 파일이 파일 시스템 여기저기 흩뿌려지는 일을 막을 수 있다. 루트 권한 파일이 여기저기 있으면 지우기 번거로울 뿐 아니라 이상한 파이썬 컴파일러 오류의 원인이 될 수도 있다.

⑥ 소스와 테스트 코드를 volumes로 마운트하면 코드를 변경할 때마다 컨테이너를 새로 빌드하지 않아도 된다.

⑦ ports 부분은 컨테이너 내부 포트를 외부로 노출시킨다.[6] 이 포트는 config.py에 설정한 디폴트 포트에 해당한다.

NOTE_ 도커 내부에서는 서비스 이름을 따라 붙여진 호스트 이름을 통해 다른 컨테이너에 접근할 수 있다. 도커 밖에서는 localhost에서 컨테이너를 사용할 수 있고, 포트는 ports 부분에 정의된다.

---

6 CI 서버에서는 임의의 포트를 항상 노출할 수 있다고 확신할 수는 없다. 하지만 임의의 포트를 노출시키는 것은 로컬 개발의 편의를 위한 것이다. 이런 포트 매핑을 선택적으로 만드는 방법도 있다(예: docker-compose.override.yml 사용)

B.4 소스를 패키지로 설치하기

모든 애플리케이션 코드(실제로는 테스트는 제외)는 src 폴더에 있다.

src 폴더

```
├── src
│   ├── allocation       # ①
│   │   ├── config.py
│   │   └── ...
│   └── setup.py         # ②
```

① 하위 폴더들은 최상위 모듈 이름을 정의한다. 원하면 여러 폴더를 만들 수 있다.

② setup.py 파일을 pip로 설치할 수 있게 만들어야 한다. 잠시 후 설명한다.

pip로 설치 가능한 3줄짜리 모듈(src/setup.py)

```
from setuptools import setup

setup(
    name='allocation',
    version='0.1',
    packages=['allocation'],
)
```

필요한 코드는 이 코드가 전부다. packages=는 최상위 모듈로 설치하고 싶은 하위 폴더의 이름을 지정한다. name 항목은 그냥 보기 좋으라고 사용하는 것이지만 필수다. PyPI에 절대로 올릴 생각이 없다면 이름이 없어도 된다.[7]

---

[7] 히네크 슐라바크가 쓴 패키징에 대한 글(*https://oreil.ly/KMWDz*)에서 setup.py에 대한 팁을 더 볼 수 있다.

B.5 Dockerfile

Dockerfile은 프로젝트에 따라 많이 달라진다. 여기서는 앞으로 자주 보게 될 몇 가지 핵심 단계를 보여준다.

프로젝트의 Dockerfile(Dockerfile)

```
FROM python:3.8-alpine

# ①
RUN apk add --no-cache --virtual .build-deps gcc postgresql-dev musl-dev python3-
dev
RUN apk add libpq

# ②
COPY requirements.txt /tmp/
RUN pip install -r /tmp/requirements.txt

RUN apk del --no-cache .build-deps

# ③
RUN mkdir -p /src
COPY src/ /src/
RUN pip install -e /src
COPY tests/ /tests/

# ④
WORKDIR /src
ENV FLASK_APP=allocation/entrypoints/flask_app.py FLASK_DEBUG=1 PYTHONUNBUFFERED=1
CMD flask run --host=0.0.0.0 --port=80
```

① 시스템 수준 의존성을 설정한다.

② 파이썬 의존성을 설정한다(개발 의존성과 프로덕션 의존성을 분리하고 싶을 것이다. 여기서는 단순화를 위해 둘을 구분하지 않았다).

③ 소스를 복사하고 설치한다

④ 선택적으로 디폴트 시작 명령을 설정할 수 있다(명령줄에서 이 부분을 상당 부분 오버라이드할 수 있다).

B.6 테스트

테스트는 다른 요소와 별도로 저장된다. 다음을 살펴보자.

테스트 폴더 트리 구조

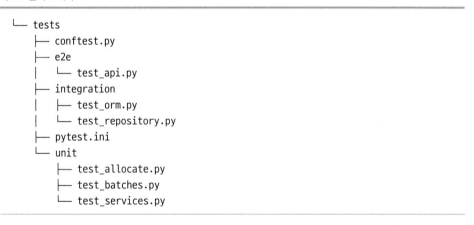

```
└── tests
    ├── conftest.py
    ├── e2e
    │   └── test_api.py
    ├── integration
    │   ├── test_orm.py
    │   └── test_repository.py
    ├── pytest.ini
    └── unit
        ├── test_allocate.py
        ├── test_batches.py
        └── test_services.py
```

여기서 아무것도 특별히 영리하게 구성한 부분은 없다. 단지 여러분이 별도로 실행할 가능성이 높으므로 테스트 유형별로 폴더를 분리하고 공통 픽스처, 설정 등을 처리할 파일을 뒀다.

테스트를 pip로 설치 가능하게 할 필요가 없으므로 테스트 폴더에는 setup.py나 src 폴더가 없다. 하지만 임포트 경로를 찾을 수 없다면 setup.py를 쓰면 도움이 될 것이다.

B.7 마치며

다음은 기본적인 프로젝트 구성 요소다.

- 소스 코드: src 폴더에 있으며 setup.py를 사용해 pip로 설치 가능한 형태로 존재한다.

- 프로덕션을 최대한 본따기 위한 지역 클러스터를 시작하기 위한 도커 설정

- 환경 변수를 통한 설정 파일: config.py라는 파이썬 파일에 집중적으로 들어있으며 config.py 안에는 컨테이너 **밖에서** 실행하기 위한 디폴트 값 정의도 들어있다.

- Makefile: 명령줄 명령을 실행할 때 유용하다.

다른 사람들도 필자와 똑같은 해법을 만들었는지에 대해서는 의문이다. 하지만 이 내용을 통해 여러분이 영감을 얻었길 바란다.

인프라 교체: CSV로
모든 데이터 처리하기

이 부록은 저장소, 작업 단위, 서비스 계층 패턴의 이점을 보여주기 위한 장이다. 6장 바로 뒤에 올 내용을 다룬다.

막 플라스크 API를 완성하고 릴리스할 준비가 됐는데, 비즈니스에서 미안하다며 자신들이 우리 API를 사용할 준비가 덜 됐는데 혹시 배치와 주문을 두 CSV 파일에서 읽어서 할당을 세 번째 CSV 파일에 저장해주는 앱을 만들어 줄 수 없는지에 대해 물어본다.

일반적으로 이런 종류의 일은 팀원 전체가 침을 뱉고 욕하면서 SNS에 글을 올릴 만한 일이다. 하지만 우리는 그렇지 않다! 우리는 인프라에 대한 처리를 도메인 모델이나 서비스 계층과 깔끔하게 분리했다. CSV로 바꾸는 일은 Repository와 UnitOfWork 클래스를 몇 가지 더 작성하는 간단한 문제일 뿐이다. 그리고 기존 도메인 계층이나 서비스 계층의 **모든** 로직은 그대로 재사용할 수 있다.

다음은 CSV들이 어떻게 흘러 들어오고 나가는지를 보여주는 E2E 테스트다.

첫 번째 CSV 테스트(tests/e2e/test_csv.py)

```
def test_cli_app_reads_csvs_with_batches_and_orders_and_outputs_allocations(
        make_csv
):

    sku1, sku2 = random_ref('s1'), random_ref('s2')
    batch1, batch2, batch3 = random_ref('b1'), random_ref('b2'), random_ref('b3')
    order_ref = random_ref('o')
```

```
    make_csv('batches.csv', [
        ['ref', 'sku', 'qty', 'eta'],
        [batch1, sku1, 100, ''],
        [batch2, sku2, 100, '2011-01-01'],
        [batch3, sku2, 100, '2011-01-02'],
    ])
    orders_csv = make_csv('orders.csv', [
        ['orderid', 'sku', 'qty'],
        [order_ref, sku1, 3],
        [order_ref, sku2, 12],
    ])

    run_cli_script(orders_csv.parent)

    expected_output_csv = orders_csv.parent / 'allocations.csv'
    with open(expected_output_csv) as f:
        rows = list(csv.reader(f))
    assert rows == [
        ['orderid', 'sku', 'qty', 'batchref'],
        [order_ref, sku1, '3', batch1],
        [order_ref, sku2, '12', batch2],
    ]
```

저장소나 다른 모든 조화에 대해 생각하지 않고 직접 구현을 시작하자. 다음과 같은 코드로 시작한다.

CSV 리더/라이터의 첫 번째 모습(src/bin/allocate-from-csv)

```
#!/usr/bin/env python
import csv
import sys
from datetime import datetime
from pathlib import Path

from allocation import model

def load_batches(batches_path):
    batches = []
    with batches_path.open() as inf:
        reader = csv.DictReader(inf)
        for row in reader:
            if row['eta']:
```

```
            eta = datetime.strptime(row['eta'], '%Y-%m-%d').date()
        else:
            eta = None
        batches.append(model.Batch(
            ref=row['ref'],
            sku=row['sku'],
            qty=int(row['qty']),
            eta=eta
        ))
    return batches


def main(folder):
    batches_path = Path(folder) / 'batches.csv'
    orders_path = Path(folder) / 'orders.csv'
    allocations_path = Path(folder) / 'allocations.csv'

    batches = load_batches(batches_path)

    with orders_path.open() as inf, allocations_path.open('w') as outf:
        reader = csv.DictReader(inf)
        writer = csv.writer(outf)
        writer.writerow(['orderid', 'sku', 'batchref'])
        for row in reader:
            orderid, sku = row['orderid'], row['sku']
            qty = int(row['qty'])
            line = model.OrderLine(orderid, sku, qty)
            batchref = model.allocate(line, batches)
            writer.writerow([line.orderid, line.sku, batchref])


if __name__ == '__main__':
    main(sys.argv[1])
```

그렇게 나빠 보이지 않는다. 여기서는 도메인 모델 객체와 도메인 서비스를 재활용하고 있다.

하지만 이 코드는 제대로 작동하지 않는다. 기존 할당도 영구적인 CSV 저장소의 일부가 되어야 한다. 이런 상황을 개선하기 위한 두 번째 테스트를 작성한다.

기존 할당을 검사하는 다른 테스트(tests/e2e/test_csv.py)

```
def test_cli_app_also_reads_existing_allocations_and_can_append_to_them(
        make_csv
):
```

```
sku = random_ref('s')
batch1, batch2 = random_ref('b1'), random_ref('b2')
old_order, new_order = random_ref('o1'), random_ref('o2')
make_csv('batches.csv', [
    ['ref', 'sku', 'qty', 'eta'],
    [batch1, sku, 10, '2011-01-01'],
    [batch2, sku, 10, '2011-01-02'],
])
make_csv('allocations.csv', [
    ['orderid', 'sku', 'qty', 'batchref'],
    [old_order, sku, 10, batch1],
])
orders_csv = make_csv('orders.csv', [
    ['orderid', 'sku', 'qty'],
    [new_order, sku, 7],
])

run_cli_script(orders_csv.parent)

expected_output_csv = orders_csv.parent / 'allocations.csv'

with open(expected_output_csv) as f:
    rows = list(csv.reader(f))
assert rows == [
    ['orderid', 'sku', 'qty', 'batchref'],
    [old_order, sku, '10', batch1],
    [new_order, sku, '7', batch2],
]
```

그리고 이런 해킹을 계속 load_batches에 코드를 몇 줄 추가하고 새로운 할당을 추적할 방법을 더할 수 있다. 하지만 이런 일을 하기 위한 모델은 이미 있다. 이런 모델을 저장소와 작업 단위 패턴이라고 부른다.

우리가 해야 할 일은 이런 추상화를 재구현하는 것이다. 다만 데이터베이스 대신 CSV가 구현을 뒷받침한다. 앞으로 보게 되겠지만 이런 변경은 정말 단순한다.

C.1 CSV를 사용한 저장소와 작업 단위 구현하기

여기서 CSV 기반 저장소 모습을 보여준다. 이 저장소는 디스크에서 CSV를 읽는 과정이나 **서로 다른 두 가지 CSV**^{two different CSV} (하나는 배치, 하나는 할당)를 읽어야 하는 내용을 추상화해 생략하고, 익숙한 list() API만 제공한다. 이렇게 하면 도메인 객체를 메모리에 담은 컬렉션을 제공하는 듯한 환상을 제공할 수 있다.

CSV를 저장 메커니즘으로 사용하는 저장소(src/allocation/service_layer/csv_uow.py)

```python
class CsvRepository(repository.AbstractRepository):

    def __init__(self, folder):
        self._batches_path = Path(folder) / 'batches.csv'
        self._allocations_path = Path(folder) / 'allocations.csv'
        self._batches = {} # type: Dict[str, model.Batch]
        self._load()

    def get(self, reference):
        return self._batches.get(reference)

    def add(self, batch):
        self._batches[batch.reference] = batch

    def _load(self):
        with self._batches_path.open() as f:
            reader = csv.DictReader(f)
            for row in reader:
                ref, sku = row['ref'], row['sku']
                qty = int(row['qty'])
                if row['eta']:
                    eta = datetime.strptime(row['eta'], '%Y-%m-%d').date()
                else:
                    eta = None
                self._batches[ref] = model.Batch(
                    ref=ref, sku=sku, qty=qty, eta=eta
                )
        if self._allocations_path.exists() is False:
            return
        with self._allocations_path.open() as f:
            reader = csv.DictReader(f)
            for row in reader:
```

```
                batchref, orderid, sku = row['batchref'], row['orderid'],
    row['sku']
                qty = int(row['qty'])
                line = model.OrderLine(orderid, sku, qty)
                batch = self._batches[batchref]
                batch._allocations.add(line)

        def list(self):
            return list(self._batches.values())
```

다음은 CSV를 사용하는 UoW의 모습을 보여준다.

CSV를 사용하는 UoW: commit=csv.writer(src/allocation/service_layer/csv_uow.py)

```
class CsvUnitOfWork(unit_of_work.AbstractUnitOfWork):

    def __init__(self, folder):
        self.batches = CsvRepository(folder)

    def commit(self):
        with self.batches._allocations_path.open('w') as f:
            writer = csv.writer(f)
            writer.writerow(['orderid', 'sku', 'qty', 'batchref'])
            for batch in self.batches.list():
                for line in batch._allocations:
                    writer.writerow(
                        [line.orderid, line.sku, line.qty, batch.reference]
                    )

    def rollback(self):
        pass
```

이렇게 UoW와 저장소를 만들고 나면 배치와 할당을 CSV에 읽고 쓰기 위한 CLI 앱은 자신이 해야 하는 일만 수행하게 내용을 줄이면 된다. 즉, 주문 라인을 읽기 위한 약간의 코드와 기존 서비스 계층을 호출하기 위한 코드만 약간 남기고 나머지를 모두 없애도 된다.

CSV를 사용한 할당은 단 9줄로 끝난다(src/bin/allocate-from-csv)

```
def main(folder):
    orders_path = Path(folder) / 'orders.csv'
```

```
uow = csv_uow.CsvUnitOfWork(folder)
with orders_path.open() as f:
    reader = csv.DictReader(f)
    for row in reader:
        orderid, sku = row['orderid'], row['sku']
        qty = int(row['qty'])
        services.allocate(orderid, sku, qty, uow)
```

짜잔! 모두 다 놀랬는가?

여러분을 많이 사랑한다.

밥과 해리가.

장고에서 작업 단위와 저장소 패턴 사용하기

여러분이 SQLAlchemy와 플라스크 대신 장고를 사용하고 싶다고 가정하자. 어떻게 장고 앱이 생겼을까? 첫 번째로 해야 할 일은 어디에 장고를 설치할지 결정하는 것이다. 장고를 메인 할당 코드 다음에 별도 패키지로 넣는다.

```
├── src
│   ├── allocation
│   │   ├── __init__.py
│   │   ├── adapters
│   │   │   ├── __init__.py
...
│   ├── djangoproject
│   │   ├── alloc
│   │   │   ├── __init__.py
│   │   │   ├── apps.py
│   │   │   ├── migrations
│   │   │   │   ├── 0001_initial.py
│   │   │   │   └── __init__.py
│   │   │   ├── models.py
│   │   │   └── views.py
│   │   ├── django_project
│   │   │   ├── __init__.py
│   │   │   ├── settings.py
│   │   │   ├── urls.py
│   │   │   └── wsgi.py
│   │   └── manage.py
```

```
|       └─ setup.py
└─ tests
    ├─ conftest.py
    ├─ e2e
    |   └─ test_api.py
    ├─ integration
    |   ├─ test_orm.py
...
```

> **TIP_** 이번 장의 코드는 깃허브의 **appendix_django** 브랜치에 있다(*https://oreil.ly/A-I76*).
>
> ```
> git clone https://github.com/cosmicpython/code.git
> cd code
> git checkout appendix_django
> ```

D.1 장고를 사용한 저장소 패턴

pytest-django(*https://github.com/pytest-dev/pytest-django*)라는 플러그인을 사용해 데이터베이스 관리 테스트를 편하게 할 것이다.

첫 번째 저장소 테스트를 재작성할 때는 변경할 부분이 거의 없었다. 단지 일부 일반 SQL 질의를 장고 ORM/QuerySet 언어로 재작성하면 됐다.

첫 번째로 적용한 저장소 테스트(tests/integration/test_repository.py)

```python
from djangoproject.alloc import models as django_models

@pytest.mark.django_db
def test_repository_can_save_a_batch():
    batch = model.Batch("batch1", "RUSTY-SOAPDISH", 100, eta=date(2011, 12, 25))

    repo = repository.DjangoRepository()
    repo.add(batch)

    [saved_batch] = django_models.Batch.objects.all()
```

```
    assert saved_batch.reference == batch.reference
    assert saved_batch.sku == batch.sku
    assert saved_batch.qty == batch._purchased_quantity
    assert saved_batch.eta == batch.eta
```

두 번째 테스트는 할당이 있어서 작업이 약간 더 필요하다. 하지만 여전히 익숙한 장고 코드를 써서 만들 수 있다.

두 번째 저장소 테스트는 변경을 조금 더 많이 해야 한다(tests/integration/test_repository.py)

```
@pytest.mark.django_db
def test_repository_can_retrieve_a_batch_with_allocations():
    sku = "PONY-STATUE"
    d_line = django_models.OrderLine.objects.create(orderid="order1", sku=sku,
qty=12)
    d_b1 = django_models.Batch.objects.create(
        reference="batch1", sku=sku, qty=100, eta=None
    )
    d_b2 = django_models.Batch.objects.create(
        reference="batch2", sku=sku, qty=100, eta=None
    )
    django_models.Allocation.objects.create(line=d_line, batch=d_batch1)
    repo = repository.DjangoRepository()
    retrieved = repo.get("batch1")
    expected = model.Batch("batch1", sku, 100, eta=None)
    assert retrieved == expected # Batch.__eq__는 단순히 참조를 비교한다.
    assert retrieved.sku == expected.sku
    assert retrieved._purchased_quantity == expected._purchased_quantity
    assert retrieved._allocations == {
        model.OrderLine("order1", sku, 12),
    }
```

다음은 실제 저장소의 모습을 보여준다.

장고 저장소(src/allocation/adapters/repository.py)

```
class DjangoRepository(AbstractRepository):

    def add(self, batch):
        super().add(batch)
        self.update(batch)
```

```
    def update(self, batch):
        django_models.Batch.update_from_domain(batch)

    def _get(self, reference):
        return django_models.Batch.objects.filter(
            reference=reference
        ).first().to_domain()

    def list(self):
        return [b.to_domain() for b in django_models.Batch.objects.all()]
```

구현이 장고 모델에 의존하고, 도메인 모델과 장고 모델을 상호 변환하는 몇 가지 커스텀 메서드가 장고 모델에 있다는 사실을 알 수 있다.

D.1.1 도메인 모델과 상호 변환하기 위한 장고 ORM 클래스 커스텀 메서드

이런 커스텀 메서드는 다음과 같다.

도메인 모델과 상호 변환하기 위한 커스텀 메서드가 있는 장고 ORM(*src/djangoproject/alloc/models.py*)

```
from django.db import models
from allocation.domain import model as domain_model


class Batch(models.Model):
    reference = models.CharField(max_length=255)
    sku = models.CharField(max_length=255)
    qty = models.IntegerField()
    eta = models.DateField(blank=True, null=True)

    @staticmethod
    def update_from_domain(batch: domain_model.Batch):
        try:
            b = Batch.objects.get(reference=batch.reference)  # ①
        except Batch.DoesNotExist:
            b = Batch(reference=batch.reference)        # ①
        b.sku = batch.sku
        b.qty = batch._purchased_quantity
        b.eta = batch.eta   # ②
        b.save()
        b.allocation_set.set(
```

```
                Allocation.from_domain(l, b)     # ③
                for l in batch._allocations
            )

        def to_domain(self) -> domain_model.Batch:
            b = domain_model.Batch(
                ref=self.reference, sku=self.sku, qty=self.qty, eta=self.eta
            )
            b._allocations = set(
                a.line.to_domain()
                for a in self.allocation_set.all()
            )
            return b

class OrderLine(models.Model):
    #...
```

① 값 객체의 경우 objects.get_or_create도 작동하지만, 엔티티의 경우 아마 명시적으로 try-get/except를 통해 업서트[upsert](업데이트 또는 삽입)를 명시적으로 처리해야 한다.[8]

② 여기서 가장 복잡한 예제다. 이렇게 하기로 결정했다면 준비 코드가 필요할 수 있다는 사실을 알아두길 바란다. 다행히 준비 코드는 그렇게 복잡하지 않다.

③ 관계도 주의 깊게 커스텀 핸들러를 통해 처리해야 한다.

NOTE_ 2장과 마찬가지로 의존성 역전을 사용한다. ORM(장고)이 모델에 의존하지, 모델이 ORM에 의존하지 않는다.

---

8 @mr-bo-jangles는 update_or_create(https://oreil.ly/HTq1r)를 사용할 수도 있다고 제안한다. 하지만 우리의 장고 능력을 벗어난다.

D.2 창고 작업 단위 패턴

테스트는 수정할 부분이 많지 않다.

장고를 적용한 UoW 테스트(tests/integration/test_uow.py)

```python
def insert_batch(ref, sku, qty, eta):    # ①
    django_models.Batch.objects.create(reference=ref, sku=sku, qty=qty, eta=eta)

def get_allocated_batch_ref(orderid, sku):      # ①
    return django_models.Allocation.objects.get(
        line__orderid=orderid, line__sku=sku
    ).batch.reference

@pytest.mark.django_db(transaction=True)
def test_uow_can_retrieve_a_batch_and_allocate_to_it():
    insert_batch('batch1', 'HIPSTER-WORKBENCH', 100, None)

    uow = unit_of_work.DjangoUnitOfWork()
    with uow:
        batch = uow.batches.get(reference='batch1')
        line = model.OrderLine('o1', 'HIPSTER-WORKBENCH', 10)
        batch.allocate(line)
        uow.commit()

    batchref = get_allocated_batch_ref('o1', 'HIPSTER-WORKBENCH')
    assert batchref == 'batch1'

@pytest.mark.django_db(transaction=True)    # ②
def test_rolls_back_uncommitted_work_by_default():
    ...

@pytest.mark.django_db(transaction=True)    # ②
def test_rolls_back_on_error():
    ...
```

① 테스트에서 작은 도우미 함수를 사용했기 때문에 실제 테스트의 몸통은 SQLAlchemy 테스트 코드와 거의 같다.

② 커스텀 트랜잭션/롤백 동작을 테스트하기 위해 pytest-django mark.django_db(trans action=True)가 필요하다.

③ 구현은 아주 간단하다. 다만 필자 같은 경우 장고 트랜잭션 마법 메서드 중 어떤 것을 호출해야 하는지 알
아내기 위해 여러 번 시도했다.

장고를 적용한 UoW(src/allocation/service_layer/unit_of_work.py)

```python
class DjangoUnitOfWork(AbstractUnitOfWork):

    def __enter__(self):
        self.batches = repository.DjangoRepository()
        transaction.set_autocommit(False)    # ①
        return super().__enter__()

    def __exit__(self, *args):
        super().__exit__(*args)
        transaction.set_autocommit(True)

    def commit(self):
        for batch in self.batches.seen:       # ③
            self.batches.update(batch)        # ③
        transaction.commit()                  # ②

    def rollback(self):
        transaction.rollback()                # ②
```

① 장고가 자동으로 ORM 연산을 즉시 커밋하지 못하게 방지하고 트랜잭션을 시작하지 못하게 하는 방법
으로는 set_autocommit(False)이 최선이다.

② ①로 자동 커밋을 중단하고 명시적으로 롤백과 커밋을 사용한다.

③ 한 가지 어려운 점이 있다. SQLAlchemy와 달리 여기서는 도메인 인스턴스 자체를 반환하지 않아서
commit() 명령은 명시적으로 모든 저장소의 변경된 메서드를 순회하면서 ORM에서 수동으로 변경 사
항을 변경해야만 한다.

D.3 API: 장고 뷰는 어댑터다

필자 아키텍처에서 장고나 플라스크 앱은 서비스 계층(한편, 서비스 계층은 전혀 바뀌지 않았
다)을 둘러싼 얇은 래퍼일 뿐이므로 장고 views.py 파일은 예전 flask_app.py와 거의 비슷
하다.

```
os.environ['DJANGO_SETTINGS_MODULE'] = 'djangoproject.django_project.settings'
django.setup()

@csrf_exempt
def add_batch(request):
    data = json.loads(request.body)
    eta = data['eta']
    if eta is not None:
        eta = datetime.fromisoformat(eta).date()
    services.add_batch(
        data['ref'], data['sku'], data['qty'], eta,
        unit_of_work.DjangoUnitOfWork(),
    )
    return HttpResponse('OK', status=201)

@csrf_exempt
def allocate(request):
    data = json.loads(request.body)
    try:
        batchref = services.allocate(
            data['orderid'],
            data['sku'],
            data['qty'],
            unit_of_work.DjangoUnitOfWork(),
        )
    except (model.OutOfStock, services.InvalidSku) as e:
        return JsonResponse({'message': str(e)}, status=400)

    return JsonResponse({'batchref': batchref}, status=201)
```

D.4 이 모든 게 왜 그렇게 어려웠는가?

좋다. 잘 작동한다. 하지만 플라스크/SQLAlchemy에 비해 좀 더 많은 노력이 필요했던 것 같다. 왜 그럴까?

저수준의 주된 이유는 장고 ORM이 SQLAlchemy와 같은 방식으로 작동하지 않기 때문이다. SQLAlchemy의 고전적인 매퍼에 해당하는 존재가 없어서 **AciveRecord**나 도메인 모델은 같은 객체일 수가 없다. 대신 저장소 뒤의 변환 계층을 수동으로 만들어야 한다. 이로 인해 더 많은 작업이 필요하다(한 번만 작업하면 유지보수 비용은 그렇게 높지 않을 것이다).

장고는 데이터베이스와 밀접하게 연관되어 있어서 코드 첫 번째 줄을 작성할 때부터 pytest-django와 같은 도우미를 사용하고 테스트 데이터베이스에 대해 주의 깊게 생각해야 한다. 하지만 순수 도메인 모델에서 시작하면 이런 노력이 필요 없다.

반면 도우미 수준에서 장고가 더 좋은 이유는 CRUD 앱을 최소한의 준비 코드로 구축할 수 있다는 점이 장고를 만들 때 의도한 스위트 스폿 때문이다. 이 책의 전체 요지는 여러분의 앱이 더 이상 간단한 CRUD 앱이 아닐 때 무엇을 해야 하는지에 대한 내용을 다룬다.

이 시점부터 장고는 도움이 되기보다는 장애물로 작용한다. 장고 관리자와 같은 물건은 처음 시작할 때는 놀랍지만, 여러분의 앱이 주로 하는 일이 상태 변경 워크플로를 바탕으로 복잡한 규칙과 모델을 만드는 일이 되면 계속 위험 요소가 된다. 장고 관리자는 모든 규칙이나 모델을 그냥 넘어간다.

D.5 이미 장고 앱을 사용 중이라면

이 책에서 소개하는 패턴을 장고 앱에 적용하고 싶다면 어떻게 해야 할까? 다음과 같은 이야기를 전하고 싶다.

- 저장소와 작업 단위 패턴은 상당히 많은 작업이 필요할 가능성이 높다. 이 두 패턴을 통해 단기적으로는 더 빠른 단위 테스트라는 이점을 얻을 수 있어서 이런 이점이 여러분에게 가치가 있는지 생각해봐야 한다. 장기적으로는 이 두 패턴이 여러분의 앱을 장고와 데이터베이스로부터 디커플링해주므로 장고나 데이터베이스 중 어느 하나를 다른 것으로 마이그레이션하고 싶다면 저장소와 UoW가 좋은 생각이 된다.

- views.py에 중복이 많다면 서비스 계층 패턴이 관심 대상이 될 것이다. 서비스 패턴은 웹 엔드포인트와 유스 케이스로 나눠서 생각하는 좋은 방법이다.

- 비록 장고 모델이 데이터베이스와 밀접하게 연결되어 있지만, 장고 모델을 사용해도 이론적으로는 여전히 DDD와 도메인 모델링을 할 수 있다. 마이그레이션으로 인해 속도가 느려질 수 있지만 그렇게 치명적인 단점은 아니다. 따라서 앱이 너무 복잡하거나 테스트가 너무 느리지 않다면 풍부한 모델fat model 접근 방식에서 이익을 얻을 수 있다. 모델로 최대한 많은 로직을 내려보내고, 엔티티, 값 객체, 애그리게이트 등의 패턴을 적용하라. 하지만 다음에 설명하는 경고를 참고하길 바란다.

장고 커뮤니티(`https://oreil.ly/Nbpjj`)의 이야기를 들어보면 풍부한 모델 접근 방법은 자체적으로 규모 확장에 문제가 있다고 한다. 특히 앱 사이의 상호 의존성을 관리할 때 이런 규모 확장 문제가 더 크다. 이런 경우에는 비즈니스 로직이나 도메인 계층을 따로 뽑아서 뷰와 폼과 `models.py` 사이에 넣는 방법을 많이 이야기한다. 이렇게 하면서 `models.py`는 가능한 한 최소한만 유지할 수 있다.

D.6 장고와 함께 진행할 수 있는 단계들

장고 프로젝트 작업을 하고 있고 이 책에서 추천한 패턴을 적용할 만큼 프로젝트가 복잡해질지 확실하지 않으며 여전히 중기적으로 작업을 더 편하게 하기 위해 몇 가지 패턴을 적용하고 싶은 독자라면 다음을 실행하고 나중에 필자가 알려준 패턴으로 마이그레이션하라. 다음을 고려해보길 바란다.

- 필자는 모든 장고 앱에 첫날부터 `logic.py`를 넣는 걸 권했었다. 이렇게 하면 비즈니스 로직을 넣을 장소가 생기고, 폼과 뷰와 모델을 비즈니스 로직과 무관하게 유지할 수 있다. 이 방법은 완전히 분리된 도메인 모델과 서비스 계층으로 나중에 옮겨갈 수 있는 징검다리가 될 수 있다.

- 장고 모델에 작동하도록 비즈니스 로직 계층을 만들 수도 있다. 나중에 프레임워크에서 비즈니스 로직을 완전히 분리해서 일반적인 파이썬 데이터 구조에 대해 작동하도록 바꿀 수 있다.

- 데이터를 읽는 부분에서는 ORM 호출을 여기저기 흩어지게 하는 대신 읽기 연산을 모두 한곳에 몰아서 CQRS 패턴으로부터 약간의 이점을 얻을 수 있다.

- 읽기 모듈과 도메인 로직 모듈을 분리할 때는 장고 앱 계층구조와도 분리하는 편이 좋다. 비즈니스 관심사는 보통 장고 앱 계층구조를 가로질러 발생한다.

> NOTE_ 필자는 데이비드 세돈과 에이샤 자와둑^{Ashia Zawaduk}에게 감사의 말을 전하고 싶다. 이들은 부록의 내용에 대한 조언을 아낌없이 해줬다. 이들은 필자가 개인적으로 전혀 경험하지 못한 주제에 대해 엉뚱한 소리를 막기 위해 최선을 다했다. 하지만 이들의 도움에도 불구하고 우리가 엉뚱한 소리를 했을 수도 있다.

기존 애플리케이션을 다루는 방법에 대한 실제 생생한 경험이나 생각에 대해서는 14장을 참고하길 바란다.

검증

이 책에서 다룬 기법을 강의하거나 가르칠 때마다 반복적으로 돌아오는 질문으로 "어디서 검증해야 하나요?" 또는 "검증이 도메인 모델의 비즈니스 로직에 속하나요 아니면 인프라 관련 고려 사항인가요?"가 있었다.

다른 모든 아키텍처 관련 질문과 마찬가지로 답은 "상황에 따라 다르다"이다!

가장 중요하게 고려할 점은 코드를 잘 분리해서 시스템의 각 부분을 간단하게 유지하고 싶다는 것이다. 코드에 불필요한 세부 사항으로 발생한 잡음을 넣고 싶지 않다.

E.1 검증이란 무엇인가?

사람들이 사용하는 **검증**^{validation}이라는 단어는 보통 연산의 입력을 검사해서 특정 조건을 만족하는지 확인하는 과정을 뜻한다. 기준을 만족하는 입력은 **올바른**^{valid} 입력이고, 기준을 만족하지 못하는 입력은 **잘못된**^{invalid} 입력이다.

입력이 잘못된 경우 연산을 더이상 진행하지 않고 특별한 오류를 발생한 다음 종료한다. 즉, 검증은 **사전조건**^{precondition}을 만드는 것이다. 사전조건을 문법^{syntax}, 의미론^{semantics}, 화용론^{pargmatics}이라는 3가지 유형으로 나누면 편리하다는 사실을 알았다.

E.2 문법 검증

언어학에서 언어의 **문법**은 문법적인 문장의 구조를 다스리는 규칙의 집합이다. 예를 들어 한국어에서 'TASTELESS-LAMP 3단위를 27번 주문에 할당하라'라는 문장은 문법적으로 정상이지만, '모자 모자 모자 모자 모자 모자 으앙'은 정상이 아니다. 우리는 문법적으로 올바른 문장을 **적격**^{well formed}이라고 말한다.

이를 어떻게 우리 애플리케이션에 적용할까? 문법적인 규칙의 예를 몇 가지 살펴보자.

- Allocate 커맨드에는 ID, SKU, 수량이 있어야만 한다.
- 수량은 양의 정수다.
- SKU는 문자열이다.

이런 규칙은 들어오는 데이터의 모양과 구조에 대한 규칙이다. Allocate 커맨드에 SKU나 주문 ID가 없으면 올바른 입력이 아니다. 이런 커맨드를 영어로 쓰면 '3을 할당해'라는 문장과 같다.[9]

이런 규칙을 시스템의 가장자리에서 검증하는 경향이 있다. 이를 결정하는 대략의 규칙은 메시지 핸들러는 항상 적격인 메시지만 받아야 하며 메시지에는 필요한 정보가 모두 있어야 한다.

한 가지 방법은 검증 로직을 메시지 타입 자체에 추가하는 것이다.

메시지 클래스에 있는 검증 로직(src/allocation/commands.py)

```python
from schema import And, Schema, Use

@dataclass
class Allocate(Command):

    _schema = Schema({       #  ①
        'orderid': int,
        sku: str,
        qty: And(Use(int), lambda n: n > 0)
    }, ignore_extra_keys=True)
```

---

9 옮긴이_주어와 목적어를 빼도 문장이 성립하는 우리말에서는 '3을 할당해'라는 문장이 아주 어색하게 느껴지지 않지만, 영어로 보면 'Allocate 3 to'가 되어 문법적으로 올바른 문장이 아니게 된다.

```
    orderid: str
    sku: str
    qty: int

    @classmethod
    def from_json(cls, data):    # ②
        data = json.loads(data)
        return cls(**_schema.validate(data))
```

① schema 라이브러리(*https://pypi.org/project/schema*)를 사용하면 메시지의 구조와 검증 방법을 선언적으로 정의할수 있다.

② from_json 메서드는 문자열을 JSON으로 읽어서 메시지 타입으로 반환한다.

하지만 이런 방법은 필드를 두 번 지정할 필요가 있어서 반복적일 수 있다. 이를 해결하기 위해 메시지 타입의 검증과 선언을 통합할 도우미 라이브러리를 도입하고 싶을 수도 있다.

스키마를 사용한 커맨드 팩토리(src/allocation/commands.py)

```
def command(name, **fields):    # ①
    schema = Schema(And(Use(json.loads), fields), ignore_extra_keys=True)    # ②
    cls = make_dataclass(name, fields.keys())
    cls.from_json = lambda s: cls(**schema.validate(s))    # ③
    return cls

def greater_than_zero(x):
    return x > 0

quantity = And(Use(int), greater_than_zero)    # ④

Allocate = command(    # ⑤
    orderid=int,
    sku=str,
    qty=quantity
)

AddStock = command(
    sku=str,
    qty=quantity
```

① command 함수는 메시지 이름과 메시지 페이로드^payload의 필드들을 키워드 인수 fields로 받는다. 키워드 인수 사전에서 키(key)는 필드 이름이고, 값(value)은 필드 파서^parser(구문분석기)다.

② dataclass 모듈에 있는 make_dataclass 함수를 사용해 동적으로 메시지 타입을 만든다.

③ from_json 메서드를 동적으로 만든 데이터클래스에 패치한다.

④ 수량, SKU 등에 대해 재사용 가능한 파서를 만들어서 DRY 원칙을 지킬 수 있다.

⑤ 메시지 타입 선언은 한 줄이면 끝난다.

여기서 메시지 데이터클래스의 타입을 버리는 대신 검증 기능을 얻었다. 따라서 이런 트레이드오프를 항상 염두에 둬야 한다.

E.3 포스텔의 법칙과 톨러런트 리더 패턴

포스텔의 법칙^Postel's Law 또는 **견고함의 원칙**^robustness principle은 "데이터는 자유롭게 받고, 내보내는 데이터는 보수적으로 내보내라"라고 말한다. 우리는 다른 시스템과의 통합이라는 맥락에서는 이 법칙이 특히 잘 적용된다고 생각한다. 여기서 중요한 생각은 메시지를 다른 시스템에 보낼 때는 엄격해야 하지만, 다른 시스템으로부터 메시지를 받을 때는 최대한 관대해야 한다는 점이다.

예를 들어 우리 시스템은 SKU의 형식을 검증할 수도 있었다. 우리는 UNFORGIVING-CUSHION 나 MISBEGOTTEN-POUFFE 같은 가상의 SKU를 사용했다. 이들은 대시^dash로 구분되고 두 번째 단어가 제품 유형이고, 첫 번째 단어가 형용사인 영어단어 2개로 이루어진다는 간단한 패턴이다.

개발자들은 메시지에서 이런 대상까지 검증하는 걸 **정말 좋아한다**. 이로 인해 어느 무정부주의자가 COMFY-CHAISE-LONGUE라는 제품을 내놓거나, 공급자 쪽의 혼란으로 CHEAP-CARPET-2 같은 선적물이 생기면 끔찍한 문제가 발생한다.

실제로 할당 시스템이라는 관점에서 SKU의 형식이 무엇이든 **우리 비즈니스와는 관계가 없다.**[10] 정말 필요한 것은 식별자뿐이므로 이를 그냥 문자열로 표현할 수 있다. 이는 조달 시스템이 이 식

---

10 옮긴이_원문은 'non of our business'로, 아무 관계가 없다는 뜻이지만 여기서는 비즈니스 로직과도 아무 관계가 없다는 측면을 강조하기 위해 이렇게 번역했다.

별자 형식을 언제든지 원하는 대로 바꿀 수 있고, 우리는 이에 대해 신경 쓰지 않는다는 뜻이다.

같은 원칙을 주문 번호, 고객 전화번호 등의 다른 대상에도 적용할 수 있다. 대부분 경우 문자열의 내부 구조를 무시할 수 있다.

비슷하게, 개발자들은 JSON 스키마와 같은 도구를 사용해 들어오는 메시지를 검증하거나, 들어오는 메시지를 검증하는 라이브러리를 만들고 이를 여러 시스템에 공통적으로 적용하기를 **정말 좋아한다**. 하지만 이 또한 견고함의 원칙이라는 기준에 위배될 수 있다.

예를 들어 조달 시스템이 `ChangeBatchQuantity` 메시지에 새로운 필드를 추가해서 변경 이유와 변경의 원인을 제공한 사용자의 이메일을 넣었다고 가정하자.

이런 필드는 할당 서비스에게는 중요하지 않아서 그냥 무시한다. `schema` 라이브러리에서는 `ignore_extra_keys=True`라고 키워드 인수를 지정해서 이렇게 할 수 있다.

이렇게 관심이 있는 필드만 추출하고 최소한의 검증만 수행하는 패턴이 바로 톨러런트 리더 패턴^{Tolerant Reader pattern}(포용력이 좋은 리더 패턴)이다.

> **TIP_** 검증은 가능한 한 최소한이어야 한다. 여러분에게 필요한 필드만 읽고 내용을 너무 과도하게 제약하지 말라. 이렇게 하면 시간이 지나면서 시스템이 변경돼도 시스템이 강건하게 남을 수 있다. 메시지 정의를 여러 시스템에 공유하려는 유혹을 피하길 바란다. 대신에, 여러분이 의존하는 데이터를 쉽게 정의할 수 있게 해야 한다. 더 많은 정보를 보고 싶은 독자는 *https://oreil.ly/YL_La*를 참고하길 바란다.

포스텔이 항상 옳은가?

포스텔을 언급하면 어떤 사람들을 자극할 수도 있다. 이들은 포스텔이 인터넷에 있는 모든 것이 망가지고, 인터넷에서 멋진 것을 찾아볼 수 없는 이유라고 말한다(*https://oreil.ly/bzLmb*). 나중에 히네크 슐라바크에게 SSLv3에 대해 물어봐라.

포용력이 좋은 리더 패턴을 사용하면 서비스가 어떻게 변화하든 관계없이 이벤트 통합 기반이 쉬워지므로 우리는 서비스 사이의 이벤트 기반 통합이라는 한정된 맥락에서만 이 패턴을 선호한다.

나쁜 사람들도 많은 인터넷을 향해 공개적으로 열려 있는 API를 만들어야 한다면 입력을 좀 더 보수적으로 허용할 만한 충분한 이유가 있다.

E.4 가장자리에서 검증하기

앞에서 불필요한 세부 사항으로 소스 코드를 알아보기 어렵게 만들고 싶지는 않다고 했다. 특히, 도메인 모델 안에서 코드를 방어적으로 작성하고 싶지는 않다. 대신에 도메인 모델이나 유스 케이스 핸들러에 요청이 도달하기 전에 요청이 올바른지 확인해야 한다. 이렇게 하면 코드를 오랫동안 깔끔하고 유지보수가 쉬운 상태로 유지할 수 있다. 이런 방식을 종종 **시스템 가장자리에서 검증하기**라고 한다.

하지만 코드를 깔끔하게 하고 끝없는 어서션 검사가 없게 하는 것에 더해서, 시스템 안에서 돌아다니는 게 올바르지 않은 데이터는 마치 시한폭탄과 같다는 점을 기억하라. 더 깊이 이 폭탄이 도달할수록 시스템이 더 크게 망가지고 이런 경우에 대응할 수 있는 도구의 수도 줄어든다.

8장에서 메시지 버스가 횡단 관심사cross-cutting concern를 처리하는 훌륭한 장소라고 말했다. 검증은 이런 횡단 관심사의 완벽한 예다. 다음은 버스를 검증을 수행하게 바꾸는 방법을 보여준다.

검증

```python
class MessageBus:

    def handle_message(self, name: str, body: str):
    try:
        message_type = next(mt for mt in EVENT_HANDLERS if mt.__name__ == name)
        message = message_type.from_json(body)
        self.handle([message])
    except StopIteration:
        raise KeyError(f"Unknown message name {name}")
    except ValidationError as e:
        logging.error(
            f'invalid message of type {name}\n'
            f'{body}\n'
            f'{e}'
        )
        raise e
```

다음은 플라스크 API 엔드포인트에서 이 메서드를 사용하는 방법을 보여준다.

API는 검증 오류를 위로 올려보낸다(src/allocation/flask_app.py)

```python
@app.route("/change_quantity", methods=['POST'])
def change_batch_quantity():
    try:
        bus.handle_message('ChangeBatchQuantity', request.body)
    except ValidationError as e:
        return bad_request(e)
    except exceptions.InvalidSku as e:
        return jsonify({'message': str(e)}), 400


def bad_request(e: ValidationError):
    return e.code, 400
```

여기서는 비동기 메시지 처리기에 검증을 넣는 방법을 보여준다.

레디스 메시지를 처리하는 중에 검증 오류 발생시키기(src/allocation/redis_pubsub.py)

```python
def handle_change_batch_quantity(m, bus: messagebus.MessageBus):
    try:
        bus.handle_message('ChangeBatchQuantity', m)
    except ValidationError:
        print('Skipping invalid message')
    except exceptions.InvalidSku as e:
        print(f'Unable to change stock for missing sku {e}')
```

앱의 진입점은 외부에서 들어오는 메시지를 어떻게 전달하는지, 성공/실패를 어떻게 보고하는지에만 신경을 쓴다는 점에 유의하라. 메시지 버스는 요청 검증과 올바른 핸들러에게 메시지를 전달하는 일을 담당하고, 핸들러는 유스 케이스 로직에만 전적으로 초점을 맞춘다.

> **TIP_** 잘못된 메시지를 받으면 오류를 로그에 남기고 계속하는 것 외에 할 수 있는 일이 거의 없다. 메이드닷 컴에는 시스템이 받은 메시지 수와, 그중 성공적으로 처리되거나 처리하지 않고 넘어갔거나, 잘못된 메시지의 수를 세는 지표가 있다. 모니터링 도구는 나쁜 메시지 개수가 갑자기 증가하면 경고를 보낸다.

E.5 의미론 검증하기

문법은 메시지의 구조에 대해 다루지만, **의미론**은 메시지의 **뜻**을 검증한다. '4번 족구에 버스를 지각하라'라는 문장은 '5번 주문에 찻주전자를 할당하라'와 문장 구조는 같지만 아무 뜻도 없다.

다음 JSON 블롭을 `Allocate` 명령으로 읽어도 명령이 **의미가 없어서** 성공적으로 실행하지 못할 수도 있다.

```
{
    "orderid": "superman",
    "sku": "zygote",
    "qty": -1
}
```

계약 기반 프로그래밍^{contract-based programming}의 일종을 사용해 메시지 핸들러 계층에서 의미를 검증하는 경향이 있다.

사전조건(src/allocation/ensure.py)

```python
"""
이 모듈에는 핸들러에 적용할 수 있는 사전조건이 있다.
"""

class MessageUnprocessable(Exception):      # ①

    def __init__(self, message):
        self.message = message

class ProductNotFound(MessageUnprocessable):      # ②
    """
    데이터베이스에 존재하지 않는 상품에 대한 액션을
    수행하려고 시도하면 예외가 발생한다.
    """

    def __init__(self, message):
        super().__init__(message)
        self.sku = message.sku

def product_exists(event, uow):      # ③
```

```
product = uow.products.get(event.sku)
if product is None:
    raise ProductNotFound(event)
```

① 메시지가 잘못됐음을 뜻하는 오류에 대한 공통 기반 클래스를 사용한다.

② 이 문제에 대해 미리 정한 타입의 오류를 사용하면 오류를 처리하고 보고하기가 더 쉽다.

③ product_exists는 사전조건이다. 이 조건이 False면 오류가 발생한다.

이렇게 처리하면 서비스 계층 안의 로직 주 흐름을 깔끔하고 선언적으로 유지할 수 있다.

서비스에서 호출 확인하기(src/allocation/services.py)

```
# services.py

from allocation import ensure

def allocate(event, uow):
    line = mode.OrderLine(event.orderid, event.sku, event.qty)
    with uow:
        ensure.product_exists(uow, event)

        product = uow.products.get(line.sku)
        product.allocate(line)
        uow.commit()
```

이 기법을 확장해 메시지를 멱등적으로 적용했는지 확인할 수 있다. 예를 들어 재고 배치를 두 번 이상 삽입하지 않도록 확실히 하고 싶다.

이미 존재하는 배치를 생성하도록 요청받은 경우 경고를 로그에 남기고 다음 메시지를 계속 처리할 수 있다.

무시할 수 있는 메시지에 대한 SkipMessage 예외가 발생한다(src/allocation/services.py)

```
class SkipMessage (Exception):
    """
    메시지를 처리할 수 없지만 잘못된 동작이 없을 때 이 메시지가 발생한다.
    예를 들어 같은 메시지를 여러 번 받을 수도 있고,
    유효기간이 지난 메시지를 받을 수도 있다.
```

```
    """
    def __init__(self, reason):
        self.reason = reason

def batch_is_new(self, event, uow):
    batch = uow.batches.get(event.batchid)
    if batch is not None:
        raise SkipMessage(f"Batch with id {event.batchid} already exists")
```

SkipMessage 예외를 도입하면 메시지 버스에서 이런 경우를 일반적인 방식으로 처리할 수 있다.

버스는 메시지를 건너뛰는 방법을 안다(src/allocation/messagebus.py)

```
class MessageBus:

    def handle_message(self, message):
        try:
            ...
        except SkipMessage as e:
            logging.warn(f"Skipping message {message.id} because {e.reason}")
```

여기서 조심해야 할 함정이 몇 가지 있다. 첫째, 유스 케이스의 주 로직에 사용하는 UoW와 똑같은 UoW를 사용하고 있음을 확인할 필요가 있다. 그렇지 않으면 성가신 동시성 버그를 만들게 된다.

둘째, 이런 사전조건 검사에 **모든** 비즈니스 로직을 넣는 것을 피해야 한다. 대략적인 규칙으로, 어떤 규칙을 도메인 모델 안에서 검사할 수 있으면 이런 규칙은 도메인 모델 안에서 테스트해야 한다.

E.6 검증 화용론

화용론은 우리가 언어를 문맥 안에서 어떻게 이해하는가에 대한 학문이다. 메시지를 파싱하고 의미를 파악해도 여전히 문맥 안에서 메시지를 처리해야 한다. 예를 들어 '아주 용감한 일이라고 생각한다'라고 써있는 풀 요청 코멘트를 봐도, 이 코멘트의 리뷰어가 여러분의 용기에 감탄

한다는 뜻일 수도 있지만, 리뷰어가 영국인이라면 여러분을 유달리 위험한 일을 하는 바보라는 뜻일 수도 있다. 맥락에 따라 의미가 다르다.

검증 개요 다시 보기

- **검증은 사람마다 다른 것을 의미한다.**

  검증에 대해 이야기할 때는 여러분이 검증하는 내용이 무엇인지 명확히 해야 한다. 문법(메시지의 구조), 의미론(메시지의 뜻), 화용론(메시지에 대한 응답을 관리하는 비즈니스 로직)에 대해 생각하면 유용하다는 사실을 알았다.

- **가능하면 가장자리에서 검증하라.**

  검증을 하려면 필드 값이 필요하고, 가능한 필드의 범위는 지겹도록 많다. 게다가 우리는 멋지고 깔끔한 코드 기반을 그대로 유지하고 싶다. 핸들러는 항상 올바른 메시지만 받아야 한다.

- **필요한 것만 검증하라.**

  톨러런트 리더 패턴을 사용하라. 애플리케이션에 필요한 필드만 읽고, 내부 구조를 과도하게 지정하지 말라. 필드를 불투명한 문자열처럼 다루면 유연성을 크게 벌 수 있다.

- **검증을 위한 도우미 함수 작성에 시간을 투자하라.**

  들어오는 메시지를 선언적으로 검증하고 사전조건을 핸들러에 적용하는 멋진 방법이 훨씬 깔끔하다. 지루한 코드를 유지보수하기 쉽게 만드는 데 시간을 투자할 만한 가치가 있다.

- **세 가지 유형의 검증을 적소에 배치하라.**

  문법 검증은 메시지 클래스에서 발생하거나 의미론 검증은 서비스 계층이나 메시지 버스에서 발생할 수 있으며 검증 화용론은 도메인 모델에 속한다.

> **TIP_** 커맨드의 문법과 의미론을 시스템 가장자리에서 검증했다면, 나머지 검증을 실행하기 적당한 장소는 도메인이다. 검증 화용론은 종종 비즈니스 규칙의 핵심 부분인 경우가 자주 있다.

소프트웨어 용어로 보통 도메인 모델이 연산의 화용론을 처리한다. 'SCARCE-CLOCK 3백만 단위를 주문 76543에 할당하라'라는 메시지를 보면, 이 메시지는 **문법적으로는** 올바른 메시지이고 **의미적으로도** 올바르지만, 가용 재고가 없어서 이 메시지를 따를 수가 없다.

INDEX

INDEX

INDEX

INDEX

INDEX